JN201454

〈異《い》〉なる関西

"i" naru kansai

日本近代文学会関西支部
編 集 委 員 会 編

田畑書店

〈異《い》〉なる関西◎目次

〈異《い》〉なる関西

まえがき

一　「〈異《い》〉なる関西」とは？

本書は、日本近代文学会・関西支部が二年にわたって企画・実施してきたシンポジウム「《異《い》》なる関西――１９２０・３０年代を中心として――」（全四回）の成果をまとめたものである。この連続企画のねらいは、（一）一九二〇・三〇年代の「関西」に育まれた文芸文化を主たる対象に、（二）埋もれた歴史資料や文化資源を発掘しつつ、（三）人・メディア・社会現象などの関係性を、横断的かつ立体的に再構成することで、（四）人々が自明としてきた「関西」イメージや認識の枠組みを根本から問い直すことにあった。つまり、「〈異《い》〉なる関西」とは、既成の「関西」表象を差異化し、更新しようとする試みだったといえる。

そもそも「関西」という地理的概念は、どのように形成されたのだろうか。歴史的にみれば、「関西」は「関東」との対比で生み出されたといっていい。もともと「関東」とは、伊勢の鈴鹿、美濃の不破、越前の愛発の「三関」の「東」を意味しており、中心から周辺をみた文化地政学的な概念だった。当然のことながら、中心にいるものが自らを「関西」と呼ぶことはなく、その場合は、「畿内」（「畿」はみやこの意）と呼ぶのが慣わしだった。それが「関西」に相対化される経緯については、「東国の王権」（鎌倉幕府）の成立に起源をみる説（網野善彦）もあるが、やはり明治以降のドラスティックな構造転換が大きく関係しているとみるべきだろう。江戸、大坂、京都を比較するいわゆる「三都論」（京・大坂を「上方《かみがた》」と括る場合もある。）も江戸中期から散見されるが、明治維新と東京奠都（遷都）は、その認知図を一変させた。政治・経済・文化の東京への一極集中によって、大阪や京都は衰退を余儀なくされたのだ。以後、大阪や京都が、周辺地域と連携しつつ、「関西」なる自己像《セルフイメージ》を受け入れていく過程は、当時の様々な文献から読み取ることができる。（こうした合従連衡と、それゆえの愛憎併存は、現在でもメディア等で面白おかしく再生産されているように見える。）

いっぽう、両大戦に挟まれた一九二〇・三〇年代の日本は、関東大震災による甚大な被害にもかかわらず、世界規模の経済変動を背景に、急激な産業化・都市化を推し進め、それに伴う社会基盤の変化は、そこに住む人々の生存の条件を根本的に変えていった。こうした社会変動は、「関西」においてはいっそう顕著で、当時、「東洋のマンチェスター」と呼ばれていた大阪が、市域を拡大して東洋一の「大大阪」を形成し、一九二五年に「大大阪記念博覧会」を開催したことは、それを象徴する出来事だったといえる。（ちなみに、百万都市「大京都」が成立するのは、一九三二年である。）「関西」に育まれた文芸文化も、こうした急激な社会変動に応じて、多種多様な動きを見せた。その実態を明らかにするのが本書の課題のひとつである。

そのためには、「関西」の文芸文化を担った当事者に注目する必要があるだろう。ただ当事者といっても一様ではない。たとえば、「関西」出身でありながら、中央文壇とのかかわりで、戦略的に「関西」とかかわったものもいれば、かつて日本が支配下においた東アジア各地域をはじめ、「帝国」内外の別の場所から「関西」に流着し、そこでの生活や労働を通して、表現の可能性を見出そうとしたものもいる。あるいは映画、新聞、同人雑誌といった各種メディアに関与し、情報発信の可能性を探りつづけたものも含まれる。個々の当事者が移動し、交差し、すれちがったポイントを見定めるのも、この本の重要な課題となるだろう。いずれにせよ、本書のどの細部にも、ステレオタイプとは異なる「〈異《い》〉なる関西」の片影が宿っているはずである。読者には、その迷宮を存分にさまよっていただきたい。以下、各章の内容を簡単に説明し、その道標とする。

二　各章の概要

まず第一章「移動と差異化」では、移動する表現者が、既存の「関西」表象にあらがい、代案《オルタナティブ》を構想する現場に密着してみたい。そこからは、個々の表現者の手触りを通して幾重にも現前する「異なる関西」の片影を確認することができるだろう。酒井隆史「織田作之助と川島雄三」は、「魂の友」とも形容しうる青森出身の映画監督・川島雄三と、大阪出身の織田作之助との抜き差しならない交流に肉薄する。尾崎名津子「〈大阪人〉の視差―直木三十五「五代友厚」をめぐって」は、織田作之助に先行する大阪出身の直木三十五の、彼なりの「考証」に基づく「五代友厚」表象に迫る。廣瀬陽一「金達寿における関西―〈神功皇后の三韓征伐〉と「行基の時代」」は、一九三〇年に渡日した金達寿が、植民地生活で植えつけられた「三韓征伐」的歴史観にあらがい、それに代わる史観を構想するプロセスに迫る。黒川創「小説『京都』に至るまで―土地と創作をつらぬくもの」は、京都に生まれ育った筆者が、過酷な歴史的経緯を織り込んだ生活世界のありようを、自問自答しつつ、内在的に小説化していく機微をリアルに語っている。

＊

続く第二章「場と営み」では、一九二〇・三〇年代の「関西」を構成する具体的な場《トポス》に注目し、そこに離合集散した人々の文化的営為や生存の行方に光を当ててみたい。そこからは、「関西」の具体的な場に根ざし、生活や労働から湧き上がった表現の可能性を確認することができるだろう。冨山一郎「宣言としての言葉をどう再読するか―関西沖縄県人会機関紙『同胞』を読む」は、「蘇鉄地獄」から逃れて大阪の各地に集住した沖縄人による関西沖縄県人会、ならびにその機関紙『同胞』（一九二四年創刊）の存在論的な意味を探っている。辻本雄一「熊野新宮―「大逆事件」―春夫から健次へ」は、木材の集積基地として江戸（東京）とつながっていた熊野新宮の近代以降の文芸文化を概観する。杣谷英紀「一九二〇年代前半の神戸労働運動と賀川豊彦―結節点としての労働学校・関西学院」は、戦前最大規模の川崎三菱労働大争議を率いた賀川豊彦や久留弘三らによって播種された神戸の労働文化運動の詳細を追っている。

＊

第三章「メディアと文化環境」では、『大阪朝日新聞神戸附録』（『同神戸版』）など地元のメディアの実態調査を足掛かりに、読者（大衆）に浸透した「関西」の文芸文化のありように迫る。そこからは、メディアと読者（大衆）との密接な関係性を通して、これまでブラインドになっていた「関西」の文化環境の諸相を確認することができるだろう。大橋毅彦「神戸モダニズム空間の〈奥行き・広がり・死角〉をめぐる若干の考察」は、『神戸附録』を皮切りに、神戸芸術文化聯盟の機関誌『おほぞら』、神戸画廊の機関誌『ユーモラス・ガロー』といった雑誌メディアをとりあげ、それらが繋いだ豊富な人的ネットワークを追っている。永井敦子「一九二〇年代半ばの『神戸版』映画情報―新聞連載小説の映画化を中心に」は、関東大震災後、映画産業の拠点となった「関西」映画界と新聞メディアとのコラボレーションを追跡している。島村健司「ロケーションへのまなざし―神戸一九二〇年代文学の背景・前衛芸術と郷土芸術の交差地点」は、『神戸附録』が仕掛けた読者対象の「スケッチの会」や「写真競技会」を追い、さらに神戸に根づきつつあった前衛芸術と郷土芸術との接点を探っている。

＊

そして最後の第四章「散種されるモダニズム」では、「関西」の文芸文化を担った当事者たちの走行軌跡をたどることで、同時代文脈と密接な関係にあった「阪神間モダニズム」の群像を確認したい。それは、やや言い古された感のある「阪神間モダニズム」というアイコンの解像度をあげていく試みにもなるだろう。高木彬「「理想住宅」と「煌ける城」――一九二〇年代・阪神間の建築表象をめぐって」は、大阪の大気汚染と住宅難を背景にした、阪神・阪急による「理想的住宅」の開発競争を追いつつ、その文脈を共有する稲垣足穂のテクストに刻まれた「理想的住宅」への憧憬とアイロニーを明らかにする。山口直孝「複数の神戸を遊歩すること――横溝正史『路傍の人』のモダニズム」は、外国人船員の処分した探偵小説雑誌を読み漁り、湊川新開地の発展とともに成長した横溝正史の人とテクストに接近することで、そこに表象された「複数の神戸」の痕跡を確認する。大東和重「昭和初期・神戸の文学青年、及川英雄――文学における中央と地方」は、中央文壇から距離をおき、県庁勤務の傍ら、執筆活動を続けた及川英雄の文学的生涯を追い、「感触的神戸昭和文壇史」を彷彿とさせてくれる。

なお、各章の末尾には、本書のコンセプトを補完する四つのコラムを収めた。いずれも「〈異《い》〉なる関西」に繋がる貴重な情報を含んでいる。併せて読んでいただければ幸いである。

三　視差から立ち上がるもの

冒頭で述べたように、私たちは既成の「関西」表象を差異化し、更新することを目指してきた。しかし極論をいえば、「関西」とはそもそも言語によって構成された虚構《フィクション》である。（言葉を持たない動物にとって、「関西」なる地理的概念も歴史も存在しないことは明らかであろう。）にもかかわらず、言語の体系に遅れて棲み込み、言語によって世界を分節化し始める人間《ホモロクエンス》は、歴史諸条件によって構成された「関西」を内面化／身体化し、それを常識として生きるようになる。ある人にとっては、そうした虚構や制度が、みずからのアイデンティティの核にもなりうるし、ある人にとっては、なんとしても抜け出したい呪縛にもなりうるだろう。それは、それぞれの実存に帰着する問題である。

しかし、「関西」を単一の実体に封じ込め、差異を押し殺すことは、あらぬ支配や暴力を発生させることに繋がりかねない。ここに収められた論考が証明するように、「関西」は、それぞれの視座によって、まったく異なる像として立ち上がる。そうした複数の異なる視差《パララックス・ヴュー》を通して、「〈異《い》〉なる関西」の片影が生々しく立ち上がってくることを期待したい。

なお本書には、被差別部落問題や民族差別問題を扱う論考があり、差別にまつわる具体的な記憶や地名にも言及している。

二〇一六年に施行された「部落差別の解消の推進に関する法律」が示すように、明治以降の部落解放運動や戦後の同和行政にもかかわらず、「現在もなお部落差別が存在する」こと、また「情報化の進展に伴って部落差別に関する状況の変化が生じている」ことは、編集委員会にとっても前提とするところであった。また本書の執筆者のひとり、黒川創氏が言明するように、「それぞれの地域における差別の歴史の由来をきちんと明らかにしていくことこそが、差別というものの解消、そして、その地に生きることの誇りを支えることにもつながる」ことも共通する認識であった。

同和問題に限らず、様々な差別の歴史に向き合い、人権問題に主体的に取り組むことは、編集委員会の根本理念である。とはいえ、今日の情報化社会では、発信者の意図を超えたところで、情報が一人歩きする危険性がないとは限らない。今回の出版も差別の再生産につながる惧れがないとはいえないし、さらには代理表象の暴力性の問題も残されているだろう。だがそれでもなお私たちがこれらの問題に向き合うことにした理由は、重んじられるべきはずの人間の尊厳が、いかなる歴史や環境のもとで傷つけられ、不当な扱いを受けなければならなかったのか、そのなかで人はどう生き、どのような痕跡を残したのか——そういった生存の記録や記憶が、本書所収の論考やそこで言及された作品には、まぎれもなく刻み込まれているからである。そしてさらに、そうした生存の記録や記憶の隠蔽、忘却、そして継承を私たち自身の問題として受け止める必要があると考えたからである。その意図が達成されたかどうかは、読者諸賢の厳しく、かつ公平な判断に委ねるしかない。御批正、御示教を賜れば幸いである。

日本近代文学会関西支部『〈異《い》〉なる関西』編集委員会

第一章　移動と差異化

織田作之助と川島雄三

酒井隆史

1

織田作之助の作品に大きな影をおとしているのは、かれの生地、上汐町の「河童横町」といわれた下町である。上町台地上、生國魂神社の東側、上六と呼ばれる近鉄ターミナル界隈から上町筋の東にぐっと延びた一帯の地名は、いまでも天王寺区上汐である。かれは、そのかつては路地だらけだった下町やその近隣、とりわけ、生國魂神社や口縄坂、源聖寺坂のような現在でも詩情をたたえた高低差のある地形を背景にした作品を、いくつか書いている。

ところが、かれの作品には、通俗にあえてまみれてみせる作風からすると、意外というか、通天閣も新世界もそうひんぱんには登場しない。ただ、興味深いことに、中之島図書館の織田作之助文庫に「わが町」というタイトルの映画シナリオの手書き原稿がある。もちろん、織田作之助の手によって書かれたシナリオをもとにした「わが町」という映画作品は存在しない。しかし、実現しなかったものの、もとはといえばかれのみずから関与した最初の映画のプロジェクトが「わが町」であった。「わが町」はもともと、「立志伝」という一九四一（昭和十七）年の短編で、織田作之助自身の育った場所である下町を舞台にしたものである。それを読んだ、当時松竹に所属していた溝口健二監督が映画化を前提として脚本執筆を依頼する。ところが、溝口に何度も書き直しを命じられ、憤激しながらもがんばるのだが、結局、映画化にはいたらなかった。そこでかれは、このシナリオをもとに、「立志伝」では脇役であった「他吉」という人物を主役にすえ、一九四二年に短編小説として、ついで長編小説として、タイトルも「わが町」として公表する。この実現をみることなく終わったいわくつきのシナリオの原稿の一部が残っているのである。冒頭のシーンは通天閣に設定されていて、まだ歯磨きの広告塔のない通天閣を背景に、「明治四十五年　大阪」と字幕があらわれるはずだった。マニラ帰りの他吉が通天閣を見上げ、通行人を呼び止めてこういう。「あれ、いつ出来ましたんや。」通行人「できてホヤホヤや。」ここで切れている。このような、冒頭から通天閣を登場させるなどという「いかにも」の演出を織田作之助が好んだとはあまりおもえないが、これも映像的インパクトを狙ったのであろうか。

「わが町」の映画化はならなかったが、織田作之助はこれをきっかけに、ますます熱意をもって映画の世界への進出を望む。計画倒れに終わることなくようやくみずからの作品が映画作品として実現をみたのは、『還って来た男』である。その監督が川島雄三であった。ここで原作者と映画監督という立場で出会った川島と織田作之助は、仕事上の関係を超えて「魂の友」と表現するにふさわしい深い関係をむすぶ。大谷晃一が、二人の運命的出会いをみごとに要約している。「川島は大正七年に、青森県の下北半島にある町の商家に生まれた。現、むつ市。先祖は近江商人という。幼時に小児麻痺をわずらい、足が不自由だった。深刻なコンプレックスを内に秘めながら、表面はむしろ陽気で軽佻だった。寂しがりやの照れ屋である。人のことを気にして調子を合わせた。昔気質の人情家で、古風な立身出世への憧れがあった。自虐的な汚らしさの中に、人の悲しみを表現しようとした。驚くべきことである。それは、作之助そっくりだった。たちまち、心の通じ合う友人になる」(『織田作之助――生き、愛し、書いた。』沖積舎、一九九八・七 二二九頁)。織田作之助の早世によって、その関係はたちまち終わってしまうが、川島雄三のその後の歩みに、この短い交流は多大なる影響を残した。この点についてはしばしば指摘されることであるが、大阪論という観点からみていくならば、川島に織田作之助が残した痕跡は、より深みとニュアンスをもって浮上してくるようにおもわれる。

川島雄三が監督として織田作之助の小説を原作にした作品は二作ある。ひとつは先述の『還って来た男』(松竹、一九四四年)であり、もう一作は『わが町』(日活、一九五五年)である。これらの二つの作品をつぶさにみても、もちろんこの痕跡のありようはみてとることができる。ところが、実は、川島雄三が織田作之助に深く関与した映画作品はもう一作存在する。『わが町』の三年後に公開された川島雄三監督『貸間あり』(東宝宝塚、一九五九年)である。この作品は舞台こそ大阪ではあるものの、原作は井伏鱒二の小説であり、直接に織田作之助には関係がない。そのため、この川島と織田作之助の関係はそこにみいだしにくい。だが、この作品こそ、川島が織田作之助に受けた爪痕の深さをありありと示すものである。

くり返しになるが、川島雄三の手による、直接に織田作之助と関係のある作品は『還って来た男』と『わが町』の二本である。この二本のうちにも、川島雄三が織田作之助に抱えていた負債の返済のようなものをみてとることができる。要するに、織田作之助への精神的負債であり、より具体的には、最初の映画の「不出来」への負債である。

『還って来た男』は、川島雄三のデビュー作である。この作品を、若くてまだ未熟である駆け出しの川島雄三は、戦時中のさまざまの困難を背負いながらも完成させている。原作を提供するのみならず、シナリオも執筆した織田作之助は、友人の杉山平一への手紙(一九四三年十二月六日付)で、次のように述べている。

「川島という人は、未知数だが、察するところ、スタイルで行こうという人らしいので、奇抜な話術のシナリオ書くつもり。この人の監督としての今後に、どうも責任を持たされてしまったようで重荷だが、君の知っている人だときいて、僕も出来るだけ新機軸を見せるつもりしている」(『定本織田作之助全集〔以下、全集〕第八巻』文泉堂書店、一九七八 四一九頁)。

ところが、出来上がった作品に、織田作之助は不満であった。おなじ杉山平一に次のような感想をもらしている。

「あの映画の一番に失敗は君のいう通りロングの尠さで、これはシナリオを書いた時、川島君にロング趣味の映画だとだめをおしたのだが、彼はそれを承服しなかった、ロングがきらいらしい。そのため路地、踏切、雨その他美しい効果があがっていない。ロングがすくないから、大船調になってしまい、残念だった。その代り、セットは大体うまく行っている。彼の閃きをみとめたのはセット（それも庄平の家、名曲堂）だった。屋外は大体失敗だ。日守、田中、草笛がミスキャスト」（「昭和十九年九月十九日封書」（『全集　第八巻』）四二〇—四二一頁）。

さらにこのようにも述べている。「川島君とぼく、センスは似ているのだが、ぼくの奔放を彼もっていなかったために損をしたが、大体及第している」。この不満はよく理解できるものである。実際、映画をみると、ロケも多用されているが、あの上町台地の一角をなす夕陽丘の風景が、坂を中心としていわば記号として表現され、その硬直した空間の容器のなかで、ひたすら人間が運動しているというような印象を受けてしまうのである。

織田作之助は、「ぼくの奔放」とここでも表現しているが、川島雄三ももちろん、また織田とは違った意味で奔放なひとであって、その気質は後年になるにつれ十全に発揮されていくことをわたしたちは知っている。ここにはまず、内的要因として、やはりデビュー作ゆえの緊張があったのはあきらかである。また、もとはといえば川島雄三が目をつけたのは、織田作之助の「清楚」（一九四三年）という作品だった。かれの妻一枝もいつもの「貧乏くさく汚ならしい」作風とは異なる、この軽やかで爽やかな若い男女の淡い恋愛を軸とした作品を愛していたといわれている。その「清楚」を物語の芯にすえながら織田は、そこにやがてくる戦災を予感したように、上町台地の一角を叙情豊かに描いた短編「木の都」（一九四四年）を織り交ぜる。だが、「木の都」に与えられた役割は副次的なものにとどまらない。むしろ、織田としては、力点はこの「木の都」の方におかれていた。もともと『四つの都』と題されたこの作品のシナリオについて、かれはこういっている。「……まづ集中的に一つの（私好みの）大阪の町を語つた……「木の都」に於ける私の青春の回想は映画では表現不可能のものであるが、わづかにこの映画に濃厚な地理的性格を與へることによつて、いくらかそれを残してみた……物語は時間によつて進行せず、町の地理を辿ることによつて進行するといつても良いかもしれない」（「『四つの都』の起案より脱稿まで」『映画評論』一九四四　四一頁、強調引用者）。

この織田の思い入れと、そういうものがほぼないであろう川島の意図がすれ違うのは当然といえば当然といえる。だが、それだけではない。加えて重要であるのは外的要因である。戦況も悪化の一途をたどっていたこの時期、ロケハンのさいに「スパイ容疑」で川島とスタッフは天王寺署に拘引されるのである。主要なロケの場所が高台であるがゆえになおさら、自由に空間を撮影できるはずもなかったのである。このような幸先の悪いスタートもあって、ともすれば意気消沈して弱気になる川島雄三を織田作之助はしきりに励ましたという。

これらのことを考慮するなら、デビュー作ゆえの未熟や気負いといった内的要因とこうした外的要因による萎縮があいまって、この作品が、織田作之助のいう「地理を辿ることによって進行する映画」としては不発のままに終わったとしても不思議ではない。

ところが戦後に製作された『わが町』については、そうした不満はすべてクリアーしているようにおもわれる。織田作之助がこれをみてどういう感想をもつかは推測にしかならないが、少なくとも、『還って来た男』よりは満足したはずである。そこでは、稠密な空間を縫うように拡がる路地の迷宮、そして坂の描きだす高低差と、ひとの運動や感情とが巧みに融け合い、織田作之助の大阪世界が美しく、そして生き生きと描写されている。とりわけ『還って来た男』と『わが町』の二つの映画に共通するシーン、杉山平一が「織田川島趣味」と呼んだ、かれらの好むシーンのひとつであるマラソン・シーンを見比べるならば、それが如実にわかる。『還って来た男』の原作「清楚」でも、庄平があれよという間に運動会に巻き込まれるところまではおなじである。しかし、そこでの長距離走は校庭のトラックを周回するだけでおわっている。それを考えるならば、あえて長々とマラソンの走者の足どりを追いかけながらそこに風景の断片を巻き込んでみせる演出のうちには、織田作之助のいう「地理によって進行する」という意図がみてとれる。『わが町』のマラソン・シーンにもおなじことがいえるだろう。

しかし、『わが町』のマラソン・シーンからふり返ってみるならば、『還って来た男』のそれは精彩を欠いている。個々のショットが硬直し、そのシークエンスも機械的で、空間の容器に走る運動をおさめてみた、という感じにみえてしまうのだ。それほど『わが町』のマラソン・シーンは、走るという運動をとおして、人の営みによって生きられた空間性を、表情を豊かにたたえた魅力的なものとして捕えている。このシーンだけでなく、二作を丹念に比較するならば、この美しい下町人情劇である『わが町』が『還って来た男』における織田作之助への負債を返済し終えたとみえてもおかしくない。

ところが、どうもそれでは終わらなかったようにおもえるのである。今度は川島雄三が満足しなかったのではないか、と。たとえば晩年の川島が、それまでの自作をふり返りながら語る記事がある（川島雄三「自作を語る」今村昌平〔編〕『サヨナラだけが人生だ　映画監督川島雄三の生涯』ノーベル書店　一九六九年）。この作品について川島は、ほとんど否定的な言明に終始している。また、そもそも川島は、織田作之助の「わが町」をそれほど好んでいなかったという証言もある。『わが町』の三年後の『貸間あり』が重要な意味をもってあらわれてくるのは、この点においてである。おそらく、この井伏鱒二の原作を借用した作品において、精神的に自立した位置から織田作之助をとらえ返すにいたってはじめて、川島雄三は、ひとつの返済にいたったと感じていたのではないか。

2

この作品は、先ほどふれたように、原作は井伏鱒二で、舞台も高円寺、要するに東京である。その舞台をあえて大阪に移し、しかも、織田作之助とゆかりの深い夕陽丘に設定している（もともとは大阪の郊外という設定だった）。さらに、脚本を大阪出身の藤本義一が担当しており、作品全体の構想も両者共同のものである。

フランキー堺を主役に据えたこの作品は、一見すると、いったいどうみたらいいのかわからないドタバタ喜劇である。夕陽丘に位置する奇妙な構造の長屋（アパート御殿）に住む、なんでも屋的異能の人物が、かれを愛するおなじアパートの女性（淡島千景）や謎めいた浪人生の小沢昭一に翻弄されるというそれ自体にはあまり意味がないような筋立てであるが、アパートの一室でこんにゃく作りをおこなう男とか、部屋で養蜂をおこなうもぐり薬剤師とか、常時、欲求不満を表明している骨董屋の若い妻とか、調子のよい与太者とか、とにかく奇人変人が次々と登場して、物語世界を攪乱する。

しかし、よくみていくうちに、織田作之助を知る者なら徐々に、この物語世界とはべつの全編に埋め込まれたメッセージ、表向きに設定された物語世界とは別の線が浮上してくる。そもそも、舞台の設定が夕陽丘というのが意味深であるのだが、それにとどまらずこの映画は、そのすみずみまで織田作之助を想起させるディテールに充ちているのである。

目立つものをあげてみるならばまず、冒頭のシーンである。千日前の裏通りでいかがわしい写真を売りさばくところを、地回りのやくざに追われる与太者ハラ作が逃げ込む書店は、天牛書店である（シナリオでは書店の名は異なっている）。天牛書店は、現在も大阪にいくつかの店舗をもつ新刊書／古書店であるが、「夫婦善哉」に記憶に残る仕方で登場する。あるいは、千代が与太者にからまれる「夕陽丘駅」前――実際にはそのような私鉄の駅は存在しない――のシーンには、「我太呂《がたろ》」という関東煮屋が登場する。織田作之助の生まれ育った横丁の名称である。淡島千景の勤め先であるギャラリーの女主人で、原作にはないこの登場人物の名は、登勢。織田作之助の短編「螢」の主人公の名である。本稿にとってとくに重大なのは、浪人生の小沢昭一が、夕陽丘の長屋にフランキー堺を訪ねてくるシーンである。かれはフランキーを引っぱって外につれだして、通天閣のみえる上町台地の崖上で写真を撮ろうとする。小沢はフランキーの立ち位置をあれこれ指示して、フランキーもそれにあわせ右往左往するのだが、結局、気に入らないと写真を撮らずじまいに終わる。とりたてておかしなところもオチもない、ほとんど意味不明のシーンである。ところが、よくみると、この無意味さに意味があることがわかる。要するに、小沢昭一が不自然に引っ張り回すことで、カメラが「夕陽丘」という地名を刻んだ道標のみえる位置にやってくるのである。あたかも川島雄三がわかるひとだけにめくばせをしているようにもみえる。そして別府である。この地名も、即座に複数の作品で別府を舞台にすえた織田作之助との縁を想起させる。とはいうものの、主人公がホテルの番頭になるというくだりが別府温泉を舞台にしていること自体は、井伏鱒二の原作に忠実である。だが実は、ここにこそ、ひそかにであるが、決定的に織田作之助の影が刻印されている。主人公のフランキー堺が旧友（加藤武）の背中を流しながら二人でおかしな唄、「別府がよいの汽船の窓で、チラリ見かわす顔と顔、あなたもウィンクわたしもウィンク……」といった「別府音頭」と称する「いかがわしい唄」を口ずさむというシーンが、それである。

適当なおもいつきのようにもみえるこの唄には、実はいわくがある。すなわちこの唄は、織田作之助に川島雄三が教えてもらったものなのである。そしてそのことは、織田作之助から川島雄三宛の書簡に、織田作之助の死後、川島が解説をつけて公表したものによってはじめてわかる。文中にあらわれる「別府音頭」について、川島はこのように註を与えている。「南紀州の白浜で仕事をしていた時、故人にこの唄を教わり浴槽で二人怪しい声を出して「別府がよいの汽船の窓で、チラリ見かわす顔と顔……」とやっていたら療養に来ていた軍人に「うるさい」と怒鳴りつけられた記憶がある」（『定本織田作之助全集 八巻』文泉堂書店、四六〇頁）。織田作之助から教わりながら温泉で二人で合唱して怒られた、といういわくつきの唄だったわけである。こうしてみると、主人公と旧友の合唱は、実は、かれと織田作之助の二重写しであったといっても言い過ぎではあるまい。このシーンに川島がどのようなおもいを抱いていたかは、次の小沢昭一の証言でわかる。

温泉の風呂で歌を歌うシーンがあるんですが、監督は例によって「あれです」。いつもなら、「あっ、わかりました」と、自分で決めてやると、「それです」となるんですが、あのときはだめだったんです。それで結局、〽別府通いの何とかの中で、ちらと見かわす顔と顔、あなたもウィンク、私もウィンク……。くだらない歌を監督が知ってるんですよ。それから監督の歌唱指導となって。あの人が歌う歌だから、音程もとれない（笑）。

（藤本義一『川島雄三、サヨナラだけが人生だ』河出書房新社、二〇〇一・二、一九九―二〇〇頁）。

小沢昭一は、「くだらない歌」に、いつもにないこだわりをみせる川島雄三の、そのこだわりの理由についてはなにも述べていない。この口ぶりからして、小沢昭一は、本当に知らないのではないかとも推測させる。つまり、川島雄三は、周囲に、これが織田作之助との記憶を集約するような唄であること、温泉につかりながらまさにおなじように唱った歌であることを一切、説明してなさそうなのである。それでいて、川島雄三はこのシーンにいつもにないこだわりをみせている。このシーンが、かれにとって特別の意味をもっていたことは、はっきりといえるだろう。こうしてみると、この映画そのものが織田作之助の後ろ姿をそここに幻視しながら、追憶にふけっているようにもみえてこないだろうか。

いずれにしても、問題はここではっきりする。なぜ、川島雄三は、『わが町』の先に、もう一本、この織田作之助へのオマージュに充ちた映画を撮らねばならなかったのだろうか？　なにが『わが町』では不足だったのか？

『貸間あり』にあらわれる通天閣のショットをすべてぬいてみると、興味深いことがみえてくる。

この映画は、夕陽丘からの通天閣をいくども映し出す。これは実は、戦後の通天閣表象において、神話的とでも呼ぶべき位置を占めているイメージである。夕陽丘からのこの通天閣表象を創設しかつ確立したのは、北條秀司の戯曲になる『王将』である。この作品は、敗戦直後に新国劇の舞台で上演され大当たりしたあと、いくども映画化され、大阪と阪田三吉、そして通天閣のイメージを定着させることになる。また北條秀司が阪田三吉の物語を戯曲にするきっかけになったのは、織田作之助の「可能性の文学」における阪田三吉論であった。いずれにしても、『王将』においては、とりわけ映画版においては、強迫的ともいえるほどいくども、この夕陽丘からみた通天閣と阪田三吉、そしてかれの長屋の光景が繰り返される。これを筆者は『王将』の原光景と呼んでいるが、戦後大阪における原光景といっても過言ではあるまい。

それをふまえたうえで、『貸間あり』の、やはりおなじく夕陽丘からの通天閣イメージをみてみると、ひとつの特徴に気がつく。それは、つねにたまたまついでにくっついている、といった感じで撮られているのである。構図的には、きわめて「絵になる」にもかかわらずである。『王将』とは、かなり扱いが異なっている。それでもラストではようやく、通天閣は、正面から映されることになる。ところがそのとき、こんにゃく作りの桂小金治が、通天閣の方角に向かって、崖下に盛大に立ち小便をするのである。そして、この立ち小便のシーンに川島雄三は非常にこだわっていた。

ここには、すでに戦後大阪の神話的表象となっていたといえよう『王将』の通天閣と対極のイメージがある。たとえば、『王将』において通天閣は夕闇や夜に登場することが多かったのだが――イルミネーションが輝くことがその視覚的効果である――『貸間あり』の場合、おおよそが昼間である。しかも、いつもよどんだ空気のなかにくすんでいる。たんなる地理的近接性のゆえに仕方なく映り込んでいるのだ、といった以上の印象は残さないのである。また、初代のモダンでハイカラな『王将』での通天閣に対して、そこにあるのは二代目の鉄骨の機能本位のぶかっこうな通天閣だ。そして追い打ちをかけるように、最後には小便をむけられるのである。

このシーンには、『還って来た男』のロケのさいに遭遇したあの国家の影に対する、意趣返しのようなものがあるように感じられる。上から下を眺めること自体が、当時は国家の逆鱗にふれたわけであるが、ここでは上から下というおなじ線を小便がたどるのである。それを「まなざしの叛乱」とでもいうべきであろうか。それよりも、本稿の文脈で重要なのは、ある意味で、このシーンが織田作之助に淵源をおく阪田三吉と通天閣の神話を「冒瀆」しているともいえることである。あの桂小金治の立ち小便から立ち上る過剰な湯気も、こうしてみると、あえて『王将』の原風景で機関車がもうもうと吹き上げる煙を模したということができないだろうか？　『貸間あり』における織田作之助へのオマージュは、批判的なオマージュなのだ、と。

ここで、なぜ『わが町』では足りなかったかがみえてくるようにおもわれる。先述のように、かれはもともと、織田作之助の小説の支持者でありながら、「わが町」についてはあまり好んでいなかったようである。「溺れている」という評価だったともいわれる（井上和男「浅草・吉原界隈」今村昌平〈編〉同右、一一三頁）。「溺れている」、つまり、対象との距離感を喪って、情緒にひきずられすぎているということだろう。映画『わが町』も、その下町の抒情を熟練の技巧をもってみごとに捉えていたが、むしろここが川島には気に入らなかったのかもしれない。そしてもうひとつ、川島という「よそ者」にとっての大阪というのが重要だとおもわれる。川島雄三は、大阪を、「よそ者」として体験したわけである。しかし、考えてみれば、この織田作之助の貧乏長屋の密集する下町は、それ自体、移住者の町である。河童横町の名の由来となった、「ガタロ（河童）」と呼ばれる屑拾いがこの界隈に蝟集してきたのも、上汐町の直近である上本町六丁目に一九一四（大正三）年四月、大阪軌道本線が開通し、ターミナル駅ができたことによるものである。織田作之助の作品においても、下町の人々はひんぱんに出入りをくり返す。これこそが都市の経験である。根が先立つ「地方」ではなく、たまさかの居住によってはかない根がその都度、生成消滅する磁場が都市なのである。織田作之助には同時代人であった詩人の小野十三郎がかれの最大の弱点とみなしていた東京への強力な対抗心から、大阪をひとつの性格をもった実体として差し出す傾向がある。都市というより（中央に対抗する）一個の「地方」として捉える傾向があるのだ。おそらく、織田作之助が川島雄三に残した深い痕跡、とりわけ地方出身のかれに残した都市的感覚、そして「軽佻派」というネーミングに表現される、それに由来するある種の世界観ないし倫理は、織田作之助のそのような傾向のうちにはなかったのではないか。

3

それでは、川島が織田作之助から感化された都市性とはどのようなものだろうか？　ここで、『貸間あり』に近接して撮られたいくつかの映画を参考にしてみたいとおもう。まず直近の『幕末太陽伝』（日活、一九五七年）である。この作品は『貸間あり』とおなじく、「グランドホテル形式」をとっている。舞台となる遊廓は『貸間あり』の長屋とおなじように、人間の群れを自由自在に動かし、あちこちでおもわぬ遭遇やすれちがいを生み出すカオスの生成装置である。あるいは『グラマ島の誘惑』（東京映画、一九五九年）。おそらく戦後映画でも、ここまで露骨に皇族をおちょくったものはそうないであろう「不敬映画」である。そこでくり広げられるのは、南方の小島グラマ島において、慰安婦と報道班と宮様たち、そして原住民と偽る脱走兵の群れによるどたばたで、それが小島の地理的構造に即しながら軽やかに描かれる。そして『青べか物語』（東京映画、一九六二年）。これは、山本周五郎の有名な作品の映画化であるが、東京近郊でありながら開発に呑み込まれることを意図せずして拒絶しているある町（浦粕）の、その最後の一瞬が、海と川の織りなす複雑な地形を介して捉えられる。気分一新のために東京からまぎれこんだ作家

（森繁久弥）は、その中央のまなざしを、時間のよどんだ地方の町にむける。かれは、住民たちを「異人の群れ」のように観察する、ただ一人「内省」を有した「個人」としてあらわれる。ところが、かれの間借りしている部屋は、一軒家の二階でありながら川沿いの道なりからは一階になるというような奇妙な構造をしている。そのため、かれは孤立することを許されない。作家の居住空間には、この「内省」を中断するかのように、子どもと女がひっきりなしに介入してくるのである。

藤本義一によると、川島雄三は、大阪を「込み入って、楽しい」と表現していた。関西出身者（川端康成）の文学であっても、関西を舞台にした文学（谷崎潤一郎）であっても、それらは関西文学ではない。なぜなら、そこにある気風がないからであって、その気風とは「込み入って、楽しい雰囲気をかもし出す」（藤本義一「夕陽丘、無頼のトライアングル」『別冊天満人』二〇〇八・一、八二頁）ことである、と。

これはなんでもない発言のようにみえるかもしれない。しかし、こういうなにげない言葉にこそ、解き明かすべき秘密がひそんでいるのではないか。つまり、これこそ、織田作之助を介して川島雄三が大阪にみいだしたものなのではないだろうか。この発想の空間的な原基形態は、『わが町』での上汐町であり夕陽丘であるといえる。とするならば、『貸間あり』の謎めいたアパート御殿の青柳アパートは、そのエッセンスを抽象化したものといえないだろうか。もとはといえば大阪郊外の安普請のアパートという舞台設定は、構想が具体化していくなかで、御殿を改造したアパート屋敷に変わり、川島雄三はこの設計図の作成に情熱を傾けたという。長屋の構造は門の脇の二部屋に残されている。そこは土間と畳敷きの構造になっていて、門寄りの一室には、こんにゃく作りが居座り、隣室の借家人の人選をおこなう権限を家主からもらっている。この人物は、貸間札に奇妙な愛着をもっていて（「貸間あり」と表記された札）隣室を空室にしたままなかなか人を入れようとしない。本棟は二階建てで、三人の愛人をもつ芸者の居住する書院、もとは一国一城の主であったご隠居の住む茶室、倉、物置などからなる離れが点在して、それらが蜘蛛の足のように拡がっている。つまり、このアパート屋敷はそれ自体が、路地のような迷路性をもっているのである。そして、すべての仕切りが曖昧で、穴やら薄い壁やら建付の甘い戸などによって透過性をもっている。

主人公の才人フランキー堺はこの作品でも、みずからを愛する女性から必死で逃げるのだが、この『貸間あり』のフランキーに、『幕末太陽伝』のフランキー、やはり逃亡に逃亡をつづけるフランキーを重ねることはたやすいであろう。その二人のフランキーのうちには、家族であれ個人であれ恋人であれ友人であれ、なんらかのできあいの閉域に束縛されることへの拒絶がみられるのである。フランキーのような人物にとって、そしてそれは川島雄三にとってといってもいいだろうが、都市とは多孔的空間なのであって、それはいつでも逃げられるようにそうなのである。そして、さらに興味深いのは、これもまた藤本義一によるものであるが（藤本、同右）、川島雄三は織田にあって太宰にないものを、「人類」と表現していることである。みずからの故郷と太宰治になく、大阪と織田作にあるのが「人類」で、この「人類」とは「放送できぬ」部分を抱えているような多種多様な存在である、と。

近年、織田作之助の初出作品集が公刊されたが（悪麗之介編解説『俗臭　織田作之助初出作品集』インパクト出版会、二〇一一・五）、それを読んでややおどろくのは、いま比較的かんたんに読める最終形態からはほとんど消えている生々しい部落民や朝鮮人といった存在がそこにははっきりと現前しているということである。おそらく、川島雄三が「人類」ということで想定していたのは、織田作之助の初出の作品にあらわれているような要素をふくめた多種多様な人間の群れであろう。すなわち、ただ多種多様である、人間はいろいろであるというのではなく、社会的諸条件や構造がもたらす差別やヒエラルキー、あるいは憎悪などもふくみこんだ多種多様である。「人類」とは、そのようなハードな外部性あるいは他者性をも包み込む地平を指している。そして、都市が多孔的空間であるということは、この「人類」が存在をやめないために必要な空間的条件なのである。

とするならば、「楽しくてごちゃごちゃしている」ことをめざす川島雄三にとって重要なことは、気まぐれにカオスとドタバタを演じさせることではない。たとえば、川島と藤本義一は、『貸間あり』の長屋の設計に何日もかけている。かれらがつねにできあいの制度や因習による束縛を逃れたいという欲求を抱えていても、それが可能であるのは、熱意をかたむけて構成された空間性のもとにおいてのみなのである。

織田作之助は、日本軽佻派のモットーとして、ドイツの社会学者ゲオルク・ジンメルの、「ある深さを持つ人間にとって人生に堪えるには一般に一つの可能性しか存しない。即ちある程度の浅薄さということである」という言葉をあげている。かつて、よく、戦後の重さにポストモダンの軽さ、深刻さに対して軽佻浮薄がいわれていた。これは日本軽佻派が、そのようなポストモダンの先駆であったことを意味しているのだろうか？

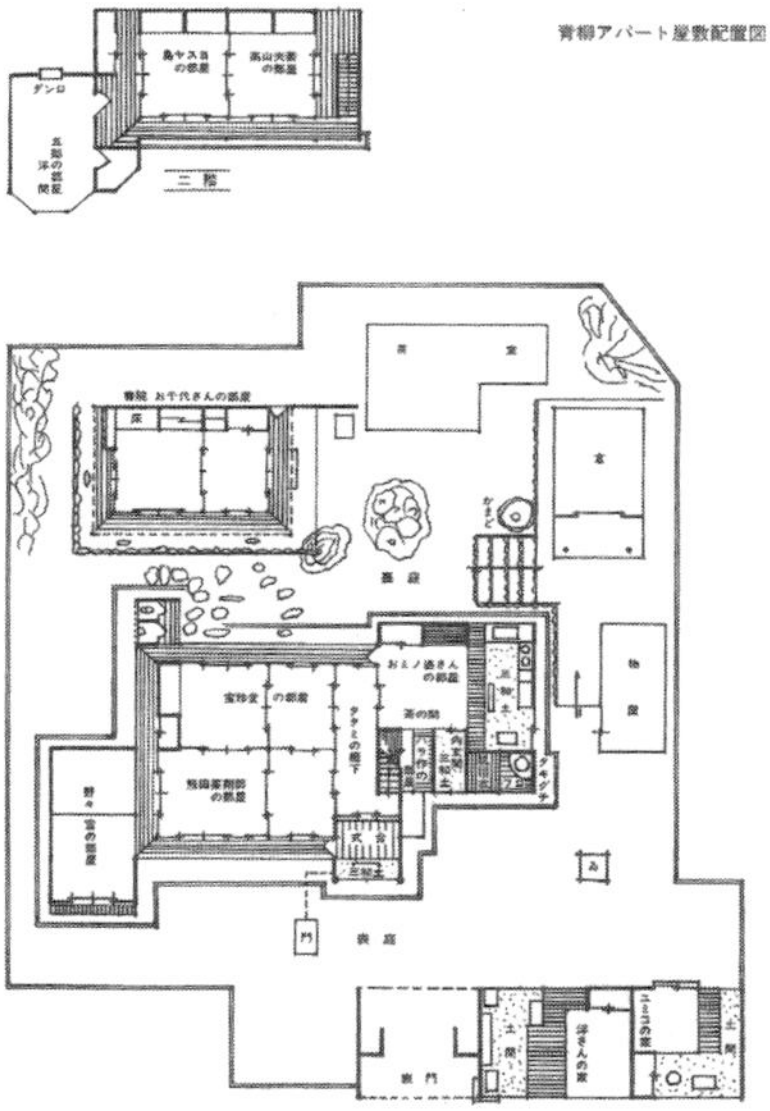

藤本義一『川島雄三、サヨナラだけが人生だ』（河出書房新社、2001年）より

ここで少し整理したい。まず、深刻で重いといった態度がある。これは、ごく当たり前のものである。深刻な精神状態はおおよそ重いという態度にあらわれるものである。次に、軽薄で軽いという態度がある。これも、深刻で重いといった態度とおなじく、ごく当たり前のものである。三番目に、軽薄で重いという態度がある。さしずめいわゆる「ポストモダン」は、これに該

当するのではないだろうか。たとえば日本のポストモダニストは、戦後は「深刻すぎる」あるいは端的に「暗い」といって否定する傾向がある。ところが、戦後の「深刻さ」がたえず問題にしてきた国家の重力、資本主義の重力にむかって、その軽みが発揮されることはあまりない。むしろ、かれらの軽さとは、そのような重力を重力として触知しえない程度の軽さ、あるいは流れに逆らわないといった程度の身のこなしにすぎないのではないだろうか。したがって、本質的にかれらは重いのである。最後に、深刻で軽いという態度がある。日本軽佻派の態度は、これであるようにおもう。それはかれらが、深刻にものをいつも捉えているということではない。人生は逆境に充ちているし、世界は苦痛に充ちて、重しをわたしたちにたえず与えつづけるものである。わたしたちの多くは、よほどめぐまれていれば違うかもしれないが、深刻でいたくなくとも、いやでも深刻たらざるをえないのである。にもかかわらず、その重さを受け止めるさいの深刻さを破滅に導かないため（わかりやすく具体的にいうと、自殺や相互殺戮といった極端なものから鬱、深刻な決裂、おもしろくない毎日をあきらめるなどなど）、そこにわたしたちをみちびく重力を払い除けるために、軽くなければならないのである。ささいなことでも、いたずらに問題を深刻なものにするひとはいるものである。たとえば、わたしたちの会議が長くなる理由の一端はそれである。逆に、深刻なことなのにささいにみせる軽薄さがある（福島第一原発事故以降の復興言説などなど）。あるいは、深刻なことをさらに深刻にするひとはいる。しかし、この世界は必然的に深刻であることを肯定しながら、それをわれわれに生きることのできるものにしていくことである。まじめにして浮薄、ときに熱狂的に没入しながら逃げるかまえを忘れない、真剣にして適当、軽佻派に特有の一見したところ逆説にみえる態度は、そこからあらわれるようにおもわれる。

本稿でとりあげた三つの作品をみると、織田作之助の死後、川島はそのみずからに残された織田作之助の痕跡のようなものと対話をつづけていったようにもみえる。そしてその対話は、織田作之助も超えて大阪という都市に直接アクセスすることで、織田作之助にもあった「重み」のようなものを払拭し、それによって織田作之助自身を再構成するにいたった。そのようにおもえるのである。

〈大阪人〉の視差——直木三十五「五代友厚」をめぐって

尾崎名津子

1．二人の〈五代友厚〉

直木三十五は一八九一年に大阪で生まれ、一九一一年に進学のために上京して以来、東京と大阪を行き来しながら生涯を送った。彼にとっての大きな転機は、関東大震災を機に大阪に戻り、プラトン社に勤務したことと、一九二七年に再度上京し、作家として執筆に専念したことだといえるが、これらの間も度々両地を訪れている。その直木を永井龍男は「故郷の無い人」、「「放浪者」といふ感じ」[1]と評した。確かに、直木の著作は故郷・大阪と紐づけられずに論じられてきた印象がある。しかし、その作品史においては山崎國紀が「昭和七、八年になると明らかに大阪回帰が目立ってくる」[2]と述べたように、大阪を舞台にした作品を少なからず残している。それは一九三四年二月に死去した直木にとって、最晩年にあたる。試みに、この時期の大阪に関わる著作を挙げると以下のようになる。

「大阪を歩く」（初出不詳[3]）

「大阪物語」（『夕刊大阪』一九三一、連載期間不詳）
「大阪で想ふ」（『大阪毎日新聞』一九三一・十一、日付不詳）
「五代友厚――大阪物語続編」（『夕刊大阪』一九三二・一～五、日付不詳）
「大阪落城」（『時事新報』一九三三・四・十八～十二・三十一）
「大塩平八郎」（『直木三十五全集』書き下ろし版、改造社、一九三三）

直木がこの時期にこうした作品群を残すに至った文脈は、どのようなものか。本論では「五代友厚――大阪物語続編」（以下「五代友厚」）[4]を中心に考えてみたい。まず、こうした文脈が生成された契機として、「南国太平記」（『東京日日新聞』『大阪毎日新聞』一九三〇・六・十二～一九三一・十・十六）の執筆を挙げることができる。「南国太平記」は、三田村鳶魚と旧薩摩藩士の加治木常樹との間で共有されていた、薩摩藩の秘話を描いたものだった。[5]この作品は評判を呼び、直木自身の文名を高めることにもなった。評価すべき点として、縄田一男は時代小説に階級闘争や経済の問題を取り込んだことなどを挙げている。[6]

作中の経済に関わる局面で中心的な役割を果たしたのが、調所《ずしょ》笑左衛門である。調所はストーリーの展開上重要な役割を担い、その死が「南国太平記」前半のクライマックスにもなっている。その調所が琉球を介しての密貿易を行っていた拠点が大坂＝大阪であったことが、「五代友厚」執筆へと接続していったと見られる。このことは、「五代友厚」において、薩摩藩出身の五代が大阪で事業を興した事情について、「大阪に目をつけたのは、恐らく、調所笑左衛門が、密貿易の取引を、大阪で行つてゐた時から、大阪と、薩摩とは、離れられないが如く」と書かれることからも窺える。

このように、大阪を舞台とする文脈はある程度明確になるが、直木自身と大阪との関係はいかに捉えるべきだろうか。前出の「大阪を歩く」と「大阪を想ふ」はエッセイであり、「大阪物語」は秀吉による治世とその終焉に材を取っている。そして、これらは「南国太平記」の執筆と同時進行で書かれていた。とすれば、これらの大阪関連作品を纏めた直後に、大阪それ自体を問題化してみせたものが、「五代友厚」なのだといえよう。「五代友厚」を中心にこれらの作品を検討することで、直木と大阪との関係を見通すことができないだろうか。

本論では検討の際に、織田作之助の二つの作品を参照する。それは、生麦事件から書き起こし、五代のイギリス行きまでを描いた『五代友厚』(日進社、一九四二・四)と、幕末の薩摩藩の情勢から五代の死までを描いた『大阪の指導者』(錦城出版社、一九四三・九)という、二冊の書き下ろしである。織田は直木が「五代友厚」を書いたおよそ十年後に、二度にわたって五代を書いたことになる。但し、織田の執筆のモチベーションに先行する直木テクストが影響を与えた痕跡は、管見の限り認められない。とはいえ、二人の大阪出身の作家が虚構化した五代友厚の造形を比較検討することで、直木が描いた大阪の特質がより鮮明になると思われる。

また、直木と織田が同じ文献を元に作品を執筆している点も、両者を比較する根拠である。それは田中豊治郎編『明治之先覚者‼近代之偉人故五代友厚伝』(友厚会、一九二一・六)である。

この伝記は刊行を企図した友厚会なる団体が、「物価の騰貴」を理由に下巻の刊行を断念しており、上巻しか現存しない。直木も織田も、この伝記に依拠しながら五代友厚を描くなかで、こうした事情について批判的に言及している。典拠を敢えて示し、その不備を言い立てることで、自らの五代友厚伝をデザインするという体裁を採ることが可能になっている。では、直木と織田が行った人物造形について、以下で具体的に検討する。

まず、五代が時代の変化にいち早く対応した「先駆者」とされている点が、両者とも通じている。ただ、「実業家型でもなければ、政治家型でもない、武人型でもない、根っからの町人とも思えない、学者型でもない、教育者とも受け取れない。若若しい生気に満ちた精悍な好男子である。永遠の青年といった感じが強く、一見新人の印象を受ける」（『大阪の指導者』）と、人物像を類型化せず、「新人」という言葉で抽象化する織田に比べると、直木は五代の「大阪実業界」における「先駆者」としての「仕事」、すなわち事業の内容とその意義を説明することに注力している。

また、大阪の「恩人」としての性格付けがなされることも、両者の共通点である。これは友厚会の伝記における、五代の事業が近代大阪の実業界の基盤を形成したという認識[7]とも重なっている。それに基づき織田は五代を豊臣秀吉に次ぐ「第二の恩人」（『大阪の指導者』）と呼ぶ。織田は五代の事績を丹念に記述することで、その「恩人」としての意味付けを強固にしようとするが、直木の場合は記述の動機が織田と異なる。直木は五代の「恩人」としての側面を強調するのではなく、次のように、〈大阪人〉に対する叱責を言表するために、五代への「恩」を導入しているのである。

ぢつと、椅子に坐つてをれば、自然にえらくなつて行くのを、盤根錯せつの実業界の為に尽くして、遂に、借金だけを残して死んで行つた五代の志を思ふとき、一個の銅像を建てた切りで、その附記すら完成しなかつた大阪人は果して、恩といふ事の一部分でも知つてゐる人間であるか何うかと、聞いてみたいのである。

先回りして述べると、ここに既に表れているように、直木にとって五代は〈大阪人〉を表象するための梃子としての機能しか果たしていない。このことは、直木のテクストにおいて五代の性格が一切記述されていないことからも看取できる。そもそも、直木が参照した友厚会の伝記は、五代の人となりにも目が行き届いており、大隈重信が寄せた「序」にも次のように記されている。「氏は薩人には不似合の雄弁家で、又頗る吏才にも長じて居つた、それから孰れかといへば窮屈でなく、融通が利く、温和な、調和的な人であつた。」[8]

織田はこのイメージをデフォルメし、五代の個性を創造した。一九四二年に発表された『五代友厚』では、大隈の指摘とも重なる、五代の雄弁さが強調されている。更に言えば、それは伝記に引かれたエピソードを参照することで形作られている。たとえば、少年時代の五代が近所の子どもを集めて夜通し講談に興じたというエピソードは、伝記における「青年講談師の五代才助どん」の項をそのまま踏襲している。この雄弁さは繰り返し強調され、五代が自らの言葉の力で危機を脱し世を渡っていくという、物語の駆動力にもなっている。そうした人物造形を直木は行わない。

〈五代友厚〉造形において、「個性」の仮構の他に直木と織田の重要な差異が垣間見えるのが、五代の下野と来阪の理由づけである。実は、二人が参照した伝記では、その点が明らかにされていない。「我れ宜しく民間に入りて率先国利民福を謀るべし」[9]と、五代の意図が典拠を示さないまま、おそらく執筆者の想像によって書かれる程度である。ゆえに、二人の作家はそこを補塡せねばならなかった。

先に織田の記述を確認すると、「友厚はそのようなわが国の実業界を指導啓蒙しようと思ったのである」、「富国強兵は彼の青少年時代からの夢であった」、「教えるためには、官に在っても出来る。が、実行するためには民間に下るより方法がない。友厚はそう思って退官したのだ」(『大阪の指導者』)と、五代の〈内面〉が補われることによって下野が説明されている。また、来阪の理由については、五代が会計官権判事として大阪の通商に関わったことを挙げつつ、「大阪を離れるくらいなら、退官した方が……と思ったのかもしれない」(『大阪の指導者』)と推測している。

一方、直木は織田のように下野と来阪の理由を五代の〈内面〉として実体化する方法を採らず、次のように箇条書きにしている。

何故、五代が、大阪で、事業を起こしたがつてゐたかをその理由は、いろ〳〵とあるであらう。僕が想像すると

一、大阪府判事をしてゐたから、民間の有力者に知己の多かつた事
二、大阪の歴史的商業地である事
三、衰亡しすぎてゐる大阪である事
四、薩摩と、東京との中間に位してゐて、仕事をするに便宜の多い事
五、斉彬時代から、薩摩が、大阪人に信用のある事
六、東京に対して大阪は、日本中部の中心となるべき地位に当る事
七、東京には、いろ〳〵の人材がゐるが、大阪には五代の外にゐないから仕事のしよい事

以上の事柄を整理すると、次のように言える。まず、直木も織田も「先駆者」であると同時に大阪の「恩人」として〈五代友厚〉を造形している。しかし、雄弁家であるという性格付けをし、また、積極的に五代の〈内面〉を加筆していく織田に対して、直木はそうした操作を行わない。直木の〈五代友厚〉は、織田のように実体化されるべき作中人物として造形する意図に基づく仮構がなく、史実とされる事柄に基づき「僕」の想像によって整序された、情報の総体として存在している。こうして実体化を免れた〈五代友厚〉は、テクスト内で批判されるべきものとして

〈大阪人〉を呼び込む機能を有していると言える。

2.〈大阪人〉の複数化

直木と織田のこうした書法の違いは、テクストにおける書き手の自己言及性にも鮮明に表れている。ここでも織田テクストを先に参照するが、『大阪の指導者』には「伝記作者の常套手段に拠ったわけ」ではないとの記述があり、友厚会の伝記との差異が強調されている。同様のことは「なお、伝には堺事件に於ける友厚の周旋に就て、一二三の逸話を述べている。が、例によって真偽は疑わしいし、それにこの際とくに伝うるほどのこともないと思う故、省略して、先を急ごう」という箇所に表れているように、書き手の編集意識を見せ消ちにしていることからも窺える。

直木はこうした恣意性を示していない。友厚会による五代伝の記述に依拠しながらも、そこに記された事績や挿話を書き手の直木自身が再検討、あるいは評価するスタイルが採られている。これをひとまず本論では〈考証〉と呼ぶことにする。〈考証〉という言葉は、「直木三十五全集月報」第三号における、「五代友厚」に先行する「大阪物語」の紹介の中で用いられている。

大阪物語（浪花から大阪へ）は石山寺建立当時の浪花から、近代的商業大都市の大阪への推移を、科学的且つ歴史的に凡ゆる角度から考証し、その中に、時代的な興味ある物語を挿入した明朗な読物。

五代友厚は、大阪物語の続篇で、近代産業発達期の大阪に飛躍した五代友厚を中心に描かれた長篇小説。[10]

ここでは「大阪物語」が〈考証〉に基づく「明朗な読物」である一方、「五代友厚」は長篇小説と紹介されている。また、月報の同号「編輯室にて」では、「大阪物語」は〈考証〉に「物語」を織込んだものである一方、「五代友厚」は五代を主人公とした「物語」とされている。[11] しかし、「五代友厚」の方でも、五代その人は視点人物となるどころか、内的焦点化もほとんどされていなかったことは、先に検討した通りである。「五代友厚」もまた、直木流の〈考証〉によって構成されたテクストなのである。

直木自身による〈考証〉への意志は、「大阪物語」や「五代友厚」の執筆に先行するエッセイ「大阪を歩く」で披瀝されている。

徒らに、考証、穿鑿のみをしたくないし、現在の吾々と飽くまで交渉のあるやうに書いて行つて、そして、出来る限り、正確な調査をして、と――大阪には、木崎氏とか、南木氏とか、尊敬すべき郷土研究家が多いが、私は、飽くまで興味本位に――。[12]

ここで直木は、「徒ら」な「考証」を避け、「飽くまで興味本位」で書くとして、木崎愛吉や南木芳太郎ら郷土史家と自身との距離を取っている。「興味本位」と言った場合の「興味」の内実も、同じエッセイの次の箇所から明らかになる。

実は、私は、もう少し、大望を起したのである。たゞ、ぶら〳〵と歩いて、見て、書いたつて仕方がない。大阪の歴史を――私の故郷の出来事を、諸君の町に嘗てゐた人の伝記を――そんな物を、書いたら、何うだらうか、と。私は、歩くだけでなく物を調べてから、歩いてみたくなつてきたのである。

直木の「興味」は、大阪の出来事と人物に向けられているのみならず、歴史記述の方法にも関わっていることがわかる。「物を調べてから、歩」くという方法を志向すること、ここではひとまずそれを〈考証〉への意志と呼んでおきたい。このエッセイの執筆に引き続いて、直木は「大阪物語」を書くが、そこでの直木の興味は、徳川家康個人に焦点化されている。[13] そもそも、直木の「興味」は素材の面で大阪の出来事と大阪にゆかりのある人物とに分裂していたが、「大阪物語」では家康の思惑、つまり「嘗てゐた人の伝記」を描くことに終始していた。

だが、「大阪物語」最終盤ではそれとは異なる位相から大阪の歴史を描く意向と、〈考証〉への意志を見てとることができる。また、そこには五代の名前が書き込まれている。つまり、そうした意図を実現するために、「五代友厚」が書かれなければならなかったのではないか。以下の記述を参照すれば、〈考証〉の目的がより鮮明になるだろう。

今年は、これで終つて、来年から「五代友厚伝」に入る事にする。〔中略〕東に、山城屋和助。西に五代友厚。それから、藤田伝八郎など、維新の急変当時に、忽ち、士族から商人に早変りしたが、そのブルジヨア階級は、半世紀後の今又、一つの変改が起らうとしてゐる。主として私はそこの所へ、目をつけて行きたいと思ふ。

大阪の歴史は、近代の「ブルジョア階級」が「今」「一つの変改」を迎えるに至る過程として捉えられており、このことを実証することが〈考証〉の目的となる。では、このような文脈を辿ってきた直木の、〈考証〉の実態はどのようなものだったのか。直木の弟である東洋史学者の植村清二は、「兄くらゐの考証、兄くらゐの史論は、まづ常識程度」であり、「自分で克明に材料を探して、それを組立てるといふやうなことは、兄が欲しなかつたことでもありますし、また出来なかつたことでもあります」[14]と述べている。仮に直木が植村の言うような意味での考証を「出来なかつた」のであれば、それでも彼が〈考証〉として採用した書法はどのようなものだったのか。そして、それを用いることでいかなる像が浮かび上がるのだろうか。

確かに、植村清二が言うように、直木の〈考証〉は、資料に客観性を担保させることで出来事を可視化するという意味での考証の手続きを逸れていく。それが顕著になるのは、書き手の「僕」と〈大阪人〉との関係を描く時である。〈大阪人〉表象の特質の一つに、「五代友厚」の書き手である「僕」との対立関係が挙げられる。それは次の箇所に明らかな、五代の事績を忘れた「冷淡」な「君等」と相対する「僕」という構図である。

この功労を、何故――いつ、君らは、忘れたか？　もし、五代の子孫が、金でも残して、立派にしてゐるなら、もつと早く伝記は完成されたゞらう。それが、さうで無いから、君等は、冷淡なのだらう。〔中略〕僕も、大阪人であるが故に、こうした事実に対して、他国人から聞かれると、穴へでも入りたくなる。

こうした「非人情」な〈大阪人〉を造形することは考証の作業からは程遠く、この部分に直木の創意を看取できるとさえ言える。「五代友厚」では、五代の事績を考証することよりも、むしろ、全編にわたって〈大阪人〉の実体化が目指されているように見える。その特質は「金を儲けんとあかん」、また、「何んぼくだはる？」といった、金銭への執着によっても表象され、これらは鍵括弧に括り出される形で、すなわち彼らの肉声として強調される。こうした作為は、常に彼らに対立的な位置にいる〈大阪人〉としての「僕」の像をより明瞭にする。それは先の引用箇所にも明らかだが、次に挙げる叙述は些か奇妙な印象を与えるだろう。〈大阪人〉が五代の伝記を完結させなかったことに対し、「私」が憤る場面である。なお、「五代友厚」においては書き手の一人称が「僕」と「私」とで揺らいでいるが、意味内容に差異は読み取れない。

だが、恐らく、私がこの位云つた位では、感じまい。直接、何らの利益も無く、徒らに金が、いくらかでもかゝる位であるし、黙つてゐても、私が、不完全ながら、伝記をかくであらうから、それでえゝやおまへんか、直木いふ奴に任してをきなはれ、一人で、吠えてけつかつて、彼奴、山犬みたいな奴なんだな、大阪で生れて、大阪の悪口を云うて、それで、自慢しとんね。何つちが、阿呆か、五代はんに、聞いてみい、と云うたろか——と。

一文の中で発話者としての「私」に代わって立ち現れた〈大阪人〉は「大阪で生れ」た「私」=「直木」に罵声を浴びせる。同じく大阪という土地に根を持つとされながら、〈大阪人〉はかくて複数化されるのである。では、複数化された〈大阪人〉には、どのような含意があるのだろうか。そのことを検討するなら、「五代友厚」に先行するエッセイ「大阪を歩く」の参照が有効である。そこでは、直木の〈大阪人〉の意味づけがより明確になっている。次の箇所からは、直木が「純粋の大阪人」とそうでない〈大阪人〉を措定していることが明らかになるだろう。

純粋の大阪人が、今、幾人残つてゐるか？　近江泥棒、伊勢乞食と、矢張り一口に云はれる人間が、入込んできて、大阪人になつてゐる――紀州、大和――とにかく、東西南北から他国人が入込んできてゐる。

この観点に基づき、直木は「私の父も、母も、大和人であるから、私は、純粋の大阪人では無い」と自らをも厳密に腑分けしている。更に、「少くも、西鶴、近松。下つて、懐徳当時の町人学者の輩出した当時の大阪人は、今の田舎者の成功者とは、ちがつた人間であつた、そして、私は、それを、大阪人だと、思つてゐる」と述べていることは見逃せない。西鶴や近松らの名前を出し、彼らを「純粋の大阪人」として理想化する場合、それは非在のものとして虚構の度合いを高めている。

この他にも、「大阪を歩く」では、直木本人と大阪との距離に関わる重要な言及が確認できる。「私は、大阪生れの、東京住居である為に、或は、公平にも見えるしあるいは、偏頗になれもする、都合によつては、一方へ偏したり――多分、誰よりも、偏頗になりえられる《（ママ）》」という箇所である。「都合によつて」どのような態度も取れるという身振りは、永井龍男が言うようなデラシネとしての直木像を描きたくさせる。しかし、一方では次のようにも述べている。

私は大阪を歩き、大阪の人と逢つてもう少し大阪の為に語りたいが――多分、私は、大阪に、まだ失望するものと思つてゐる。私如き一介の小説家にして、猶最新の経済理論を心得てゐるに係らず大阪町人は己の領分の経済思想をさへもつてゐないのが多いのである。憐れむべき、大阪、及び大阪人よ、私はまだ故郷へ戻りたくない。もう、二年――さうだ、二年位で、判るだらう。

大阪への「失望」を語り、そこを「故郷」と呼ぶことは、永井龍男が示した「故郷の無い人」というイメージにそぐわない。また、直木がここで呼びかける〈大阪人〉は、続く「五代友厚」で「冷淡」で「非文化的」だと批判されることになる、直木と同時代を生きる〈大阪人〉と同一のものと捉えてよいだろう。「大阪を歩く」の叙述を「五代友厚」のそれと併せつつ整理すると、次のように理解できる。

直木は西鶴、近松や町人学者といった近世の大阪の文化や学知を表象する人々に「純粋の大阪人」を仮託し、周辺地域から流入してきた人々をそこから排除する。それは同時に近代以降の〈大阪人〉、また、直木自身をも排除することになる。〈大阪人〉はこうして複数化され、三つの層を形成し、序列化される。「純粋の大阪人」と〈大阪人〉とが対比されていることは分かり易い。だが、直木自身の位相はそのどちらにもない。近世の、すなわち非在である「純粋な大阪人」と、隣接する地域から流入し、大阪に定住し、「田舎者の成功者」ではあるが「経済思想」を持たない、「憐れむべき」存在としての〈大阪人〉という二者を、それぞれ仮構するという作為においてしか存在できないのが「僕」＝「私」＝直木である。エッセイ「大阪を歩く」での達成は、

〈大阪人〉を複数化させ、その視差そのものとして記述行為者である直木自身を浮上させたことだった。

大阪を「故郷」と呼ぶ直木ではあるが、「まだ」「戻りたくない」として距離を作る。そもそも視差それ自体として在る直木に、実体化し得る「故郷」が成立するのか疑わしいが、その発言が、時機が来ていないというメッセージを発していることは明確である。そして「二年位で、判る」との記述は、事後的に見ると意味深長に見える。「大阪を歩く」は一九三一年に発表された。記述を素直に受け取れば、それから二年の間にあたる、一九三二年一月には「五代友厚」の発表が始まる。同じ年頭、直木は「ファシズム宣言」を発表してもいる。

3.「ファシズム宣言」と〈大阪〉の接続

直木の「ファシズム宣言」、あるいは、「六日会」への参加に代表される体制との関わりについては、直木にとっては本意ではないことだったと意味づけられる向きがある。尾崎秀樹は「直木は本気でそんなことを考えたわけではなかったようだ[15]」と言い、直木の甥である植村鞆音も「無論本気でファシストを志したわけではない[16]」と記している。そのように述べつつ、両者とも「ファシズム宣言」を契機に直木が「時局の文士」(植村鞆音)として身を立てていくことを問題化していた。では実際のところ、「ファシズム宣言」とはどういった内容を具えているのだろうか。

「僕は、光輝ある読売新聞を通じて、僕が一九三二年より、一九三三年まで、ファシストであることを、万国に対して、宣言する」[17]という一文で知られる「ファシズム宣言」ではあるが、見逃したくないのは、本来はそれが「文芸時評」として書かれているということである。また、この時評は『読売新聞』に一九三二年一月八日から十五日まで、四回に亘って分載された。それは明確に、プロレタリア作家の在り方に対する批判だった。

その新聞（この名を書くと、無料広告になるから、書いてやらない）を見ると馬鹿野郎が「階級闘争をかいてない」とか「斉彬を神様扱ひ」にしてゐるとか、そして、僕の「戦争と花」とを、ファシズムだとか——君らが、そ、《（ママ）》そういふつもりなら、ファシスト位には、いつでもなつてやる。[18]

「ファシスト位には、いつでもな」るとの言い方に表れているように、直木がポーズとして「ファシスト」を名乗っていることは明らかである。また、その発言が一貫しているのは、「工場生活をしてきたのを、地獄の経験でも、してきたやうに、ブルヂョアへ威張つて、拙い作品にして、いゝ稿料を取つて——世の中も、ジヤナリズムも、そんなに甘くはない」[19]、「「中央公論」が、使つてくれぬといふ前に、二十四五歳で、へたくその小説を書いて、それが、一枚数円に売れるといふ事に、罪悪を感じた方がいゝ」[20]、「佐藤紅緑の六十になつても、命のあるのは、その通俗的義憤だけである。そして、通俗物を読む読者とは、プロレタリアには、気の毒だが、こういふ道徳に感心してゐるのであつて「キング」の売れるのも、又、こゝに淵源がある」[21]といった発言に通底している、文学作品が資本として流通することで成立するという認識である。このように、「ファシスト」とは経済活動という観点から見た際の、プロレタリア作家が抱える矛盾を言うための修辞だった。

本論冒頭で紹介したエッセイ「大阪で想ふ」では、「ファシスト」として自己を造形するという着想を大阪で得たと説明されている。また、次の部分では、日本国内でのファシズム理解としては大正期以来長らく主流を占めていた、社会主義に対する反動という解釈を退け、ファシズムがマルクス主義、更にはモンロー主義の理解とも重なると主張している。

愛国的な保守思想で、ファシズムは、反動だなどといふ概念は認識不足だといつてゐゝだらう。ファシズムは目的経済説と矛盾しないし、反資本家的思想において、マルクスと通じないこともない。こゝに、日本モンロー主義の御旗を立てることも出来るし、それを新らしく解釈することも出来るのである[22]

直木がいかなる経路を辿ってファシズムを理解したかを検討するためには、未だ材料が足りないが、ここで確認したいのは、今なお多数の議論が存在するファシズムの融通無碍なありようを、直木の言葉が率直に表現しているということである。それが数ヶ月後に文芸時評の中で、プロレタリア作家に向けた言辞としても提出されることになった。このように、直木にとってファシズムとは、資本主義経済を基点としつつ、文学の問題になる一方で、自身の社会に対する理解を映し出すタームだという両義性を含んでいた。直木の大阪をめぐるテクストでは、この両面が前面に押し出されている。なぜなら、そこでは直木が批判する〈大阪人〉と政治家とが同じ位相に並ぶからである。そしてその際に両者の結び目となるのは、文学と文化である。さらに、文学と文化は明治維新前後と一九三〇年代との差異を解消する機能を果たすことになる。

たとえば「五代友厚」において、文学と文化が媒介となることにより、明治新政府と一九三〇年代の政府・政治家とが次のように並置される。

新政府の人々は、鋭意努力はしてゐるが、かうした文化的の方面へは、力を尽す暇がないし——今でも、政府、政治家などゝいふ輩は、文学に対して、何の理解さへもつてゐないのであるから、当時の、民間の有志が、この新知識を得る鍵に、どれだけ驚喜したか？　五代が、民間へ下つての第一の仕事は、その第一の仕事らしく、有意義であつた。

そもそも、ここでは五代の「第一の仕事」が英和辞書刊行のための印刷所の創設であったことを評価しているのだが、それよりも新政府と「今」の政府、政治家に対する直木の私見を記すことに、より多くの言葉が充てられている。そして、文学に無理解な「今」の「政府、政治家」は、そのまま〈大阪人〉の像と重なる。先にも参照したエッセイ「大阪を歩く」では、〈大阪人〉についで次のように書かれていた。

それから、公園の方へ。こゝには、市民から馬鹿にされてゐる美術館が建つてゐる。何の市長の時に誰が賛成して建てたのか知らぬが、この位市民と没交渉の美術館も無い。一番いゝ方法は水を充たして水族館にすることだが——文学にさへ冷淡な、大阪市民に、美術館を与へ、与へつ放しで教育もしない所が、役人の役人たる所以であらう。

本来は文学と文化とを腑分けして検討すべきところではあるが、こうした書きぶりを見ると、両者は厳密に弁別されていない。文学への無理解はすぐさま文化への無理解となり、その逆もまた然りである。ここでは、文学に「冷淡な」「大阪市民」＝〈大阪人〉という図式が提出されているが、この理解は先に参照した「五代友厚」における「今」の「政府、政治家」の造形のありようと十分に重なっている。また、「大阪を歩く」では大阪の芸能の担い手を評価しつつも、その「リーダー」が不在で十分に継承がなされないことを、「大阪の非文化性」と解釈している。

こうして政治家と〈大阪人〉とが、文学や文化に対する無理解という一点で繋ぎ合わせられる。ここで改めて「五代友厚」に焦点を当てると、この作品では〈大阪人〉が批判対象として描かれていたが、それは虚像だった。直木にとっての「純粋の大阪人」は近世に求められるのであり、実在する大阪の人々は直木にとって、いわば偽物なのである。しかし、その〈大阪人〉への批判によって五代を語り、五代を語ることで明治維新の政府のあり方を批判し、明治政府への批判を文学や文化といった単語に媒介させることで、現今の「政治家」への批判が可能になっている。つまり、虚像としての〈大阪人〉を措定することは、一九三〇年代の政治家への批判のために必要だったのではないか。

4. 〈考証〉の行方

「五代友厚」を読み進めると、五代の事績の検証は徐々に省かれ、終盤では明治政府の失策を挙げ、同時に現今の政治に対する不満を述べる分量が増えていく。開拓使官有物払下げ事件に関与したことにより、晩年の五代は不遇だったと言える。しかし、五代の事績ではないことが綴られる理由を、この一事のみに求めるわけにはいかない。

直木は明治政府の教育政策を批判する。とりわけ、「情操的の教育機関」として「美術学校」しか設けず、「思想、文学方面に対しては、全然、零であつた」ことを責める。その延長で些か唐突に「尤も、犬養などゝいふ人は「思想問題の解決は、師範教育の改善に待つべし」などゝ云つてゐるから、僕らが、今、何を云つたつて、どうにもなるものではない」と同時代の政治家の名前を挙げ、呆れてみせる。
また、直木は行政がなすべき公共的な事業の数々を、明治期の大阪では五代が一手に引き受けたことについて、次のように述べる。

そして、こんな解りきつた仕事でさへ、五代がやらねばやる人が無かつた。政治家といふ人間は、大抵、かういふやうな代物が多い。政友会の五ヶ年計画など、近頃図々しい一例で、あゝいふ物を計画して、国民を釣つておいて
「実行したいが、金が無い」
と、云つてゐる。金の無いのが、今になつて判るやうなら、臍を噛んで死んだ方がいゝが、最初から、やるつもりが無いのだから、政党政治家の無責任も、論外になつてきた。

「政友会の五ヶ年計画」とは時期的に見て、立憲政友会が一九三一年十二月に決定した新十大政綱のうち、輸入防遏と輸出増進を旗印とした、産業五ヶ年計画を指すと思われる。三一年は満州事変が勃発し、また、世界恐慌も起きていた。当時の政権は立憲民政党が担っており、同党は政友会の床次竹次郎と連携して共同で内閣を運営しようとしたが、その試みは犬養内閣の成立によって達成されなかった。犬養内閣の成立時に打ち出されたのが「政友会の五ヶ年計画」である。結局、犬養内閣も「五代友厚」の発表中に五・一五事件によって終わることになるが、少なくと

も直木が右のように書いた時は、戦前日本の政党政治が辛うじて成立していた時期にあたる。

この時期、「政党政治家の無責任」は popular sentiments としての世論（輿論、すなわち公論、Public opinion ではない）としてよく見られた。たとえば、岩波茂雄は一九三二年四月に「私は曽ては『心境変化』の本尊犬養宗の信者であつた。その『心境変化』の正体は知らないが時局重大邦家存亡の秋である」[23]と犬養内閣への失望を語っていた。一方で、直木の批判は、岩波のような「時評」ではなく、〈内面〉を具えた作中人物を中心に展開する「小説」でもなくなっていると言わざるを得ない。それが〈考証〉の実態である。

〈考証〉の結果、批判されるべき政治の現状の遠因として、明治新政府までもが呼び起こされることになった。それを可能にしたのが媒介としての〈大阪人〉である。さらに、五代を通して明治の大阪を描くことにより、直木は次のような見立てを述べることも可能にしている。


それから後に、三菱が、土佐を背景として起り、渋沢が、五代が、山城屋が、それぐ実業界へ乗出してきたのであるが、こゝに、日本の維新独特の、現象がある。

それは、かうした封建制度の倒れる時には、必ず、ブルジョアジーが、倒すのであるが、日本のは士族階級中、下士階級が倒し、ブルジョアジーは、手を拱いて、それを見てゐたゞけであつた。

その一因は、鎖国主義にある。民間の町人は、誰一人として、五代のやうに、外国へ見学に行つた者も無かつたからして、開国になつても、どうしていゝか？　何が何だか見当のつかぬ者が多かつた。
　これが為に、江戸時代からつゞいてゐる大金持の大部分は、時代おくれとして、潰れてしまひ、政府と手を握つた。政府から民間へ下つたりした者が大いに発達をして、こゝに、町人生れにあらざる、ブルジョアジーが出てきたのである。政商の大きい物は、悉くそれである。これが日本ブルジョアジーの特色である。

ここにおいて直木の本願は達成されたといえよう。「大阪物語」の最終版で「東に、山城屋和助。西に五代友厚。それから、藤田伝八郎など、維新の急変当時に、忽ち、士族から商人に早変りしたが、そのブルジョア階級は、半世紀後の今又、一つの変改が起らうとしてゐる。主として私はそこの所へ、目をつけて行きたいと思ふ」と述べていたことを今一度想起したい。ブルジョアにおける「一つの変改」とは、「五代友厚」での次の主張と呼応すると言える。

人間の生活必需品は、どれだけ入用で、その為には、どれだけ生産すればいゝか、といふ生産上のコントロールを、当然、政府に於て為すべき筈で、国家統制の議論は、こゝから生れてくるのであるが、この機械と、人間との関係はもつと、数字的、統計的にはつきり研究すべきものであると思ふ。

これは統制経済を積極的に肯定する言葉に外ならない。「五代友厚」という作品は、直木の「ファシスト」への「変改」後第一作と呼ぶに相応しい作品と言える。

しかし、見落としてはならないのは、直木が一貫して資本主義経済の問題として言葉を発していたことである。「ファシズム宣言」において、文学作品を徹底して資本と見做した視線や、〈大阪〉を言語化することが、結果的に日本近代史と経済史に関する自説の披歴に資したこと、これらは全て直木の資本主義経済への興味を示していよう。とりわけ、文学作品が資本としてのみ成立するという認識に見られるストイシズムには、学生時代から書籍や数多の雑誌の編集、あるいは映画製作に携わり、そのほとんどが失敗に終わり、経済的困窮から容易に抜け出せなかった直木自身のそれまでの生活と、その後の大衆小説の執筆という文学的営為とが反映されているように見える。それが大阪を描くことと結びついた時、〈考証〉の書法により〈大阪人〉は複数化され、そこに視差が構成された。直木は視差そのものとして居場所を確保し、時局と経済を語ったのである。「五代友厚」の結末部にはこのように書かれている。

かういふ時代に、新らしい五代友厚が、出て来なくてはいけない。新らしい経済を、新らしい資本——破壊すべきものを破壊し、建設すべきものを建設して、この世界中の不安に対して、せめて、日本だけでも、何んとか明るさを示すやうな——さうでなければ百人の、大阪人が居たとて世の中は何うにもなるものではないし、大阪町人自らも、困るだけである。

しかし、直木自身が「新らしい五代友厚」になることはなかった。その後の直木は「大阪落城」や「大塩平八郎」といった時代小説へと還っていくことになる、やはり近世の大阪（大坂）が直木にとって「純粋の大阪」だったということか。それは改めて検討されねばならない。

（註1）永井龍男「故郷の無い人」（『衆文』一九三四・四）

（註2）山﨑國紀『知られざる文豪　直木三十五——病魔・借金・女性に苦しんだ「畸人」——』（ミネルヴァ書房、二〇一四・七）

（註3）『大阪を歩く』は最終回の小見出しが「大阪物語へ」となっており、『大阪物語』発表直前のものと考えられる。初刊は『直木三十五全集』第十五巻（改造社、一九三五・六）。

（註4）引用は『直木三十五全集』第六巻（改造社、一九三四・七）による。

（註5）三田村鳶魚「直木三十五の『南国太平記』」（『日本及日本人』一九三一・三・一）に「どこから材料を得られたものであるか、加治木君の話を基礎として、それを大衆的にひろめてくれたものとすれば、私としても大いに満足でありますし、今は世に亡い加治木君も、喜ばれることであろうと思います」とある。

（註6）縄田一男「人と作品　直木三十五」（直木三十五『南国太平記【下】』講談社、一九九七・四）

（註7）「彼れが大阪に蒔いた実業の種子は、今日大阪を為したのである、大阪は地の利を占め、其の人が実業的であるとしても、若し彼れがなかつたなら、其の発展は或は今日よりも多少後れたであらう。」（「今日の大阪実業界を生みし恩人」（田中豊治郎編『明治之先覚者‼近代之偉人故五代友厚伝』友厚会、一九二一・六））

（註8）大隈重信「序」（田中豊治郎編『明治之先覚者‼近代之偉人故五代友厚伝』友厚会、一九二一・六）

（註9）「参与の要職を抛ち民間に下る」（田中豊治郎編『明治之先覚者‼近代之偉人故五代友厚伝』友厚会、一九二一・六）

（註10）（次巻予告文）（「直木三十五全集月報」第三号、一九三四・六）

（註11）「▼「大阪物語」は、浪花から大阪への過去の推移を、著者が、史実に忠実に、科学的に凡ゆる角度から、彼一流の警抜諧謔なる文字で描出した、珍らしい読み物である。そして、この考証の中に、時代々々に起つた、面白い物語を織込んだ、素晴しい手際には、誰しも讃嘆の言葉を惜しまぬであらう。

▼同巻の「五代友厚」は、大阪物語の続篇として書かれたもので、近代的商業大都市、日本の産業大都市大阪の勃興期に、飛躍した中心人物五代友厚を主人公とした興味津々たる物語である。」（「編輯室にて」（「直木三十五全集月報」第三号、一九三四・六））

（註12）「大阪を歩く」（一九三一年。発表月日、発表媒体は不明。）

（註13）山﨑國紀は「結局、この『大阪物語』は、築城の歴史ではなく家康の野望を書くことにあった」と評している（『知られざる文豪　直木三十五――病魔・借金・女性に苦しんだ「畸人」――』（ミネルヴァ書房、二〇一四・七）参照）。

（註14）植村清二「兄と僕と」（『衆文』一九三四・四）

（註15）尾崎秀樹『大衆文学の歴史　上　戦前篇』（講談社、一九八九・三）

（註16）植村鞆音『直木三十五伝』（文藝春秋、二〇〇五・八）

（註17）直木三十五「文芸時評（1）ファシズム宣言」（『読売新聞』一九三二・一・八）

（註18）註17に同じ。

（註19）註17に同じ。

（註20）直木三十五「文芸時評（2）期待すべき人々」（『読売新聞』一九三二・一・九）

（註21）直木三十五「文芸時評（4）利口な人々」（『読売新聞』一九三二・一・十五）

（註22）直木三十五「大阪で想ふ」（『大阪毎日新聞』一九三二・十一、日付不詳）※末尾に「（大阪にて）（昭八・十一・十五）」とある。

（註23）岩波茂雄「『心境の変化』」（『文藝春秋』一九三二・四）。引用は植田康夫・紅野謙介・十重田裕一編『岩波茂雄文集　1』（岩波書店、二〇一七・一）による。

金達寿における関西――〈神功皇后の三韓征伐〉と「行基の時代」

廣瀬陽一

一　はじめに

作家・古代史研究家として活躍した在日朝鮮人知識人・金達寿《キムダルス》（一九二〇―一九七）は、一九三〇年に〈内地〉に渡って以後、神奈川県や東京都内で暮らし、関西に根を下ろすことはなかった。だが彼の知的活動に目を転じると、関西ほど関係の深い地域はない。彼と関西との出会いは小学五年生の時に「国史」の授業で教えられた〈神功皇后の三韓征伐〉に遡る。多くの朝鮮人と同様、彼もまた民族的劣等感を抱いて苦悩したが、やがてこの劣等感が客観的事実ではなく、植民地生活の中で〈三韓征伐〉的歴史観を内面化した結果と認識するようになった。そこで〈解放〉後、彼は文学活動を通じて自分の内なる〈関西〉と闘争した。さらに七〇年頃から徐々に活動の舞台を古代史に移すと、そこでも〈三韓征伐〉などの形で表現された日本と朝鮮、日本人と朝鮮人との関係を人間的なものにする道筋を探究した。その可能性を追究する中で書かれたのが、結果的に彼の最後の小説となった「行基の時代」（『季刊三千里』七八・二―八一・八。以下、引用は単行本を用いる）だった。

このように関西は、金達寿の知的活動の原点であると同時に文学活動の終着点となった場所でもある。もちろん両者の間で〈関西〉が意味するものは異なる。原点としての〈関西〉は〈三韓征伐〉的歴史観の中で表象される権力の中心であり、終着点としての〈関西〉は、その中で消されたもう一つの姿である。では彼はいかにしてもう一つの〈関西〉を見出していったのか。本論ではこの点を、彼が文学活動を通じて〈三韓征伐〉的歴史観の問題性を自覚し言語化していく過程を概観した上で、「行基の時代」に即して考察する。

二　〈三韓征伐〉的歴史観との文学的闘争

先述のように、金達寿における〈関西〉について考える上で起点となるのは、「国史」の授業で〈神功皇后の三韓征伐〉を教えられた一九三三年である。少年時代の彼は、日本人は「日本人」と言われても怒るどころか、そのことを誇りにさえしているのに、なぜ自分たち朝鮮人は「朝鮮人」と言われると腹が立つのかと独り思い悩んだが[1]、この苦悩の源泉となった要因の一つが〈三韓征伐〉的歴史観だったことは疑いない。

このような不幸な出会い方をしたため、金達寿は歴史に関心を持つことなく作家を志して独学で文学を勉強し、三九年四月に日本大学の専門部に入学した。在学中に『モダン日本　朝鮮版』

（三九・一一）所収の朝鮮人が書いた文章や、『文藝春秋』に転載された金史良《キムサリヤン》の小説「光の中に」（四〇・三）などを読んだり、卒業後、四二年五月から四四年二月にかけて、朝鮮総督府の御用新聞社である京城日報社で働く中で、自己批判的に民族意識に目覚めていった。そこで〈解放〉後、彼は〈解放〉前に発表した自分の小説を、民族的自覚という主題を前面に押し出すように改稿して発表することから文学活動を開始した。その後、四八年十月に韓国で起こった麗水《ヨス》・順天《スンチョン》事件に大きな衝撃を受け、四九年五—六月頃に日本共産党に入党した。ところが五〇年一月初頭から党内で、いわゆる〈日本共産党の五〇年問題〉と称される激烈な権力闘争が起こると、分派として除名されてしまった。だが彼は新日本文学会の常任委員を務めており、また当時は左翼的在日朝鮮人運動全体が党の指導下にあったため、除名後も様々な形で党内闘争の影響を受けた。

ここで注目すべきは、日本人党員や新日本文学会の文学者などの日本人知識人と交流する中で、金達寿が、彼らは世間的には自他ともに朝鮮人の友と思われているが、実は、いわば精神的に植民地化されたことを主体の確立と錯覚しているのではないかと考えるようになったことである。例えば彼は、「しよくみんちてきにんげん」（『近代文学』五二・四）の中で、戦後のアジア諸国・諸民族の発展を賞賛しながらも、最終的な主導権はやはり日本が握ると語ったり、朝鮮語を「ユ《ク》리《リ》고《ゴ》」（それから）という基本的な接続詞さえない、程度の低い言語だと思い込んでいる日本人知識人を例に挙げて、このような日本人は帝国主義者というより、「植民地的人間」というべき存在ではないかと語っている。それと同時に彼は、自分を含む在日朝鮮人の多くも、未だその錯覚

を共有しているのではないかとも思うようになった。五〇年問題を素材にした小説「日本の冬」(『アカハタ』五六・八・十八―十二・三十。以下、引用は単行本を用いる)には、次のように記されている。

まず、朝鮮人についてみれば、三植自身をも含めて、彼らはきのうまで抑圧されていた植民地人であった。その多くは、まだ奴隷根性から抜けきっていない。抜けきっていないということを意識することからは、なおさらのことである。

日本人はどちらかというとそれを抑圧した側に立っていたが、しかし彼らの多くも、朝鮮人にたいするおなじその抑圧者から、抑圧されていたのであった。しかも彼らは、きのうまでは共産主義などとはまったく反対のもの、軍国主義・ファシズムを謳歌していたのであった。

奴隷根性とファシズムの謳歌、それはおなじ根からのものだ。それによるゆがみを、否定することはできない。[2]

念のため断っておくと、金達寿はここで、日本人も帝国主義の被害者だったと述べているわけではない。彼にとって植民地の人々に対する日本人の加害責任は、いまさら議論する余地もない当然のものである。また彼は五五年に在日朝鮮人が党を離脱して総連を結成したことを、当時としては必然的な路線転換だったと語っている。[3] ただし先の引用文で述べられている認識は、それとは別次元の問題である。彼は、日本人の加害責任のある次元をあえて括弧にくくることで、〈日本人のファシズムの謳歌〉と〈朝鮮人の奴隷根性〉を同質的に捉える〈場〉があり得ることを提示したのである。この認識を獲得したことで、金達寿にとって〈闘争〉の意味は決定的に変化する。日本や日本人を単純に糾弾して終わるのではなく、階級であれ民族であれ、特定の立場や観念が価値を持つ〈場〉を成立させている理論的基盤を根本的に問い直すことが、彼にとっての〈闘争〉となるのである。

ここで注目すべきは、この認識論的転回に伴って、〈三韓征伐〉的歴史観を問い直す古代史への批判的視座が現れることである。それがよく示されている最初期のテクストは、『朝鮮』（五八・九）である。その中で彼は、古代の日本列島における「帰化人」の拡がりを示すとともに、〈人種〉と〈民族〉の差異を説明するための事例として、大和朝廷の命で七一六年、東国に移住した高麗《こまのこ》王若光《しきじゃっこう》（高句麗滅亡直前に日本列島に渡ってきた高句麗の王族と伝わる人物）と彼に率いられた一七九九名の高句麗人に触れている。[4]

六〇年代に入ると、金達寿は「帰化人」への関心を、小説とエッセイを通じて探究するようになる。まず小説では、「密航者」（『リアリズム』『現実と文学』六〇・一―六三・四）や「公僕異聞」（『現実と文学』六五・六）に、「帰化人」に関する話題が見られる。またエッセイでは、「日本のなかの朝鮮文化」（『新しい世代』六二・一）や「高麗神社と深大寺」（『朝陽』六三・一）がある。これらを通して彼は徐々に、「帰化人」概念が、〈三韓征伐〉的歴史観を支える言説空間の根源にあることを明確化していった。

とはいえ、六〇年代半ば頃までの金達寿はまだ、根本的に〈三韓征伐〉的歴史観に呪縛されていたと言わざるを得ない状態にあった。その理由の一つは国家としての日本や民族としての日本人が成立していたかどうか曖昧な時代に日本列島に渡ってきた人々が、現在の在日朝鮮人につながっているととらえていた点である。もう一つは、「古代朝鮮人の足跡とその遺産とは、そのほとんどが奈良・京都に集中しており、当時の辺境であった関東・東京はのちの、いわば朝鮮三国（高句麗・百済・新羅）の興亡にともなう、一部遺民たちの移住の地にすぎなかった」[5]と述べるなど、他の地方に対する大和地方の文化的先進性を当然視した点である。

しかし六〇年代末頃には彼は、この認識を克服する視座を獲得している。福井を中心とする越前地方の古代文化遺跡を巡って書かれた紀行文「朝鮮史跡の旅」[6]（『民主文学』六九・三―五）や、鄭貴文《チョングイムン》・詔文《チョムン》兄弟が創刊し、金達寿が実質的な編集長を務めた雑誌『日本のなかの朝鮮文化』創刊号（六九・二）の座談会を読むと、彼が〈三韓征伐〉的歴史観から明確に距離をとる視座を得ていることが確認できる。彼は日本という国家や民族としての日本人の成立以前に日本列島に渡ってきた者について、「渡来人」という、「帰化人」とは別の呼称を用いて区別する必要性を主張し[7]、まず国家や民族ありきの発想で日本古代史を眺める視座に異議を申し立てた。この変化に伴い、日本各地の古代文化遺跡を大和朝廷の影響ととらえたり、大和地方の文化的先進性を自明視する視点も見られなくなる。

では、わずか数年間で金達寿の認識が大きく変わった理由はどこにあるのか。その答えは明瞭である。六〇年代半ば頃までの彼は、学術書や雑誌・新聞記事などの記述から出発して、〈三韓征伐〉的歴史観や「帰化人」の問題を考察していた。これに対して六九年の段階では、実際に古代文化遺跡がある場所を訪れ、文化遺跡が現にその場所に存在するという事実から出発して、その文化遺跡をめぐる文献資料を読解していくようになった。この視点の移動により、彼の古代史に対する認識が根本的に変化したのである。

金達寿はこの視座から日本各地の古代文化遺跡を探訪し、日本人の古代史学者や郷土史家などが書いた文章だけを手がかりに、〈三韓征伐〉的歴史観がどのように「帰化人」概念が持つ問題性を覆い隠しているかを暴いていった。『思想の科学』七〇年一月号から連載を開始し、のち単行本『日本の中の朝鮮文化』全十二巻（講談社 七〇―九一）としてまとめられる紀行文こそ、その集大成にほかならない。この意味で金達寿の古代史研究は、七〇年前後に唐突に始められたものではなく、長い文学活動を通じて徐々に問題が焦点化されていった、文学的闘争の続きというべき成果なのである。

金達寿は、日本各地の文化遺跡を探訪する過程で、行基にまつわる文化遺跡や伝説が全国に拡がっていることに気づき始めた。[8] それとともに、北朝鮮や総連の官僚化・組織的硬直化に失望を強めていく中、行基が主導した社会事業を通して、現代の〈社会主義〉を再検討したいと考えるようになった。[9] こうして彼は「行基の時代」を執筆するに至った。

三　「行基の時代」における〈日朝関係〉

「行基の時代」は、六六八年に河内国に生まれ、七〇四年以降、本格的に社会事業を主導した僧侶・行基の生涯と活動を、史実と虚構を交えて描いた小説である。現在の古代史研究では、日本列島に「国家」が成立した時代の上限は、白村江《はくすきのえ》の戦い後の六七〇年頃とする見方が広がっている[10]。これを基準とすると、行基は国家としての「日本」が確立する過渡期、ないし確立した最初期の時代を生きた人物と位置づけられる。まず、現在の学術研究に基づいて、行基の最大公約数的な生涯を概説する[11]。

行基は六六八年、河内国大鳥郡蜂田里に生まれた。両親はともに百済から日本列島に渡ってきた渡来系の中級氏族の末裔である。六八二年、十五歳で出家し、道昭（六五三年に入唐して玄奘三蔵に師事し、六六一年に多くの教典を持ち帰った）が禅院を建てていた法興寺（飛鳥寺・元興寺とも称する。本論では金達寿が用いた「法興寺」を用いる）で学び、六九一年、二十四歳で正式な僧侶となった。七〇四年、三十七歳の時に自宅を家原寺にあらためたのを皮切りに、畿内の各地で様々な社会事業を主導し始めた。これに対し、七一七年、「小僧行基」を僧尼令違反として布教を禁圧する詔が出された、しかし七三一年になると一転して「行基法師」の弟子の一部に出家を許す詔が発せられた。実質的に活動を認められた行基は本格的に社会事業を展開し、灌漑事業や寺院の建立などを主導した。七四三年には七十六歳で奈良の大仏の造営に起用され、七四五年には史上初となる大僧正に任命されたが、大仏完成前の七四九年に入滅、遺言によって火葬された。

金達寿は、古代史研究の中で知り合った多くの学者・郷土史家の意見や、井上薫『行基』（吉川弘文館　五九・七）などを参照し、特に七〇四年以前の行状について、作家的想像力を働かせながら大幅に創作部分を加えて小説化した。彼は行基の生きた時代を朝鮮半島情勢と強く関連づけると同時に、行基を僧侶よりも社会主義者として描こうとした。

この二つの特徴のうち、「行基の時代」が、行基の生きた時代を朝鮮半島情勢と強く関連づけて描き出されている点については、金達寿が「日本の中の朝鮮文化」の探訪を通じて古代における朝鮮半島と日本列島との関係の緊密さを明らかにしようとしたことや、行基が百済からの渡来人の末裔であることを考えると、何ら不思議ではない。金達寿がそれを強く意識していたことは、作中に、行基の祖父・蜂田首虎身《おびとらみ》に大和朝廷内の「百済」勢力と「新羅」勢力の権力闘争についてしきりに教えにくる蜂田宇足《うたり》や、出家した行基にやはり朝廷内の動向をあれこれ教える、百済系渡来人としてのアイデンティティーを強烈に保持している扶来《ふらい》という修行僧が登場することに、端的にあらわれている。宇足と扶来は架空の人物だが、このような人物が造形された背景には、虎身や行基だけにではなく、読者にも朝鮮半島情勢と倭―日本との関係、および倭―日本で暮らしている渡来人の重層性を伝える役割を担わせるためだったと考えられる。

だが金達寿は行基を、在日朝鮮人の先祖と考えたわけではない。実際、虎身や行基は朝鮮半島情勢や朝廷内の権力闘争に関心を示しておらず、作中でも行基が渡来人の末裔であることは、「行基の人間形成にとってある意味を持ったなどということはなかった」[12]と記されている。このことは、金達寿の古代史研究が一般に、自民族中心主義的歴史観の表出とみなされていることを考慮すると、意外な印象を受けるかもしれない。では渡来人の末裔である行基が在日朝鮮人の先祖でないとすれば、行基や、あるいは「渡来人」は、どのように位置づけられるべき存在なのか。この点を説明するために、ここで金達寿の二つの発言を取り上げたい。一つは、七二年三月に高松塚古墳から装飾壁画が発見され、日本中が古代史ブームに沸いた時期に彼が体験したという次のエピソードである。


ここで一つのエピソードを話しますが、ある日ぼくをたずねて来たある雑誌の編集者が、こういうことをぼくにいいました。

この編集者は、そのまえにある学者をたずねてからぼくのところに来たものだったのですが、編集者はさきのそこでこれからぼくをたずねる予定だというと、その学者は注意してこういってくれたというのです。「このごろ古代史についてもいろいろいっている金さんには、『帰化人』ということばを使うと怒るから気をつけたがいい。それは『渡来人』といわなくてはいけない」（笑い）と。

いま、ぼくも笑って、そしてみなさんも笑いましたが、これはどういうことでしょうか。

ぼくが怒ると思われたことには、いまもいいましたように、古代朝鮮からのいわゆる「帰化人」ということばにはおのずと蔑視観がこめられているからなのですが、しかし考えてみれば、これはまったく、それこそおかしなことではないでしょうか。

といいますのは、そのいわゆる「帰化人」とは、これまでみてきたことでも明らかなように、あなた方日本人の祖先ではあっても、ぼくとは直接何の関係もないわけです。なぜなら、ぼくは朝鮮で生まれ、そして数十年前にその朝鮮からやって来ている朝鮮人であって、そのいわゆる「帰化人」の子孫でも何でもない。

しかしながら、日本人であるみなさんは、その「帰化人」の子孫であるかも知れない。ですから、蔑視のこもったその「帰化人」ということばを、もし怒るとすれば、それは日本人であるあなた方のほうでなくてはならない。

そうではないでしょうか。もう一度いいますが、朝鮮人であるぼくと、古代のその「帰化人」とは、直接何の関係もないのです。[13]

この学者がどのような人物かは不明だが、当時は彼のように、在日朝鮮人の前で「帰化人」の語を用いると、彼らを差別していると受け止められる可能性があるので、使うべきではないと考えた日本人は数多くいた。これに対して金達寿は、そのような〈気遣い〉こそが、差別を再生産していると批判したのである。その理由は三つある。まず金達寿のように、生涯にわたって日本に帰化しなかった在日朝鮮人は、語の定義上、「帰化人」ではない。また在日朝鮮人は、国家や民族が成立した後の朝鮮半島に生まれて渡日した人々やその子孫なので、語の定義上、「渡来人」でもない。さらに、すでに日本に帰化した在日朝鮮人やその子孫でさえ、やはり国家としての朝鮮や朝鮮民族の成立後に日本に渡って帰化した人々である点で、七〇年前後に一般的だった「帰化人」イメージ――大和朝廷の朝鮮半島進出時に連れてこられた捕虜や奴隷、中国皇帝からの貢ぎ物といった「帰化人」像とは歴然と異なる。こうして金達寿の考えでは、古代の「渡来人」や「帰化人」は、現代の日本人とは関係があるかもしれないが、近現代の在日朝鮮人とは何の関係もなく、したがって彼の前で「渡来人」と言おうが「帰化人」と言おうが、何の問題もないのである。

もう一つは、柳宗悦に対する金達寿の批判である。柳は「朝鮮の美術」(『新潮』一九二二・一)で、日本の国宝中の国宝と呼ばれているもののほとんどすべては朝鮮人の手によるものであるから、それらは正当に言えば朝鮮の国宝と呼ばねばならないと主張した。これに対して金達寿は、それらは「朝鮮渡来の人々によってつくられた」ものであるから、「日本の国宝と呼ばれる」ものとなっているのだと批判した。[14] 同じことが行基の活動にも言える。金達寿の考えでは、行基の成した多くの業績は朝鮮渡来の人によって成されたものであるから、彼の残した文化遺跡は朝鮮のものではなく、日本のものなのである。

以上より、金達寿の古代史研究が、自民族中心主義的な歴史観と無関係であることは明瞭である。彼が「渡来人」の語の必要性を訴えたのは、「帰化人」の語の無限定な使用こそが、日本人にそのような誤解を生じさせる根源であると同時に、「帰化人」の語が在日朝鮮人に対する日本人の差別ではなく、日本人自身に対する自己差別を再生産しているからである。我々はここに、金達寿が「日本の冬」に記した、〈日本人のファシズムの謳歌〉と〈朝鮮人の奴隷根性〉が同質であるというテーゼが、形を変えて古代史研究に受け継がれていることを認めることができる。彼の考えでは、〈三韓征伐〉と大和朝廷による「帰化人」の使役という歴史観は、日本人を「植民地的人間」として作り変え、しかもそれを民族的主体の確立と錯覚させるものなのである。

こうして金達寿は、日本列島と朝鮮半島の間には、最初から、互いに異質な存在と考える〈民族〉観念を持った人々や、彼らが作った国家があったのではなく、〈人種〉として同じ人々が暮らし、海を越えて行き来する錯綜した地域空間が広がっているだけだったというイメージを提示した。それにより、大和朝廷を政治や文化の中心としてきた日本古代史の言説空間を根本的に解体し、日本列島と朝鮮半島の各地域に暮らす人々の、重層的かつ水平的な結びつきを総体的に回復することを目指した。「行基の時代」の物語背景に、朝鮮半島情勢が強く関連づけて描かれているのも、同じ理由からだった。

四　行基と〈社会主義〉

以上の物語背景を踏まえ、金達寿が行基を僧侶よりも社会主義者として描こうとしたという点を考察したい。先述のように、金達寿が行基の生涯を描こうと考えた直接の動機の一つは、〈社会主義〉の再検討にあった。その背景には、「地上の楽園」の建設を目指していたはずの北朝鮮が、世襲制の独裁国家へ変質し、総連も組織を挙げて北朝鮮の政治体制に追随した事への失望があった。実際、金達寿は八〇年十月に開かれた朝鮮労働党大会で、金正日《キムジョンイル》が金日成《キムイルソン》の後継者と見なされる要職に就いたことを受け、社会主義国家で世襲制などあるべきではないとコメントした。[15]

それから間もない八一年三月、金達寿は姜在彦《カンジェンオン》・李進熙《リジンヒ》・徐彩源《ソチエウォン》と、突然、それまで一貫して攻撃し続けてきた韓国を訪問した。彼らの公式の目的は、全斗煥《チョンドファン》大統領の軍事独裁政権下にあって、死刑や重罪に処せられていた在日朝鮮人「政治・思想犯」の助命や減刑を嘆願することにあった。ところが彼らは滞韓中の時間のほとんどを各地の見物や韓国人知識人との面談に費やした。さらに彼らは日本に戻った後も、在日朝鮮人「政治・思想犯」の状況について何も語らず、韓国社会の発展ぶりや韓国社会を観念的にしかとらえていなかった点を自己批判する発言を繰り返した。当時、多くの在日朝鮮人や日本人は彼らのこの変貌に驚いて非難を浴びせ、今日に至っている。[16]

金達寿たちの訪韓が意味するものについては、拙著で詳しく分析したのでここでは触れない。しかし訪韓が「行基の時代」連載中だったことを考慮すると、当時の彼が〈社会主義〉をネガティヴにだけとらえていたとは考えられない。むしろ北朝鮮や総連に抹殺されてしまった〈社会主義〉の理念を、彼なりにどのように取り戻して、実現への道筋を示すかというポジティヴな側面を行基の生涯、とくに社会事業と金達寿自身の古代史研究とを重ね合わせながら提示しようとした、それが「行基の時代」だったと言える。

では金達寿は行基の生涯を辿りつつ、どのように〈社会主義〉を再検討しようと考えたのだろうか。この点に関して決定的に重要だと思われるのは、行基が修行中に戒律を破って性行為をしてしまったことに思い悩み、道昭を探して東国まで旅して戻ってくる最中、宇治川で道昭が橋の工事を主導しているのに出くわせた場面である。行基はそこで洪俊という、道昭に付き従っている行基の兄弟子から、あるとき道昭が洪俊に語った話を聞かされる。

「なあ、洪俊よ」と、そんなときの道昭は若々しい声で、こんなことを言ったりすることもあった。「われわれの目に見えるもの、それで心に思うもの、それが心識だが、なれには来世のそれが見えるか」

「はい。われにはまだ、それが見えません」と洪俊は、素直にこたえた。

「はっはは……。それは、わしにも見えてはいない」と道昭師は笑い、急に真顔になって言った。「見えているのはこの現世だけだが、しかしその現世にしても、ほんとうには見えているのかどうかわからない」

「それは、どういう意味なのだろうか」と、まだはなしの途中だったが、行基はなにかはっとするものを感じたので、〔洪俊に〕そう訊いた。

「われにもよくはわからないが、来世のことよりも現世に生きている人々、その民人こそ大事なものだ、ということではないかな。つまり衆生ということだが、それを目に見えない来世へ向けて生かすよりは、現世において生かすことこそが大事だ、ということではないかと思う」

（中略）

いずれにせよ、道昭はそのようにしていま山城〔の宇治川〕に来ているのであるが、行基は洪俊からそのことを聞きながら、その間、〈われはいったいなにを見、なにをしたのだろうか〉と思わないではいられなかった。（中略）

だが、行基の洪俊に対する羨望と嫉視とは、すぐにある強い羞恥にとってかわった。なぜかというと、かれはその間なにをしたかといえば破戒、しかも二度にもわたるその破戒でしかなかったからである。[17]

道昭が宇治川の架橋工事を主導したことは史実だが、洪俊は架空の人物で、彼と行基の会話も創作である。また行基が東国を旅したのも創作で、実際は生涯、畿内から出なかったとされる。この点については、小説の中でもこの誤解が生じた要因を考察している。

ここで重要なのは、金達寿が、行基が修行の過程のどこかで、自分が仏教の教義に捕われて目の前の民人と向き合うことの大事さを忘れていたことに強い衝撃を受け、彼らが生活する中で何を求めているかを真剣に考え、それに応えるようになる契機があったのではないかと考えたことである。実際、金達寿は行基が正式に僧侶となった後も、行基を西国に旅させ、積極的に民人と交わって薬草や溜池作りを教え、さらには事実上の妻を持つことも受け入れていく様子を創作している。宇治川での道昭との出逢いで受けた衝撃に始まる、行基のこうした体験が、彼を社会事業に向かわせ、やがて「行基集団」と呼ばれる巨大な社会運動体を構成するにいたった要因となった、と金達寿は考えたのである。

しかし金達寿は、行基集団が「国家の中の国家」となるほど巨大化しても、あくまで多種多様な人々から成る非＝中央集権的な連合体だったこと、少なくとも行基自身はそれを志向し続けた人物だったと考えた。そのことは、西国行脚中に行基が出逢い、その後、行基が社会事業をはじめた初期から参加している分太という架空の人物などが、行基が社会事業を本格的に主導した時期に、行基集団の中に、扶来など勝手な行動を行う者が出てきたことを非難し、追い払うべきではないかと主張したことに対して、行基が諭した次の発言によく示されている。

「俗諦だか何だか、そういうことになるとあっしにはよくわからねえですが、しかし大徳さまの教えに従えねえ者は、追っぱらっちゃうべきじゃねえですかね」

「いや、そんな必要はない。それでいいのだよ」と、行基はさらにまたそう言って、分太を押えた。「それでもし、わしらのやっていることがだめになるとしたら、それはそれで仕方がない。だとしたら、はじめからそれはだめなものだったのだ」

要するに、行基集団の中心であった行基は、いわゆる一枚岩の団結を求めているのではなかった。さまざまな人々の集合体であってみれば、当然、そこにはいろいろさまざまなことがあってしかるべきだった。

そのいろいろさまざまなことが行基のいう「俗諦」であり、同時にまたそれが「真諦」なのでもあった。つまり、真諦とはそのような俗諦を克服してこそあらわれるもので、したがってそれは決して一日にして成るものではなかった。長い、長い道程＝修行が必要なのであった。[18]

金達寿はこのように、行基をあくまでも権力意志なく、ひたすら民衆に尽くした人物として描いた。そして晩年に行基が大僧正になったことに対しても、行基自身の意志ではなく、扶来など、行基集団内の分派による画策の結果ととらえた。さらに金達寿は、行基は大僧正の位を有難く頂戴したのではなく、彼を取り込もうとした聖武天皇などが行基の教えに「帰依」し、勝手に大僧正の位を贈っただけだと主張し、大仏造営中も行基や行基集団が社会事業を休みなく続けていたことを根拠に、晩年の行基が朝廷に取り込まれたと批判する見解を退けた。こうして金達寿は、行基集団の中に、〈三韓征伐〉的歴史観によって描かれるものとは異なる国家や社会の姿を認めるとともに、〈社会主義〉の可能性を見出そうとしたと考えたのである。

とはいえ、このような行基の描かれ方は極めて理想主義的で、偶像化と受け取られてもやむを得ない側面があることは事実である。実際、そこに、権力を忌避する権力というものや、善意に付け込んでくる権力に対する金達寿の認識の甘さが現れていることは否定できない。それらを差し引いても、日本列島に中央集権的な国家体制が確立した以上、行基集団のような「国家の中の国家」が、遅かれ早かれ大和朝廷に解体・吸収される運命にあることは明白である。しかし、では、〈三韓征伐〉的歴史観と闘う中で金達寿が見出した行基の〈社会主義〉や、行基を結節点として形成された行基集団は、結局は〈三韓征伐〉的歴史観を補完するものでしかなかったのだろうか。この点に関して結論を出すのは簡単ではない。なぜなら他ならぬ金達寿自身が、彼自身まったく予想していなかった形で、結果的に古代史研究を通じて、戦後日本の社会の中に行基集団を彷彿とさせる、専門家とアマチュア、日本人と朝鮮人との壁を乗り越える、多種多様な人々の連合的な結びつきを構築したからである。

金達寿が古代史研究を始める以前から、全国各地の郷土史家や歴史愛好家たちは、地元の古代文化遺跡の中に、どう考えても大和朝廷と関係があったとは思えず、朝鮮半島と直接的な関係があったとしか考えられないものが数多くあることを、調査を通じて知っており、それぞれ報告書などの形でまとめていた。しかしそれらの情報が相互に共有される機会は少なく、その成果が全国に知られることも皆無だった。このため彼らの多くは、内心では疑問を感じつつも、公的な場面で発言する際には、〈三韓征伐〉的歴史観に沿って古代文化遺跡の存在を意味づけていた。ところが金達寿の古代史研究や雑誌『日本のなかの朝鮮文化』を通じて、各地の郷土史家や歴史愛好家は、自分たちの仕事の意味を再発見するとともに、全国各地に同じように考えている人々がいることを知ったのである。彼らは独自に研究会を作って雑誌を出したり、交流会を催し、さらには金達寿に詳細な資料を送るなど、自分の郷土の古代文化遺跡に関する情報を提供する者も数多くあらわれた。

こうした研究の実践の代表と言えるものが、七二年四月から十年近く続いた、「日本のなかの朝鮮文化遺跡めぐり」ツアーである。これは金達寿と上田正昭（回によって講師が変わる場合もあった）を現地の講師にして、日本各地の古代文化遺跡を実際に歩きまわろうという、「日本のなかの朝鮮文化社」主宰の企画である。「河内飛鳥」をテーマにした第一回には、定員百名のところ五百名以上の申し込みがあり、仕方なく二百名に絞った。ところが『毎日新聞』が集合時間と場所を明記して記事を発表したため、参加証を持参していない参加者が続々と集まり、地元の警察が急遽、交通整理にあたらねばならないほどの盛況ぶりを見せた[19]。このツアーはその後も、一年に二〜三回程度の割合で企画され、金達寿は参加者から急速に古代史研究家として認知されていった。

こうして金達寿や雑誌『日本のなかの朝鮮文化』を結節点として、全国各地の専門家からアマチュアの郷土史家・歴史愛好家たちによる、専門や民族を超えた連合的なネットワークが構築され、それを通じて、「一億総中流化」が流行語となった七〇年代の日本社会の中に、〈三韓征伐〉

的歴史観の中で消されたもう一つの歴史の姿が立ち現れることになったのである。そして金達寿が「行基の時代」を連載したのは、まさにこのようなネットワークが、現在進行形で形成されつつある途上だった。ここにこの小説を、行基を理想化・偶像化する歴史小説と、単純に片づけられない理由がある。

五　終わりに

以上、金達寿が〈三韓征伐〉的歴史観と出会ってから、「行基の時代」を通じてもう一つの歴史の姿を描くに至るまでを概略した。もちろんこの間の彼の知的活動の足跡は単線的なものではない。行基が道昭の社会事業から受けた衝撃を、金達寿自身も幾度となく受け、模索していった結果、「行基の時代」に至っただけのことであり、この小説自体を当初から設定されていた終着点と断定することはできない。しかし偶然にせよ、「行基の時代」が最後の小説となったことは、彼の知的活動が、〈三韓征伐〉的歴史観との対決という主題に貫かれていたことを示すものではないか。

〈三韓征伐〉的歴史観は、絶えず各地域に固有の歴史性を、中央の歴史の一部に回収していこうとする。しかし金達寿が全国に知らせた古代文化遺跡は、中央権力による歴史の公式化、すなわち国家としての日本や民族としての日本人を自己完結的に成立させようとする企てを許さない事物として、全国各地に存在し続ける。行基の成した業績や彼が残した文化遺跡も同様である。その意味でそれらの文化遺跡が残り続ける限り、〈三韓征伐〉的歴史観に抵抗し、もう一つの歴史の姿を回復させようとする試みも止まることはない。のみならず、金達寿の古代史研究がそうであったように、もう一つの歴史の姿を回復させようとする運動それ自体が、階級や民族の壁を乗り越える連帯を可能にするネットワークを構築し、もう一つの歴史という理念に具体的な形を与える原動力となる。

では我々は、金達寿が開示したものを、これからどのように受け継ぎ、日本と朝鮮、日本人と朝鮮人との間に人間的な関係を構築してゆけばよいのだろうか。そのヒントは、本論の最初に述べたように、彼の文学活動にある。〈日本人のファシズムの謳歌〉と〈朝鮮人の奴隷根性〉を精神的な植民地化として同質に捉える認識の獲得に伴って、もう一つの歴史への眼差しが生じたこと——この過程を我々がどのように追体験し、自分の人生に生かしていくのか。私はここに、金達寿の知的活動にあらためて目を向けるべき必要性があると考える。〈三韓征伐〉的歴史観の中で消されたもう一つの〈関西〉の姿も、その過程の中から浮かび上がってくるのではないだろうか。

※本論は、拙著『金達寿とその時代——文学・古代史・国家』（図書出版クレイン　二〇一六・五）の、特に第四章第三節に基づいて行った発表を論文化したものである。

（註1）金達寿『わがアリランの歌』（中公新書　一九七七・六）八〇頁
（註2）金達寿『日本の冬』（筑摩書房　一九五七・四）二一九―二二〇頁
（註3）金達寿『わが文学と生活』（青丘文化社　一九九八・五）一九四頁
（註4）金達寿『朝鮮――民族・歴史・文化』（岩波新書　一九五八・九）一二一―一五頁
（註5）金達寿「高麗神社と深大寺」（『朝陽』一号　一九六三・一）五三頁
（註6）連載二―三回のタイトルは「朝鮮遺跡の旅」と変更された。これは「「朝鮮史跡」ということばは正確さを欠き、誤解を与えるかもしれない」（金達寿「朝鮮遺跡の旅［中］――北陸路・福井［越前］」『民主文学』四一号　一九六九・四　一〇〇頁）という指摘を受けたためである。
（註7）上田正昭・金達寿・司馬遼太郎・村井康彦「座談会　日本のなかの朝鮮」（『日本のなかの朝鮮文化』一号　一九六九・二）二九頁
（註8）金達寿「遺跡紀行　日本の中の朝鮮文化（第八回）」（『季刊歴史と文学』一四号　一九七六・三）。引用は『日本の中の朝鮮文化6』（講談社文庫　一九八八・十一）一六八頁
（註9）金達寿『行基の時代』（朝日新聞社　一九八二・三）三八九―三九〇頁
（註10）上田正昭『渡来の古代史――国のかたちをつくったのは誰か』（角川選書　二〇一三・六）三六頁、盧泰敦（橋本繁訳）『古代朝鮮 三国統一戦争史』（岩波書店　二〇一二・四）六頁。これらの説を受けて、本論では六七〇年を境にそれ以前を「倭」、以後を「日本」と表記する。
（註11）以下の記述は井上薫編『行基事典』（国書刊行会　一九九七・七）所収の井上薫「総論　行基の生涯」、

北条勝貴「行基関連略年表」に基づく。

（註12）『行基の時代』前掲、一八頁

（註13）金達寿「日本の古代史文化と「帰化人」」（江上波夫・金達寿・李進熙・上原和『倭から日本へ』）七六―七七頁

（註14）金達寿「日本古代史と朝鮮」（金達寿『日本古代史と朝鮮』講談社学術文庫　一九八五・九）三〇六頁

（註15）金達寿「あるべき方向ではない」（『朝日新聞』一九八〇・一〇）四面

（註16）彼らの訪韓の経緯とその波紋については、廣瀬陽一『金達寿とその時代――文学・古代史・国家』（図書出版クレイン　二〇一六・五）第三章第二節を参照。

（註17）『行基の時代』前掲、一七四―一七六頁。〔 〕内は論者の補足。

（註18）同前、三四三頁。〔 〕内は論者の補足。

（註19）水野明善「河内飛鳥めぐりの記――日本のなかの朝鮮文化遺跡めぐり」（『日本のなかの朝鮮文化』一四号　一九七二・六）五八―六〇頁

小説『京都』に至るまで――土地と創作をつらぬくもの

黒川　創

●「内在性」のありか

「自問自答」という言葉があります。感覚としては、「自問」と「自答」のあいだに沈思黙考の時間があって、「自問……自答」といったところでしょう。学校の試験のように、問いに対し、解答をパッと書くということではない。

たとえば――、なぜ生きなければならないのか？　この問いに回答するには、一生の時間を費やすことになるかもしれない。それが「自問自答」だろうと思うんです。

きょうの会場である花園大学は禅宗の大学ですが、漱石の『門』にも出てくる禅の有名な公案に、「父母未生以前の汝の本来の面目は如何」というのがありますね。父母さえまだ生まれていないとき、この自分は何だったか。師の僧からの問いに、あとは自分で考える。それが、公案です。回答に近づくための補助線を師僧が示してくれる。漱石の主人公も、鎌倉の寺に出向いて、これによって自問し、けれど、答えを得られないまま、もう一度門を出て、東京へ帰ります。

ウィトゲンシュタインの『論理哲学論考』だと、いろいろな断章でものを考えていくのだけれど、最後は、「語り得ぬことについては沈黙しなければならない」という断章に行きつく。つまり、いまうまく喋れないことについては、いつか、語れるときが来るまで、待っているしかない。これが、そのときの彼の哲学の極北なんです。

この「自問……自答」。「自問」から「自答」へと、橋を架ける試みが、文学的な創作でもあるのだろうと思います。ただし、「自答」には、ロゴスの光が当たる領域に属するものと、まだ闇の中にとどまっている領域がある。そして、光の差す領域と影の領域は、地球の自転につれて昼と夜が入れ替わるように、移ろっていく。若い時分、言葉にできたつもりでいたものにも、さらに年齢を重ねると、ふたたび闇の領域に沈んでいくものがある。

たとえば――家庭とは何か、幸福とは何か、愛とは何か。いったん解答を得たつもりでいても、また、わからなくなる。家庭は崩壊するかもしれない。愛は幻滅に変わる。一度は確信を得たはずが、また、その意味を見失う。生きているあいだは、光と影の領域が、そうやって、ずっと巡りつづけている。

でも、これだけで、創作の発生を説明できるわけではない。そこで考えてみたいのは、「内在性」ということです。

たとえば、あそこの角を曲がって知り合いの男がこっちにやってくるはずだと思って、私はここで待っている。……そのように考えてみましょう。いつ来るか、いつ来るか、と思って陽射しのなかに立っているうち、じりじりしてきて、暑いな、暑いな、まだかな、という感じになる。その意識は、「私は彼を待っている」といった客体化された自己認識とは違う。そこでは、もう、「私は――」といった主語さえ消えている。暑いな、暑いな、まだかな、という思念だけが意識を占める。私たちは人生の大半の時間を、そのような状態で過ごしているようにも思えます。

こういう状態で生きている人間たちを、束にして描けば、どういうことになるでしょうか？　そう。これは、非人称の小説の世界に似ている。「三人称の小説」とも言われますが、この世界全体が、いわば「神の視点」のようなものによって支えられているので、「非人称」の小説と呼ぶほうが適切です。つまり、誰ともわからない神の視野（実は、作者の視野です）が、物語の世界全体に行き渡っていて、そこに生じるあらゆることを断言するかのごとく語れる。このような物語の構造を指して、「非人称」の小説、と呼ぶわけです。

こうした文芸の形式が、どこから生じたか。

むろん、これは、日常のなかで、各人の脳裏に生じている思念をモデルに、生まれてきたものでしょう。

ふだん、私たちは、「非人称」の小説のごとく、世界を見ています。――あそこにいる女は、きっと隣の男のことを馬鹿にして、あんな笑い方をしているんだ。弟がきのう電話してきて、妙に下手に出ていたのは、お金を貸してほしかったからに違いない……。といったように、私たちの思念は、その多くが、妙に断言調です。でも、これらは実は一つの推論であって、だから、めったに口には出さない。いちいち不用意に口に出しては、社会生活がうまくいかなくなるからです。お互いが、このように、勝手なことを考えている。それら一つひとつの胸の内を想像してみると、けっこうおもしろい。

そういうところから、近代小説という構造も生まれてきたんじゃないかと、私は思うんです。こうやって形成される「世界」の内部に、私自身の意識はすっぽり呑み込まれている。というより、実は私の思念の視野が、この「世界」全体を形成している。それのなかに立っている感覚。これを「内在性」と呼んでおきます。

●日常的な言葉による世界

作家の金達寿《キムダルス》（一九二〇—九七）は、子どものころ植民地支配下の朝鮮から来日し、小学校さえ三年しか通わず、社会に出た。これは、戦前の日本でも、一般的なこととは言えません。十歳でやっと尋常夜学校というところに入るけれども、ここの生徒は大半が朝鮮人で、二十歳を超えたような生徒もいる。そこから昼間の小学校に移って、十二歳で卒業。あとは、自分で勉強した。

金達寿によれば、屑屋にも、三段階ある。不要品を買い取りにまわって、それなりの代価を持ち主に払うのが、本当の「屑屋」なんですね。それだけの元手がない場合は、路上で、まだ使えるものを拾う「ばた屋」。その次が「屑屋」。そして、いわば屑屋の元締めのようなものにあたる

「仕切り屋」。金達寿は、こうした仕事の階梯を踏んでいく。

そして、この仕事のなかで、屑として出ていた円本を手に入れ、志賀直哉の小説を夢中になって読む。また、早稲田大学の『文学講義録』などを買ってきて、勉強するんですね。志賀直哉は、足尾銅山で鉱毒を出す側の一族に属するブルジョワの出自です。こうした祖父、父との葛藤を通して、彼の創作は生まれてきた。一方、まったくのプロレタリアとして生きる金達寿が、こうした作品を感動して読んでいる。そこでの階級差に反発を覚えたり、作者への劣等感を抱くこともなく、いわば対等な関係で読めるところに文学の素晴らしさがあると、彼は感じる。そして、なぜそんなふうに読めるんだろうと彼は考え、志賀直哉という作家が人間を正面から見ているからだ、との結論を得ている。だからこそ、異なる境遇に置かれた自分が読んでも、感動する。文学というものの広さ、自由さが、そこにあるということですね。このように考えを進めていけるところに、金達寿という人間の大きさがあると、私は思います。

先ほど、人が無心にものを考えている状態とは、思念のなかに非人称の「世界」が形成されることだと言いました。そして、非人称の小説の「世界」も、これをなぞる叙述によってできているということも。

つまり、日常生活の「世界」と、小説中の「世界」は、成り立ちかたが似ている。じゃあ、この二つ以外の言葉の世界があるかというと、あります。たとえば、学術論文の言葉の世界、お役所仕事の言葉の世界、報道の言葉の世界、といったものが、それにあたります。

これらのどこが「小説」と違っているかというと、こうした業界の基本的な語法は、対象を特定の概念にカテゴライズすることで成り立っているということです。たとえば、「法」とは何か。「在日朝鮮人」とは。「部落差別」とは……と。このように、まず範疇《カテゴリー》で縛れる言葉を用意して、これを積み上げていくことで、厳密な意味をやりとりしようとするわけです。

日常生活、また、小説の世界の言葉づかいは、これらとは違っている。そこでの言葉づかいは、まず、より具体的な対象と結びつきます。「あ、猫だ」と指差して言うとき、それは猫という動物一般のことを意味しようとしているだけではなく、いま目の前を横切っていく一匹のキジトラのメス猫、そのような具体的存在をさしている。新井くんという名前の友人が、在日朝鮮人であるとしても、それは彼のいろいろな属性の一つに過ぎません。小説にとって、もっと肝心なのは、彼が「新井くん」という特定の個人であることで、野球部員で、在日朝鮮人で、現在十八歳の男子であることなどは、どれも欠くことができない具体的な属性なのです。

お役所仕事の住民統計などのなかでは、彼は数多くの「在日朝鮮人」の一人に過ぎないかもしれませんが、現実の暮らしや小説のなかでの新井くんという存在は、ほかの在日朝鮮人との取り替えなどきかないわけです。

私は一九六一年、昭和三十六年の生まれです。京都の町で子どもとして暮らしていたとき、日常、耳にする言葉のなかに「在日朝鮮人」「被差別部落」といった言葉はありませんでした。私はキリスト教系の保育園に通っていました。そこでは、昼ご飯やおやつの前に、お祈りがあります。当番の子どもが、いつも同じお祈りの言葉を唱えて、ほかの子どもたちが復唱するのですが、いまも覚えています。

「天の神様、きょうもおいしいお食事（おやつ）をありがとうございます。お帰りの道も守ってください。朝鮮に行ったツヨシくんも守ってください」

と言うのです。

いま思うと、「ツヨシくん」とは、北朝鮮への帰還事業で両親に連れられて、何年か前に、その故国に去っていった元園児なのでしょうね。でも、私たち現役の園児は、「ツヨシくん」当人とは面識がない。先生たちさえ、もう彼のことは知らなかったかもしれない。ただ、お祈りの言葉だけが口伝えに、年々受け渡されていたのだろうと思います。

当時は、北朝鮮という国のことが、いまほど否定的にはとらえられていない時代でした。むしろ、美化されて語られることも多かったでしょう。祖国の南北統一ということが、まだ在日朝鮮人の切実で現実的な願いだった時代ですから、故国に帰って貢献したい、という思いが彼らにも強かった。一方の韓国のほうも、軍事クーデターで成立した独裁政権下の社会だったのですから、北に帰れば希望があると多くの人が考えたのも、無理からぬことだったろうと思います。

私が高校生になっても、在日朝鮮人の同級生らが大学に行こうとすること自体、まだ多くない時代でした。なぜなら、大学を出ても、自分で弁護士か医者にでもならないかぎり、普通に日本社会で就職できるあてはない。つまり、まだ国籍による民族差別、そして就職差別が強かった。

ないわけですから。

だから、いっそう、進学にも躊躇が働いたと思います。卒業時に、また嫌な思いをするかもしれない。

近所の水道屋さんなどは、「きょうは同和の仕事や」といった言い方をすることがありました。同和対策事業による環境整備として、行政から受注する水道工事などを指していたんでしょう。そういうとき、彼としては事務的に仕事の日程を話しているわけで、良い悪いのニュアンスはない。こういった行政からの仕事も含めて、地域社会、地域経済は回っていた。だから、私自身が育った京都という街では、たとえ被差別部落の生まれ育ちではなくても、それと一体の地域住民としての当事者性はあった。誰もが町の一員として、こうした共同体の形成にかかわっていたということです。だからこそ、こうした自分が育った京都という「世界」のありようを、内在的な視点から、作品にしたいという気持ちが、以前からありました。

日常的な言葉づかいで言うと、それらは、どういうふうになるのか。たとえば、被差別部落の知りあいが、自分たちの地区の住人と、それ以外の人たちとを区別して話すときには、「うちら」「ここら」「よその人」といった言い方になる。そうした日常語によってこそ、よりしっくりとした語感で濃やかなニュアンスを伝えあっているところがあったように思います。自他の関係の網の目として社会は構成される。ですから、日常の言葉というのは、そういう厚みのある機能まで負うことになるわけです。

●生まれた町をたどりなおす

十年余り前、私は『明るい夜』という小説を書いたことがあります。京都の街なかのチェーンのイタリア料理屋でアルバイトしている女の子が、職場の同僚の女の子と二人で、鴨川の河原でとりとめなく喋ったりしながら、過ごす。そのうち、同僚だった女の子とは、音信が途切れてしまう。翌年になって、いつか二人で行ってみようと話していた、鞍馬の北、花背のもっと先の広河原という山里まで、いまは自分一人で（正確には、従順なボーイフレンドが同行して）夏の終りの火祭りを見にいくという他愛のない話です。

でも、これを書くには、思いのほか苦労しました。なぜかというと、背景をなしている京都の町を、ちゃんと自分はとらえられているだろうかという不安に、何度もぶつかってしまうからでした。

私は京大の西部講堂の裏手あたり、左京区の吉田泉殿町の生まれです。子どものころは、よく祖母に連れられて、賀茂大橋を渡って出町あたりまで、食品や日用雑貨の買い物に行く。欄干から鴨川の流れを見下ろすと、友禅流しの作業をしている様子が見えました。

当時、川の水はずいぶん汚かったんです。まだ水質汚濁防止法の施行以前で、一つには、生活排水が川に流れ込んでくる。そして、もう一つは、この友禅流しを川で行なうことが許されていたからでもありました。

友禅流しは、友禅染の反物を染めて、蒸し上げたあと、伏せ糊や染料を洗い流す作業です。いまは、工場のなかに水流を作ってやっています。でも、当時は、昔ながらのやりかたで、反物の一端を鴨川の川床に留めて、水流に流していたんです。戦後まもないころまでは、堀川でもやっていたそうです。いまは、友禅流しと言うと、風物詩のように語られがちですが、これをやると染料で川水が汚れます。流れ出た直後は朱や緑といった鮮やかな色なんですが、たちまちすべての染料が混じり合って、黒っぽい泥のような色に川水が染まって流れていく。

友禅は、いくつもの工程に別れた分業システムで作られます。基本は型染めの量産品ですから、マニュファクチャーです。流しの作業は、いわばプロレタリアの仕事です。蒸し上がった反物をリアカーなどに積んで河原まで運んで、川水で洗い終えたら、河原で伸子《しんし》張りして干す。

この風景は、いつも祖母と橋の上から眺める馴染みのある風景でした。けれども、いざ小説のなかで、何十年か前のそういう過去の作業の様子を思いだして書こうとすると、ふと、あの洗いの職人の人たちはどこから来ていたんだろうか？　と気になりはじめる。この小説を書いたころは、そうしたことさえ、ふと疑問に感じて調べようとしても、なかなか詳しいことがわからなかった。

いまでは、そういう京都の地場産業の下層労働についても、若い研究者たちが少しずつ現われています。これらによると、友禅の洗いの仕事は、七、八割がた、在日朝鮮人の業者が請け負っていたということです。西陣織の織り子などについても、これは同様で、戦前から西陣織の労働者には、朝鮮人がかなりの比率を占めていました。

もう一つ、そのころ私が調べたことを挙げれば、京都の川は、ほとんどが、北から南に向かって流れている。ところが、〝哲学の道〟に沿った疏水分線の水流だけは、南から北に向かって流れています。なぜだかわかりますか? あれは、明治なかばに東山の山塊にトンネルを通して琵琶湖疏水を京都市内まで引いて来たとき、山裾の高低差をうまく工夫して、あえてああいう流路が作られたのです。なぜかというと、その水流を使って、各所で水車を動かし、これを動力源として、流路ぞいにマニュファクチャーの工業団地のようなものを作り出そうと計画されていた。紡績とかの軽工業ですね。当時は商用の発電が始まる前ですから、水車は殖産興業に欠かせなかった。

ところが、琵琶湖疏水の工事なかばで、日本初の営業用の水力発電所を蹴上に建設しようと、計画が変更された。それによって、水車という動力源は時代から取り残されて、疏水分線沿いの工業団地計画もご破算になります。電力が供給されれば、疏水べりに限らず、どこにでも電線で電気を送って工場を造れる。だから、疏水分線という水流自体に、もはや用途がなくなってしまったわけです。

これに目をつけて、疏水分線べりの南禅寺界隈などを別荘地に開発して売りに出そうと計画した業者がいました。当時の広壮な別荘は、立派な日本庭園を備えるので、その泉水に供するための水が要る。疏水分線へと流れてくる琵琶湖からの水を、これに利用しようと考えたわけです。日本庭園の水というのは、庭の一方から流れ込み、やがて、もう一方から流れ出ていく。ですから、途中で減損することがあまりなく、水が汚されることもない。だから、一つのお屋敷の庭を通すと、そこから導水管をつかって、べつの屋敷の庭にも同じ水を通せる。そこを抜けると、またべつの導水管で、次の屋敷の庭へ……と、次つぎと庭を通って、最後は鴨川あたりに流れ出ることになります。このときの別荘地開発で活躍した庭師が、ここしばらくで評価が高まっている植治こと小川治兵衛です。ただ、私がこういうことを調べたときには、まだ彼はいまほど知られていませんでした。

ただし、こうやって調べると、すでに別荘地開発から一世紀以上経っているので、ひとつの屋敷の庭から、べつの屋敷の庭へとつなぐ導水管などが、はたしてどこが管理するべきものかが、はっきりしなくなっている。京都市水道局としては、こんな私的用途に供される導水管にまで管理責任が及ぶとは考えたくないところでしょう。

他方、これらの屋敷や庭園の施工にあたった業者なども、すっかり代替わりしてしまった。それどころか、庭から庭へとつないでいる、たくさんの導水管の配管が、いったいどこからどこにつながっているのかさえも、実はわからなくなりつつある。それぞれの屋敷も転売などが重なっていますから、こうしたことも気になり、一度、京都市水道局の琵琶湖疏水記念館でお願いして、古い図面を探し出してもらったことがあります。

実は、もう半世紀以上も前のことなんですが、私の母方の祖父が水道局の局長をしていた時期がありました。それで、当時の若手職員としてそのころのことを覚えている方が、かろうじて二次就職のような形で、疏水記念館でまだ働いておられたんです。こうした偶然も幸いして、手を尽くしてくださった。時代的にも、もはや、ぎりぎりのタイミングでした。しかし、そうやって見出した図面でさえ、すべての導水管に及んでいる保証はなく、完全と言えるものではなかったと思います。

こんな次第で、京都の町を舞台とすると、古い記憶もあいまって、次から次に疑問が湧き、「自問……自答」、これの連続で、きりがありません。

東九条、あのあたりは、もとは京近郊の農業地帯ですね。ところが、戦争中あたりから、その鴨川べりの一帯に、工事人夫などとして働く朝鮮人の集住地が形成されていく。戦後も、鴨川西岸の堤防づたいは、低所得層の朝鮮人のバラックが軒を寄せ合う町でした。映画「パッチギ!」の舞台となった地域です。私が少年のころも、行政は不法に堤防敷を占拠した住宅だとして、上下水道などの整備を行なわず、「ゼロ番地」と呼ばれていました。その後、いろんな交渉の積み重ねを通して、行政も地域整備に取り組む方向に変わっていき、地名も「四〇番地」という呼び方に変わっていく。南区の北松ノ木町、さらに南松ノ木町と続く鴨川べりですね。いまは、高層、低層の公共住宅などに、かつての住民たちも移っている。

こういったふうに、京都を舞台に小説を書こうとしたことから、思いがけなく自分が生まれ育った町のあちこちを歩きなおすことになりました。最初の手がかりとなるのは、先ほども言ったように、子ども時代に祖母と歩いた記憶です。

生まれ育った吉田の町の北に、田中という街区があります。そこには、大きな公設市場があって、ここにもよく祖母と買い物に出かけました。

雑然とした家並みだけど、子どもらも多く、活気のある町でした。このうち鴨川べりの「西田中」と呼ばれるあたりが被差別地区で、一九七〇年代後半、街区全体が十階建ての改良住宅へと建て替えられた。京都の街なかは、普通、建物に高さ規制があって、こんなに高層の建物は建てられない。地区の歴史的経緯にかんがみて、ということで、そうした規制が外されたのでしょう。でも、反対に、二十一世紀に入るころになると、スプロール化と言うのでしょうけど、ドーナツ化現象のようにして、これらの高層住宅の周囲はすっかりさびれて、人影も少なくなっていました。私にとって、それは大きなショックでした。あの活気に満ちた町が、どうしてこんな状態になっているのか。それを知りたく思って、京都市内のほかのいくつかの大きな被差別部落を含め、あちこち訪ね歩くようになりました。

高層の改良住宅というあり方が、かえって周囲の住環境との連関を断ち切ってしまう結果になったのではないかとも感じました。しかも、相次いで高層の改良住宅を選んだ京都市内のいくつかの大規模な被差別地区は、どこも、これから老朽化と建て替え問題に直面する時期を迎えることになります。

こうした「自問……自答」にいちいちつまずいて、小説執筆はいっこうにはかどりません。当時、私は東京で暮らしていたのですが、いよいよ心理的にも追い込まれて、京都の出町柳近くに小さなアパートを借りて、なかばはこちらに居着くような状態になってしまいました。そして、私自身は、ノイローゼみたいな状態を昂じさせていくばかりでした。

京都駅近く、崇仁地区と呼ばれる東七条一帯は、市内でもいちばん大きな被差別地区で、私が子どものころは、大通り沿いに靴屋、履物屋がたくさん軒を並べていました。店なみのなかに、家族ぐるみで親しくしていた履物屋さんがあって、よくお邪魔しました。小売りよりも問屋業に重きを置いて、古い蔵なども備えた家でした。

ふと、懐かしく感じられて、このときも、そこの家の大正生まれの奥さんを、ふらっと訪ねました。そして、もっか自分が陥っている悩みなどを話して、その地区にまつわることなどについて、わからずにいたことを質問して、教えを受けたりするようになったのでした。私は彼女のことを「おばさん」と呼んでいました。ちゃきちゃきと利発で、好奇心、向学心の旺盛な人です。家業の合間を縫って、興味を抱く展覧会などの行事にも、こまめに出歩く人でした。いま思い返してても、あのとき、この人の存在がなければ、どうなったことやらわかりません。たぶん、おばさんから見ても、こちらは相当に憔悴していたのではないかと思います。だから、何かの役に立つだろうと思ってか、ご自分の来し方や思い出話を、時間をかけて聞かせてくれることがありました。

丹波の小さな農村で育ったころのことなどに始まって、戦争前、この町へお嫁に来て……といった話です。

おばさんの実家がある集落は、近くにいくつか集落があるなかで、ただ一つの被差別部落だったのだそうです。それでも、生家はわりあいに豊かで、お姉さんも彼女自身も女学校まで出ています。娘を女学校までやる家は、集落でおばさんのところだけだったようです。結婚するまで、小学校の教員を務めていたのだそうです。

いまは、この町に、もう履物屋や靴屋はほとんどなくなっています。量販店が主流の時代に、旧来の小売りや卸しの店が、太刀打ちできるはずもありません。地区の住民は流出に歯止めがかからず、しかも、いろんな利権や思惑が絡んで、再開発の事業は重ねて頓挫してきました。ですが、最近、市立芸術大学が移転してくることに決まった。おばさんの家も、こうした再開発事業のために店をたたんでよそに引っ越し、もうかなりの時間が過ぎています。

こんな次第で、『明るい夜』は、書き上げるまでに何年も苦しみました。私の四十代は、こうした大スランプのなかで過ぎてしまった気がします。でも、近作の『京都』を書くには、この時期の試行錯誤の経験が下支えしてくれたのは確かです。

●「隠す」ことより「説明」を

京大の西部講堂の向かいに、いま、京大総合博物館ができています。二番目に古い旧帝国大学だけに、いろいろな展示品を所蔵しています。町絵図の豊富なコレクションも、その一つです。ただし、京の町絵図の展示を見ると、被差別部落あたりの地名は、ことごとく発泡スチロールみたいなプレートで覆い隠されています。しかも、なぜそうするのかという説明書きは、何もない。

京大は、部落史研究の長い蓄積のある研究・教育機関です。また、その実績があるからこそ、これらの町絵図を所蔵しているわけです。たしかに、古い地図のどんな書き込みもそのままさらしておくのが適切、とは言いきれないところはあるかもしれない。しかし、そのさいには、なぜこうした処置をとるのか、きちんと説明を尽くす、ということが原則となるべきはずです。

一九二二（大正十一）年、水平社宣言の発表がまさに京都の地で行なわれたことでもわかるように、大規模な「被差別部落」とされる地域の所在については、隠せばよいという段階には、もはやありません。むしろ、それぞれの地域における差別の歴史の由来をきちんと明らかにしていくことこそが、差別というものの解消、そして、その地に生きることの誇りを支えることにもつながるはずです。隠すべきものだとする価値観を、この種の公共的な研究・教育機関が追認するべきではない。これが、京大総合博物館で町絵図の展示のしかたを目にしたとき、私のなかに生じた率直な感想です。

先ごろ書いた『京都』は、作者の私にとっては、特別な作品でした。自分という存在がどこから来たか、これを故郷の町の上に、ピンで留めるように描きたいと願っていたからです。これを書くには、書き手として、相応の腕力のようなものが求められると感じていました。だから、いよいよ書きはじめようと決めるまで、それなりの自問自答の期間を要しました。

ただし、もう一つ正直なところを言えば、作家自身にとって、もっとも重要な作品とは、いつでも、いま書こうとしているものなのです。つまり、それは、つねに未成のものだということになります。ですから、いままでは『京都』という作品も、できるだけ大きな腕の振りでトラックの真ん中を力走しようと自分に言い聞かせていた執筆中の身体感覚が、いくぶんか懐かしい余韻のように、私のなかに残っています。

【コラム】

ボロ・くず・ゴミ溜りの街、京都——坂口安吾「古都」の不穏な日常

福岡弘彬

坂口安吾「古都」(『現代文学』一九四二・十二、以下初出より引用)という作品がまずもって裏切るのは、タイトルが喚起する京都という都市のイメージだ。一九三七年早春に京都へやってきた安吾らしき作家=「僕」は、伏見稲荷近辺の「露路」にあり、「人の住む所として」「最後を思はせる汚さと暗さ」を持つ、上田食堂に身を寄せる。そこら一帯は「溝が年中溢れ」「悪臭がたちこめ」、「京都でも一番物価の安い所」とされ、「京都のゴミの溜り」とまで形容される。この食堂二階に碁会所が開設される顛末が作品に描かれるのだが、そこで起こるのは「百鬼夜行」だ。「アル中で、頭から絶え間もなく血がふきだし、それを紙で拭きとつては、コツプ酒を呷」る「巡査上りの別荘番」、「脳病のインチキ薬を売つてゐる二人組」、「人殺しの眼付をし」た老人 etc…… 特高の刑事も通うこの碁会所に、彼らは集う。そして「失業」中の関さんとノンビリさんも。「僕」は自らの「光」を失いつつ、「百鬼夜行の統領」へと変成しながら、彼らとともに日常を過ごす。小説「古都」とは、その日常が、一九四一年のいま・ここから振り返ら

れる物語である。

　この「古都」には、いわゆる古都・京都のイメージがどこにもない。「日本固有の文化という歴史的「伝統」を体現する場」（高木博志『近代天皇制と古都』岩波書店、二〇〇六・七）としての特徴が圧倒的に欠如している。あるいはその裏面――近代的都市としての「大京都」（伊藤之雄『「大京都」の誕生』ミネルヴァ書房、二〇一八・二）の相貌も見られない。いや、「大京都」が、三大事業（第二琵琶湖疏水建設・上水道整備・道路拡張と市電敷設）による都市近代化と、周辺市町村への中心市街地拡充による百万都市化において誕生したならば、一九三一年に京都市伏見区として編入された伏見稲荷近辺における、「溝」の整備も届かない「露路」の上田食堂とは、「大京都」からこぼれ落ちる「ゴミ」たちの生活の場であり、近代都市における不穏分子たちの「溜り」場である。

　ハリー・ハルトゥーニアン『歴史の不穏』（樹本健訳、こぶし書房、二〇一一・三）は、グローバルに到来する資本主義的近代化と葛藤・抗争を起こす「不穏」な時間として、「日常性」を導出した。同書は、二つの大戦間において世界的に現出した「日常性」の思想が、ヴァルター・ベンヤミンや戸坂潤らによって紡ぎ出される様を描き出すが、この「日常性」をめぐる星座的連関に、坂口安吾「古都」を布置することも可能だ。ベンヤミン『パサージュ論』断章N1a,8を思いだそう。「ボロ《Lumpen》、くず《Abfall》――それらの目録を作るのではなく、ただ唯一可能なやり方でそれらに正当な位置を与えたいのだ。つまり、そのやり方とはそれらを用いることなのだ」(今村仁司他訳『パサージュ論』第3巻、岩波書店、二〇〇三・八より引用)。歴史から捨象される「ボロ《Lumpen》、くず《Abfall》」をモンタージュしようとするベンヤミン。その姿は、近代都市「大京都」の「ゴミの溜り《Abfall》」に身をうずめ、「ゴミ《Abfall》」になりながら「ゴミ《Abfall》」を記す「僕」と、共振してはいないか。

とりわけ「古都」が丹念に描き出すのが、「失業《lumpen proletariat》」者の関さんとノンビリさんだ。職を転々としてきた関さんは、上田食堂が二階に碁会所を開く際、その「番人」として雇われる。だが「自分の楽しむ方がまず先」で対局に「夢中に」なる彼の評判はすこぶる悪い。食堂側もそんな関さんを冷遇すると、彼は「一人ストラキイ《(ママ)》」を行い、他に勤め口を見つけ出て行ってしまう。なにせ報酬は「たゞ寝室と、十三銭の定食のその残飯」だ。その上食堂の夫妻が「身体の動かん商売やさかいに」と飯の三杯目を出さず、碁会所の常連たちも「サービスが悪い、勝つても負けても態度が悪どい」と責め立てる。「僕」曰く「碁会所の奴隷になれと言ふこと」——人間としての一般能力を搾取せんとする剰余価値生産プロセスへ動員されること——に関さんはノンを放つ!……のだが、結局行き場のない彼は、碁会所に戻ってくる。食堂側にとっても関さんに替わる働き手はなく、彼らは「どん底」で居場所を分け合うかのように、共存している。

食堂の主婦の甥・ノンビリさんは、東京で洋服修行中に病気になり和歌山に帰郷したが、「本復」しないまま故郷から追い出され、食堂二階に身を寄せる。「故郷で今しばらく病を養つてゐたかつた」はずの彼の就職はままならず、下宿の支払いは「ノンビリ」になり、やはり食堂の夫妻から冷遇される。「わしア、もう、自殺したうなつた」と呟くノンビリさんに、しかし関さんだけは「親切」だった。「失業《lumpen proletariat》」者たちは「どん底」で連帯する。

　やがて作品終盤、「日支事変が始つた」。食堂の親爺の前妻との息子が製造する八ツ橋が、京都師団に軍需品として納められることとなる。親爺は、まるで息子の「下僕」の如く、八ツ橋の箱詰めを、「冗談」のような低賃金で引き受ける。そこで親爺はこの仕事を「有閑人士」の関さんとノンビリさんに「押しつける」のだが、二人の「失業《lumpen proletariat》」者たちは、理由をつけて「無理な仕事」をサボってしまうのであった。

　日中戦争開戦時の「どん底」がユーモラスに描かれた本作品が、真珠湾攻撃後まもなくに発表されたことは意義深い。「古都」掲載誌の「編集後記」（吉川一夫）は開戦を受け、「まことに戦の庭に立つも立たぬも、今や各自の職域そのものが戦場である」としている。いわゆる「国民皆働」が唱えられるただなかで、軍需産業からの収奪を逃れる「失業《lumpen proletariat》」者たちが描き出されたのが、「古都」だ。「八ツ橋」の箱詰めという形で、軍事と近代資本主義は絡まりあって「日常」に押し寄せてくる。その「日常」、その「大京都」を舞台とした「古都」の非―労働は、総動員体制のただなかにおいてどこまでも「不穏」だ。

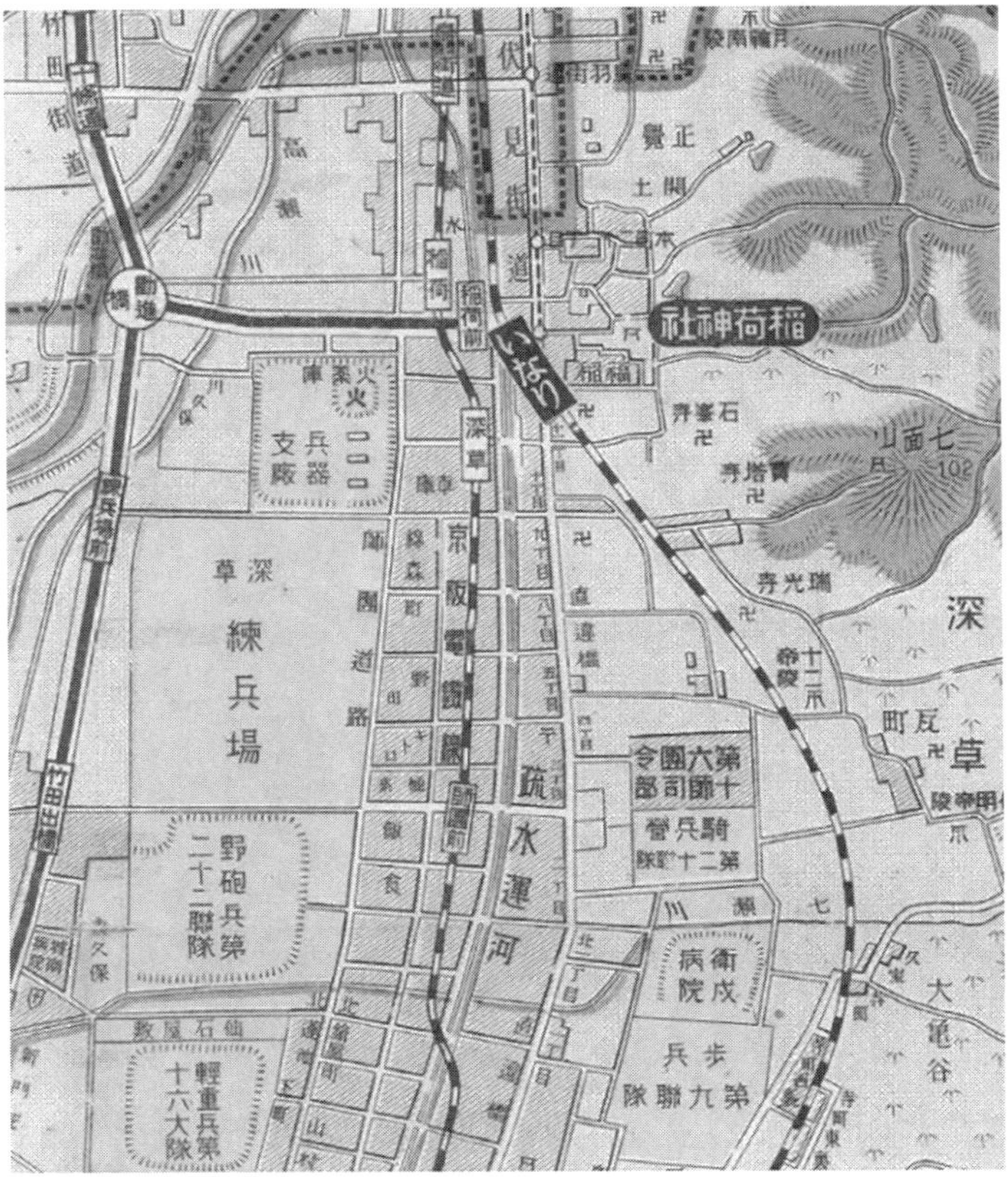

伏見稲荷近辺は「大京都」における軍事拠点でもあった。「最新大京都市街地図」(駸々堂旅行案内部、1937・1、国際日本文化研究センター蔵)より。

第二章　場と営み

宣言としての言葉をどう再読するか——関西沖縄県人会機関紙『同胞』を読む

冨山一郎

1 『同胞』及び関西沖縄県人会について

『同胞』は、関西沖縄県人会の機関紙として刊行された。創刊号（一九二四年三月）、二号（一九二四年三月）、五号（一九二四年十二月十五日）、六号（一九二五年三月五日）、七号（一九二五年五月二十日）、八号（一九二五年七月二十五日）、九号（一九二六年三月二十五日）が現存している。創刊号は沖縄県人同胞会機関紙とある。県人会会員、千人以上に配布されたという。[1]

同県人会は一九二四年三月に結成されたが、その背景には、糖価の暴落を契機とした一九二〇年代の沖縄経済の危機がある。この「蘇鉄地獄」とよばれる危機の結果、人々は沖縄の外に生きる道を探し、多くは大阪と海外、とくに委任統治領であった南洋群島に流出した。『国勢調査』によれば大阪在住の沖縄出身者は一九二〇年が千人だったのが、一九三〇年には一万九千人に膨れ上がっている。またこうした人々は、女性は主として紡績女工、男性は不熟練労働者であり、港区市岡町、三軒家町、恩加島町、小林町、此花区四貫島、春日出町、伝法町、高見町、西成区今宮町、東成区鯰江町、今副、蒲生などに集住した。こうした地域が県人会の支部となるのである。いいかえれば一九二〇年代、沖縄から大阪に移り住むということは、「蘇鉄地獄」を契機に越境的に広がった人々の生とともにある。[2]

いま一つの結成の背景として、一九二三年九月一日の関東大震災がある。これを契機に関東地区に居住していた人々が大阪に移り住んだ。そこには比較的裕福な層と関東において活動をしていた社会主義者が含まれる。関西沖縄県人会はこうした社会主義者のグループを軸に、比較的裕福な層を巻き込んで結成されたのである。[3] またこの関東大震災にかかわる経験と記憶を、どのように関西沖縄県人会ならびに『同胞』において問題化するのかという事が、本稿の一つの要点となる。

II 「宣言」について

『同胞』八号には、「宣言」と題された文章が掲載されている。この「宣言」は一九二五年六月二十一日開催の関西沖縄県人会第三回大会で採択されたものだが、そこには、沖縄経済の疲弊と大阪における労働状況ならびに「言語風俗」による「損失不便」が指摘され、こうした中で「在阪県人三万人」の団結が語られている。また活動としては職業紹介、解雇等の労働問題への取り組み、福利厚生活動などが、掲げられている。

これまで関西沖縄県人会は、私も含め、社会運動史の文脈で議論されてきた。[4] その際、上記の社会主義者のグループが一つの焦点となり、また検討すべき活動としては、労働運動や労災補償交渉ならびに反差別運動が軸になった。たとえば関西沖縄県人会の結成に参加した松本三益は、一九二六年に沖縄出身者が多く雇用されていた東洋紡三軒屋工場の労働争議を組織し、騒擾罪で逮捕されている。

こうしたことからもわかるように、関西沖縄県人会は、いわゆる同郷団体としてこれまで議論されてきた県人会とは異なる側面を持つ。神島二郎は、こうした同郷団体を「第二のムラ」とよび、その「ムラ」に参加できないいわゆる成功者ではない人々を、「過去を語らない人々」とよんだが、[5] 関西沖縄県人会はこうした人々も含めた社会運動を担う組織だったと思われる。またこの「宣言」も含め『同胞』は、こうした大阪における沖縄出身者の社会運動史を事実確認的に把握する重要資料として、取り扱われてきたのである。

しかし宣言という領域が示すのは、歴史的事実というより、「我等」が何者であるのかという問いであり、その「我等」が獲得すべき歴史と未来にかかわることではないだろうか。より具体的には、沖縄において生きていくことが出来なくなった者たちが、沖縄人としていかに大阪の地に「我等」を新たに構成し、また沖縄という地域の歴史に還元されない歴史を発見し、獲得し、その先にいかなる「我等」の未来を描こうとしたのか。この問いを抱え込んだのが、宣言なのではないだろうか。あえていえば宣言とは、新しい語る主体と語るべき新しい歴史を先取りしようとするものであり、それは事実確認的に理解されるものではない。宣言とは、「言説とその『対象』、言説とその『主体』のあいだに、その都度それぞれの関係を設定していく」[6]ことにより、まだ見ぬ自分たちと自分たちの歴史を、先取りしようとする試みなのである。

ここでは『同胞』を、かかる宣言の延長線上に再読してみたいと思う。すなわち宣言において登場する「我等」は、たんに同じ沖縄出身という出自の共通項や文化的同一性を意味するのではなく、またその歴史も沖縄という地理的範囲に囲われた地域の歴史を意味するのではない。あえていえば、『同胞』に登場する沖縄人もその歴史も、ファノンが民族文化について「努力の総体」と述べたように[7]、様々な試みの合力として浮かび上がるのであり、そのような自分たちと自分たちの歴史を先取りしようとする試みの痕跡として、『同胞』を読み直してみたいと思うのだ。その際、あらかじめ要点を述べれば、検討したいのは大阪に移り住むことにおいて見いだされる沖縄及び「我等」という問題であり、いま一つはこの自分たちを見いだしていくプロセスに関東大震災の記憶が隠されているという点である。

一九二三年の関東大震災において、同地に住む多くの沖縄出身者は、自警団や警察に殺されそうになった。また実際に殺された者たちもいただろう。こうした関東大震災の記憶はまた、沖縄における標準語教育の現場において、「大震災の時、標準語がしゃべれなかったばかりに、多くの朝鮮人が殺された。君たちも間違われて殺されないように」という発言としても登場する。[8]

では、『同胞』は、こうした関東大震災の記憶をどのように受け止めたのだろうか。先取りしていえば、『同胞』においては直接記事として関東大震災が登場することはほとんどない。そこには、震災と復興という展開を遂げる東京と、同時期に東洋のマンチェスターとして経済の中心地であった大阪の違いがあるかもしれない。またこの違いは、なにゆえ多くの人々が沖縄から流出し、大阪の労働市場に包摂されていったのかということの理由でもある。当該期の大阪は人々を飲み込んでいく場所なのであり、それは廃墟からの復興である東京とは異なる様相だ。だがしかし、自分たちと自分たちの歴史を宣言しようとする言葉には、地理的範囲期に閉じ込めることのできない虐殺の記憶が、隠されているのではないだろうか。この点は最後に検討する。

III 『同胞』の様式

まず様式から考える。創刊号と二号はガリ版刷りであり、形式は雑誌に近く、ページごとに読んでいくことになる。五号から印刷された新聞となり、紙面は四面までである。新聞という形式になる事により、一つの面にいくつもの記事を同時に眺めることができるようになった。また創刊号のガリ版刷りは、読めないあるいは極めて読みにくい。最初の雑誌形式では、「論説」、「茶話!!」、「新人会員芳名」、「歌壇」、「同胞詩壇」、「会報」といったジャンル的な区分けがページ毎に展開するが、新聞になって以降は、飛躍的にこうしたジャンルの種類が増えている。それは、一つの紙面にいくつもの記事が掲載できることと関係しているだろう。以下、『同胞』におけるジャンル的区分けを列挙してみよう。

「宣言」、「スローガン」(たとえば「県人会は御互いに援けあい手を執って進む後盾である!!」)、「檄!!」、「急告」、「総会報告」、「論説」、「自由論壇」、「会報」(本部と支部)、「県人就職調べ」、「紡績めぐり」、「各支部行脚」、「支部ニュース」(岸和田支部、堺支部、市岡支部、石田町支部、鯰江支部、北大阪支部、稗島支部、大和田支部、港区第一支部)、「沖縄だより」(沖縄にかかわるニュース)、「県人各団体情報」、「県人の各団体便り」(沖縄海外協会、京浜学生会、布哇沖縄協会、台北沖縄学生団など)、「茶話!!」、「三稜鏡」、「歌壇」、「同胞詩壇」、「名言、引用など」、「郷土伝説」、「近時私感」、「想華」、「編集室」、「末滴」、「新会員芳名」、「人事消息」、「名簿」。

こうした『同胞』の様式から、いくつかの論点を指摘することが出来る。第一に、極めて多様な文体や文章様式を収容しているという点である。ニュースや報告、論説、エッセイから小咄や歌、詩まであり、署名付きのものも署名のないものもある。またこの多様な様式が併存しうるのは、先ほども述べたように、新聞形式になることにより視覚的把握が可能になったことと関係していると考えられる。第二に、県人会全体や大阪全体としてというより、大阪の各地域に展開した支部にかかわる文章や個別の工場にかかわる文章が多い。すなわち大阪一般というより、具体的な固有の場所の地名が示されているのであり、大阪全体を念頭に記される記事は逆に少ない。第三に、個人名や名簿がいつも記されている。すなわち「我等」一般というより、固有名のついた個人が頻繁に登場するのである。第四に沖縄にかかわる現状報告があり、第五に大阪以外の沖縄人団体の記事も常時存在する。

以上多様な『同胞』の様式が意味しているのは、論文調の文章から日常感覚や感情を表出する文体まで含みこむ幅の広さということであり、支部、個人といった具体性と個別性が、いわば全体を示す提喩として登場することであり、また自らの住む大阪が沖縄や海外といった他地域と繋がっていることが明示されているということであるといえるだろう。こうした様式を念頭におきながら、『同胞』を検討していこう。

Ⅳ 『同胞』という存在、県人会という存在

「あれは国の人に違ぃなぃ」。自分等は街上に於いて屢々此の言を発する事がある。そんな時には先ず第一に嬉しいといふ感情が湧き、次に何か話してみたいといふ望みが頭をもたげて来る。然し…（中略）…斯くして折角交差した親しみの機会は何時〇〇〇〇知れず失せ果て自分等の兄弟《チョーレー》は、冷たい都会の空気の中に色々別れて飲み込まれて行つてしまふ。／…都会の生活に光を求めて進ましむる後盾は、沖縄県人同胞会であり、血管のように同胞の間を絶えず流れて通ふものは此の雑誌「同胞」である。…（中略）…雑誌「同胞」の刊行に依り自分等は旅にゐても絶えず故郷にゐるような暖かさを感ずるであらう。何故ならそれは「同胞の血」として皆様の間を絶えず回つてゐるから。[9]

創刊号に掲載されているこの「『同胞』刊行に当たり」と題された文章には、『同胞』が持つ意味が端的に示されている。すなわち重要なのは、何が書かれているのかという記事内容よりも、『同胞』がまずは「血管」であり「血」だということである。いいかえれば、『同胞』は自分たちの言葉の場所であり、その場所が「同胞」（＝「我等」）を作り上げるのである。すなわち『同胞』は、それがメディアとして何を伝えるのかという事において意味を持つだけではなく、言葉の場所として存在そのものが意味を持つのであり、それはまた自分たちの言葉の場所自体が、これまで存在しなかったことを意味しているのではないだろうか。

たとえば「原稿が沢山残りました」という「編集後記」[10]からは、様々な文章が『同胞』に寄せられたことが、想像できるだろう。と同時に、上記で述べた多様なジャンル的区分けも、こうした寄せられた多様な言葉への対応とも考えられる。『同胞』はいわば、自分たちの言葉を集約していく場だったのではないだろうか。あるいは逆に、集約された言葉たちを読みながら、人々は自分たちを想像していたのではないだろうか。同様に、県人会についても次のような文章がある。

今こそ我々は誇りを以つて云ひ得る事が出来る、我々には立派な県人会もあります、お互い援け合ひ、手を執つて進後盾さへありますと。我々の県人会は我々の誇りであり、本当に我々のモノである。[11]

県人会はその活動内容より前に、それがあるということにおいて意味を持つのである。「本当に我々のモノ」であり、自らを「沖縄県人」として名乗ろうとするところに、『同胞』があり、関西沖縄県人会があるのだ。「県人会は御互いに援けあい手を執つて進む後盾である!!!」というしばしば登場するこのスローガンにある「後盾」ということも、こうした文脈において理解できるだろう。またこうした名乗りは、次のように「団結」あるいは「力」としても表現されている。

何故かかる惨めな生活をしなければならんでせう?……（中略）…故に吾々は県人同胞を一日も早く人間的人間としての幸福の増進に向かって力戦せねばなりません。是誰の力ぞ!誰がなすべき事ぞ!吾等一万五千の同胞は此処にあり県下の一脚を捧げて立とうじゃありませんか。／団結の前には障害物はなく正々堂々と萬事展開されて行かれる力があります。[12]

こうした『同胞』や関西沖縄県人会の存在論的な意味は、最後に述べるように、自らの言葉自体が尋問の対象になり、殺されるかもしれない指標となった関東大震災の記憶を考えるうえで、極めて重要である。

Ⅳ　歴史の獲得

ところで一九二〇年代の沖縄は、先ほども述べたように、「蘇鉄地獄」とよばれる経済的危機の中にあった。こうした危機を受けて、「沖縄救済論議」とよばれる沖縄救済をめぐる議論が新聞、雑誌に登場し、また沖縄救済に関わるいくつか本が出版された。湧上聾人編『沖縄救済論集』(改造之沖縄社、一九二九年)、新城朝功『瀕死の琉球』(越山堂、一九二五年)、田村浩『沖縄経済事情』(南島社、一九二五年)などである。こうした「沖縄救済論議」における沖縄認識は、先の「宣言」においても共有されており、こうした認識は総じて一九三二年の沖縄県振興計画の策定につながっていく。

またこうした経済の破綻は、自らの歴史をどのように描くのかという歴史認識の問題でもあった。琉球の「個性」を蘇らすことにおいて沖縄の歴史を描き、そこに沖縄人の未来を展望していた伊波普猷は、一九二四年にこうした琉球の「個性」を軸にすえた歴史認識が「蘇鉄地獄」により破綻し、もはや経済的救済しかないと述べたうえで、「個性を表現する自分自身の言葉を有つてゐない」と記している。[13] それはいわば、沖縄人としての歴史の喪失と自らの歴史を語る言葉の喪失である。『同胞』においてもこうした郷里の疲弊にかかわる記事は多く、また「生活手段を奪はれて　同胞の県外移動」[14] という表題の記事からもわかるように、こうした「蘇鉄地獄」が、自分たち「同胞」が大阪にいる理由として見いだされているのである。

だがそれだけではない。たとえば創刊号に掲載された「京阪神における県人の発展」[15] と題された文章にある「我県人は日本工業の心臓たる大阪の更にいう心臓を成すものである」という表現には、歴史の喪失ではなく新たな出発点として、自らが生活をする大阪が「心臓」として見いだされているようにも思える。こうしたことを念頭に、次の「小島に生まれて大国におはる」の文章を見てみよう。

我が県は、四方海にかこまれ、朝に波間を破つて現れるところの太陽を拝すれば夕べに波間に沈む夕陽に名残を惜む小孤島である。／我々は此の小島《クジマ》に生まれた。……／此の様な小島のみに閉ぢ込ま《(ママ)》つて一生を終わることを潔しとしない。／我々は大会の彼方に横る大国《テークク》を活動の舞台として足許に固く踏み付けなければ承知できない。／クジマに生まれてテーククにおはる！　我々の体には此の精神が昔から流れてゐる。[16]

この文章においては、「小島」には「クジマ」、「大国」には「テークク」という沖縄語表記が付されている。そのうえで「クジマ」から「テークク」に向かう自らの歴史過程が主張されているのである。危機に瀕する沖縄において「生活手段を奪われ」生きるために移動してきた「同胞」と、「テークク」に向かう「我々」が、大阪という場所において交差しているのではないだろうか。では流民たちが見いだした、この向かうべき未来に措定された「テークク」とは何か。それは帝国日本のことなのだろうか。すくなくともいえることは、この「テークク」に向かう「我々」は、伊波のいう「個性」でもなければ、古くからある伝統としての沖縄文化でもないだろう。沖縄を出た人々は、大阪という地において、新たに自分たちと自分たちの歴史を見いだそうとしているのではないだろうか。そしてその営みを担ったのが、『同胞』ではないだろうか。

Ⅴ　経験の共有、感性の共有

ここで『同胞』に登場する、「同胞」、あるいは「我等」「我々」、「沖縄県人」「沖縄人」といった言葉が指し示す集合性と、それを「血管」として担い、言葉の場所として構成した『同胞』との関係について考えてみる必要があるだろう。まず指摘できるのは、さきに引用した創刊号の文章にもあるように、パーソナルな感情を起点にし、そこから集合性を見いだしていくような文脈である。すなわち、「「あれは国の人に違いない」。自分等は街上に於いて屢々此の言を発する事がある。そんな時にはまず第一に嬉しいといふ感情が湧き、次に何か話してみたいといふ望みが頭をもたげて来る」[17]というわけである。また次のような詩もある。

たかぶりし心かなしくさまよへる盛り場に今日も我がうつむきつ行く。
ほのかにも淀川べりに口すさむ故郷の歌ににじみ来るよ涙。[18]

「盛り場」や「淀川べり」といった大阪の場所とともに湧き上がるパーソナルな感情が、『同胞』

という場において共有されているのである。ところで『同胞』の様式のところで述べたように、『同胞』には歌や詩、あるいは俳句などが少なからず掲載されている。またこうした歌や詩、俳句は、これまでの社会運動史研究の歴史資料として『同胞』を扱う際にはあまり注目されてこなかった。しかし、自分たちの言葉の場所という点では、こうした歌や詩や俳句は、極めて重要であると考えられる。

ところで、一九五〇年代の生活記録運動をふりかえって鶴見和子は、書くという時間が保証されてない人々にとって、とぎれとぎれで生じる思いや出来事を最も素早く言葉にする形式として詩や俳句や和歌があるという指摘をしている。[19] こうした点から『同胞』にある歌や詩や俳句を考えるなら、歌や詩や俳句にこそ、毎日の日常経験の中で生まれる言葉を確保する場としての『同胞』の性格が、典型的にあらわれているとも言えるだろう。

ところでこうした歌や詩や俳句とともに注目すべきは小咄である。六号以降、毎号「三稜鏡」というコーナーで下記のような文章が掲載されている。

三か月も失業し、那覇に国立測候所の設立工事があると聞いて飛んで帰省して見ると、必要の三倍も希望者があると聞いて又大阪に引返した男がある。[20]

会員が築港で、県人らしい男を捉まえて、単刀直入方言で『私は沖縄ですが、貴方は沖縄ですか、今日台北丸で出帆するでせうか？』と件の男普通語で『いいえ違いますウチナ迄一寸用事が出来たので』頭隠して尻隠さずの類。[21]

三年前の恋が復活し同棲の夢まどらかなる事三年、其の男に見廻りの品をすつかり売払はれた揚句、妊娠して捨てられた女がある。[22]

是といふ目算もなく、儲かる為に大阪に来て翌日また負債を土産に帰県した25歳の男がいる。[23]

機械に右手を盗まれた男が岸和田に居るが、今度は会社が其の首を盗み、解雇手当まで盗もうとしてゐる。資賊横行の世態。[24]

大坂割烹学校生徒十余名、琉球料理に憧れて遠征した、国頭で飢を凌いでゐる蘇鉄が、一行のかつぼうの的でない事は請合。[25]

嫁入を控へて大阪に来た県婦人は花嫁として最も尊重さる可きものを失つて帰る女の多いのに愛想をつかして在阪の許嫁を破婚した気の早い男がゐる。[26]

家屋敷を売拂つて上阪した男今度は労働者として身売りに京阪神を巡つたが買手がなかつた。何しろ大阪だけでも十余万の労働者が干物になつてゐるのである。[27]

疲弊せる我琉球を救ふ唯一の道はフアツシヨの精神—即ち資本とゴロツキが一緒になつて、つねへいぜい武装し文句を云ふ労働者を片ツ端からヤツツケることであると沖縄朝日は叫んでゐる。これは確かにメイ論[28]!

節約すべき一物も余さない我が県民に最近鳴物入りの節約宣伝を始めた。まさか命の節約でもあるまいに、我と我命を断ち切るものがメツキリ殖えてゐる。[29]

こうした小咄の要点は、真実性や正しさにあるのではない。むしろ正しさをめぐる判断をペンディングしたところで生じるアイロニカルな笑いが、小咄において重要なのではないか。ここでは、表層的意味と隠された意味をめぐる二重の読み手の存在と、後者を読み取る者が笑いとともにある種の現実感覚を共有していくことを指摘した、ロバート・ポール・ウルフの議論を念頭に置きながら考えてみる。[30]

こうした小咄において重要なのは、しばしばいわれるような「架空の話であり登場する人物も実在しない」、ということではない。かといって文字通り事実を語っているわけでもない。小咄を読んで笑いを浮かべる読み手は、まずは小咄をあり得ない架空の話だとする表層的読みが一般的には起きるだろうということを前提にして、「でも実はあり得るかもしれない」と読むのである。笑いはこの、「一般的」と「実は」の間において生じている。この間はまた、架空と真実の間でもある。そしてこうした読みが可能なのは、小咄に登場する人物が架空の人ではなく、読み手のすぐ傍らに想像されているからであり、読み手はその想像された傍らにいる人物のことを、自分たちのこととして、「実はあり得るかもしれない」として読むのである。

小咄においては読み手と文章に登場する人物の距離は、極めて近いのだ。そして笑うということにおいて、自分と想像される傍らの人物の関係が密かに承認され、また笑っているのは、自分一人ではなく、この文章に登場する人物との関係を承認している者たちだということも密かに確認される。こうして自分たちという集合性が、読み手において想像されることになるのだ。『同胞』は、読んでいるのが自分だけではないという集合性を心の中で想像させると同時に、大阪で生きている者が日々経験する出来事やそこでいだく感情を、自分たちのこととして受け取るための装置でもあるのではないか。したがって「同胞」(=「我等」)とは、単なる同じ沖縄出身者ということだけではなく、大阪での日常感覚が契機になって構成されているといえるだろう。ところで、この小咄について「女の立場から」と題された次のような文章がある。

> 先月の機関紙上に「三年前の恋が復活し同棲の夢まどらかなる事三年、其の男に見廻りの品をすつかり売払はれた揚句、妊娠して捨てられた女がある」と云ふ記事を読んでそれを我々は単なる笑話・茶話として取扱ふ事はあまりに軽率過ぎはしないだらうか。殊に斯る問題に類した事件が我々同胞の間に幾多の淋しい事実があることは悲しむべき事であると同時に男子にしろ女子にしろ大いに反省すべき問題である。[31]

アイロニカルな笑いによる共通感覚は、ここでは破たんしている。笑いごとではなく、またそんなところで「我等」を作り上げるなというわけだ。「蘇鉄地獄」の中で、沖縄を出る人々のうち女性は圧倒的に紡績女工であり、またその拡大のスピードは男性よりも早い。こうした中で、沖縄においてはこの女性の移動について、悲惨さと非難の入り混じった表象が生じている。すなわち身売りのイメージと村を捨てる者としての女性である。後者は青年団などにおいて「嫁不足」の文脈でも語られている。

県人会の「第三回大会報告」[32]には、県人会に婦人部が設置されることが記載されており、大会ではこの「女の立場から」を書いた渡嘉敷周子氏が演説をしている。そこにはジェンダーを組みなおしていく営みを看取できるだろう。またこうしたことからも、「同胞」(=「我等」)は、単に同じ出自やそこでの伝統を同じくする人々ではなく、それを変え、再構成していく中で見いだされたということがいえるかもしれない。やはり「努力の総体」なのだ。

VI 具体ということ

『同胞』の様式でも述べたように、『同胞』には各地域の支部にかかわる文章や、具体的な工場での活動記事が多い。またそこには、工場に対する不当な労働条件への交渉や抗議といった内容も多数ある。たとえば、「今まで沖縄人と見くびつて居た同紡織は吾等にかかる組織あるを知るやその翌日より待遇が良くなつた」[33]とある。また「不当解雇に対する交渉」と題された記事では、岸和田紡績野村分工場で不熟練工であるにもかかわらず熟練工の仕事をさせられ、右手首を失い、工場側が其の労災補償をせず、さらには解雇を通告するということがあり、これに対して岸和田支部が抗議と交渉をし、解決に至ったことが述べられている。[34]あるいは、『沖縄タイムス』や『大阪毎日』といったメディアにおける沖縄表現に対する抗議活動もある。[35] こうした沖縄にかかわる表現に対する抗議は、最後に述べる沖縄青年同盟による広津和郎の『さまよへる琉球人』への抗議にも通じるものがある。

いずれにしても、『同胞』からは、具体的な複数の場所において、県人会が常時活動をしていることが示されているのである。それは具体的な場所のマッピングにおいて生み出される、ある種の空間認識でもあるだろう。またそのマッピングでは多くの場合、工場名や関係人物などの固有名が記載されている。たとえば『同胞』七号には、沖縄からの船舶が着く大阪港の埠頭に県人会の掲示板を設置することが記載されているが、こうした埠頭での掲示板設置も、自分たちの居場所を示すある種の空間認識と無関係ではないだろう。こうした大阪における具体的な場所のマッピングの中で、我等「同胞」という集合性が醸成され、確認されていったのではないだろうか。またこうした空間の広がりは、県人会が編纂した住所録『大阪府市在住沖縄県人住居案内』(一九二六年)においても考える事が出来るだろう。

だがこの空間認識は大阪にとどまらない。こうした広がりはすでに述べたように、大阪を越えて他地域、さらには台湾やハワイにまで広がっている。一九三七年に刊行された『現代沖縄県人名鑑』[36]では、「布哇」、「満州国」、「南洋群島」、「比律賓」に広がった沖縄人の名簿が作成されているが、そこでは蘇鉄地獄で沖縄を出ざるを得なかった人々の痕跡を、「同胞」の空間として再発見しようとしているのではないだろうか。

こうした広がりを念頭に置きながら、次の「歌島村在住の県人より　入会申込」と題された文章を考えてみたい。これは、現在の西淀川区にある歌島村から県人会入会の申し込みがあったということにかかわる文章である。

お互に手を執つて進むと云ふ観念は吾が県人会の標語《モットー》にして同じ伝統に育つた同県人が相寄つて進歩を計る処には何等の障害も有る可き筈はない。吾が県人会が県民全般の利害を代表する限り吾等に地境はない。布哇にもブラジルにもヒリツピンにも苟くも吾が県人の在住する何處の国にあつても互いに相連絡を取るは言を俟たない處である。[37]

新しい会員が増えたということを伝えるだけの記事なのだが、その新しく加わった歌島村という具体的な地理的場所に、「地境のない」広がりが想像されているのである。いいかえれば支部は確かに極めて具体的な大阪という地における地理的マッピングなのだが、そこには「地境」を越えた広がりが、不断に想像されているのである。あえていえば、具体的場や活動が提喩的に示しているのは、大阪という地理的場所を越えたこの広がりではないだろうか。そこに前述した「テークク」が、浮かび上がるのかもしれない。

ところで『同胞』には、大阪で差別にあったという内容の文章が多く登場する。例えば創刊号においても「県人会の為に働かう」と題された文章で、「大阪に来て痛切に感ずることは、職を求めて方々を探し回つてゐる時に聞かされる様々な耳触りの悪い侮蔑的言語は何人も否定できない事実なのだ」とある。しかし同時に、自らを沖縄人として名乗る事への怖れや警戒についての文章も、多く登場している。

県人中には自己卑下の念に捉はれ沖縄県人たるを異常の屈辱に思ひ県人の係り合いを怖れて…（中略）…他県人を装ふエゴイストが意外に有識階級にある…（中略）…尚沖縄県人たるが故に名誉だと云ふ信念を実質共に得んが為に生まれたる県人会は苦悶時代を今漸く終わり躍進へと！　歩を移さんとしつつあるのである。[38]

あるいは次のような署名入りの文章もある。

県人に対する特殊的見解を民族問題の紛糾せる今日決して見逃すべきことではない。…沖縄人と云ふ名目の下で拒絶され…（中略）…それで利口な我が県人の一部が変名で会社や工場にはいつてゐるのもある。又皮肉なことには、朝鮮の人で沖縄人だと云つて入社してゐると云ふ事も聞いた。人間はパンの為には如何なる手段をも辞せないものだ。[39]

こうした文章の前提として、名乗ることの怖れと、装うということ、さらには「朝鮮人」との交錯の可能性があることがわかる。県人会自体は「同胞」として沖縄人を名乗り、差別と闘うということを基本軸としているが、前提としてあるこうした怖れをどう考えればいいのか。『同胞』九号には「沖縄青年同盟　四月十四日那覇市公会堂で盛大に発会」という文章があり、「この団体こそ現在のあらゆる団体より意義深いものである」とある。この沖縄青年同盟は一九二六年、関西沖縄県人会結成にかかわった松本三益らが沖縄において結成したものであるが、その最初の活動が広津和郎「さまよへる琉球人」『中央公論』（一九二六年三月号）に対する抗議活動であった。ここでは詳しく述べないが、[40]この抗議の背景には関東大震災の記憶がある。広津がこの小説の中で、これまでの琉球への処遇からすれば、琉球人が武力で立ち上がってもおかしくないという趣旨を書いたことが、もっとも糾弾された点だった。そこには、もし暴動を起こすとみなされた際にどのようなことが待ち受けているのか、という怖れがあるのだ。「大震災の時、標準語がしゃべれなかったばかりに、多くの朝鮮人が殺された。君たちも間違われて殺されないように」。先に引用したこの発言を再度考えよう。そこで示されている関東大震災の経験とは、言葉が言葉としてみなされないという経験であり、話しているのに話しているとはみなされず、言葉が殺してもいいかどうかを判断する身振りとして登場するという経験であった。また震災時、自警団に尋問された経験を記すものは多い。殺されそうになったのだ。

こうした尋問の記憶とは、自らの言葉が、言葉の世界からあらかじめ排除されているのではないかという怖れであり、その排除の淵に問答無用の暴力が待機していることへの感知でもあった。『同胞』において登場する名乗ることへの怖れも、誤解を恐れずにいえば、たんなる差別ということではなく、言葉が無効になっていくこのような関東大震災の記憶があるのではないだろうか。この記憶において感知される暴力は、単なる法や制度で定義される戒厳令に還元されない。またそうである以上、尋問の記憶は広がり、継続する。「間違われて殺されないように」。そしてだからこそ、この広がる尋問の記憶において、『同胞』が自分たちや自分たちの歴史を語る言葉の在処として登場したことの意味を、考えなければならないのである。

『同胞』は、「同胞」を宣言した。だがそれは、たんなる出自が同じであるということではなく、また文化的同一性を意味しているのでもない。宣言においてなさんとしたのは、大阪における複数の具体的場での日常的活動から「地境」をこえた「同胞」を構成し、そこに救済されるべき沖縄とは異なる新たな歴史を生み出すことだった。それは「蘇鉄地獄」において流民にならざるを得ない人々が作り上げた、新たな集合体といえるかもしれない。またその歴史を担う言葉の在処は、「地境」にかこまれた問答無用の権力としての戒厳状態と尋問を流民たちが感知しそれに抗いながら、確保されたのではないだろうか。さらにそれは、具体的な日常こそが、戒厳状態における政治空間として登場したことを、意味しているのではないだろうか。宣言が生み出したのは、この政治空間ではないだろうか。

（註1）『同胞』五号に、「会員一千名以上」とある。

（註2）こうした歴史的背景については、冨山一郎『近代日本社会と「沖縄人」』（日本経済評論社、一九九〇年）の第二章、ならびに同『流着の思想』（インパクト出版会、二〇一三年）の第三章を参照。

（註3）詳しくは安仁屋政昭『沖縄の無産運動』（ひるぎ社、一九八三年）を参照。

（註4）冨山『近代日本社会と「沖縄人」』（前掲）、ならびに安仁屋『沖縄の無産運動』（前掲）など。

（註5）神島二郎『政治をみる眼』ＮＨＫブックス、一九七五年。

（註6）ルイ・アルチュセール「マキャベリと私たち」『歴史・政治著作集Ⅱ』市田良彦／福井和美／宇城輝人／前川真行／水嶋憲一／安川慶治訳、藤原書店、一九九九年、六七六頁。

（註7）フランツ・ファノン「民族文化について」『地に呪われたる者』鈴木道彦／浦野衣子訳、みすず書房、一三三頁。フランス語の原著ではL'ensemble des effortsとなっており、くどく訳しなおせば、「複数の努力の調和あるいは合力」ということ。この民族文化については、冨山『流着の思想』（前掲）二一八―二二〇頁を参照。

（註8）沖縄県労働組合協議会『日本軍を告発する』一九七二年、六九頁。
（註9）「『同胞』刊行に当たり」『同胞』創刊号。
（註10）『同胞』九号。
（註11）「臨時大会と今後の方針—会員一同の奮起を促す—」『同胞』五号。
（註12）「人間的人間にかへし度い」『同胞』二号。
（註13）伊波普猷「寂泡君の為に」『沖縄教育』一三七号、一九二四年。
（註14）『同胞』九号。
（註15）「京阪神における県人の発展」『同胞』創刊号。
（註16）「小島に生まれて大国におはる」『同胞』二号。
（註17）註8参照。
（註18）どちらも『同胞』二号。
（註19）鶴見和子『生活記録運動の中で』未来社、一九六三年、五四頁。
（註20）「三稜鏡」『同胞』六号。
（註21）同。
（註22）同。
（註23）「三稜鏡」『同胞』七号。
（註24）同。

（註25）「三稜鏡」『同胞』八号。

（註26）同。

（註27）「三稜鏡」『同胞』九号
（註28）同。

（註29）同。

（註30）ロバート・ポール・ウルフ『アイロニーの効用』竹田茂夫訳、法政大学出版局、一九八九年。同書では、『資本論』の文体をアイロニーにおいて読み解こうとしている。すなわち、商品語の世界を人間の言葉が表現しようとする文体として、『資本論』を読むのだ。またウルフの議論をふまえながら、革命後のキューバにおける小咄《クエント》を分析した田沼幸子『革命キューバの民族誌』（人文書院、二〇一四年）の第四章もぜひ参照されたい。同書で田沼は、革命を受け入れながら批判するという、いいかえれば現実に生きながら現実を批判する言語行為としてアイロニーを考察している。

（註31）渡嘉敷周子「女の立場から」『同胞』七号。渡嘉敷周子は、戦後、比嘉正子として関西主婦連合会の会長になる。

（註32）『同胞』八号。

（註33）「吉見紡績の女工よりの投書」『同胞』五号。

（註34）「不当解雇に対する交渉」『同胞』七号。

（註35）『沖縄タイムス』については『同胞』七号、『大阪毎日』については『同胞』八号。

（註36）同書は、大宜見朝徳の海外研究所により編纂された。大宜見は、蘇鉄地獄の中で沖縄の未来を移民に求めた。

（註37）「歌島村在住の県人より　入会申込」『同胞』五号。

（註38）「いざ叩かん扉を」『同胞』五号。

（註39）新里長一「我が同胞の立場」『同胞』九号。

（註40）詳しくは冨山一郎『流着の思想』（前掲）の第一章を参照。

熊野新宮——「大逆事件」——春夫から健次へ

辻本雄一

はじめに——熊野という「場所」

熊野という所、その中心と言っていい新宮は、もちろん関西圏ではありますが、どちらかというと、江戸や東京にばかりに目を向けてきた歴史があります。海上交通で結ばれ運ばれてきた炭や木材を通じて江戸文化が直接移入され、江戸風生活が町の人の誇りのような土壌を形成してきました。その割には、これまでも、そして今でも陸の孤島と言われた所で、利便的な政治政策からは取り残されています。人口も三万人を割る寸前で、紀伊半島の東端部、三重県の尾鷲から半島の先端、和歌山県の串本まで、人口が十万に満たないという現状です。東京からの時間距離が一番遠い所で、みなさんは一様に「遠いですね」とおっしゃいます。けれどもそれは時間的な尺度だけで測られている、東京中心の考え方だと思うんです。何のことはない、二、三泊する覚悟でいらしていただければいいだけなのですが。

作家中上健次が故郷新宮で開講した「熊野大学」というものがあります。私も当初から係わったのですが、そんな場で中上がわれわれを鼓舞するのによく使った比喩は、一周遅れのトップランナーの気概ということでした。価値観の転換を迫る、東京中心の価値観だけではダメだという意味だったと思います。

「熊野新宮」と言う場所は、紀伊半島東端部、東西南北の牟婁郡という地名なのですが、もともとは同じ文化、経済圏でした、それが、明治以降、ほぼ熊野川に沿う形で県境が引かれました。それは薩長の藩閥政府の意向によって地図上に引かれたと言う印象が強いのですが、いまでは、東西牟婁郡が和歌山県、南北牟婁郡が三重県になっています。いまだにその為の不便をいろいろと蒙っている、この区域が、大まかに熊野と言う領域と考えて良いかと思います。

熊野地域が、「関西」であるのか、ないのか、古くは日本書紀の時代から登場しながら、地域としてははっきりとしない部分がある。特に「三重県」というのが、現在では、近畿地方であるのか中部地方であるのか、行政的な面、経済面、文化面などで、近畿圏に位置づけられたり、中部東海圏に位置づけられたりしている。熊野はよく、いまだに「陸の孤島」と言われるように、交通（陸路）の困難さを抱えたままです。逆に海上交通としての「海の道」や「川の道」など水運では、経済圏、文化圏として近畿のほかに、三河地方との結びつきなども強い。黒潮の反流というのが、伊勢の海岸から熊野の海岸にかけて、沿岸部を洗って南下してきていて、漂流物などもそちらからのものも多いし、人や物の交流も古くからありました。熊野の「海賊」が志摩の海に侵攻していったり、三河の瓦が熊野でよく使われていたり、とか。

熊野新宮という地域が、近畿一の熊野川を利用して、山の「富」を収奪して、木材の集散地として活況を呈していた。そんなこともあって、江戸（東京）との繋がり、近さが、開明的な精神や、そして「反骨」の精神を培ってきたのだと思います。と同時に、キリスト教の文化なども、抵抗なく受け入れている。大石誠之助の一族の人たちによって、近畿でも早く自力で教会堂が建てられたりしています（一八八四年）。進取の気性というか、先進的なものに憧れる気風というか、そんな風土も形成されてきたように思います。

熊野・新宮を直撃した「大逆事件」

さて、その熊野新宮の地域を痛撃した「大逆事件」は、木材の集積基地として経済的発展を遂げつつあった新宮の地位を凋落させたとよく言われますが、果たしてそうでしょうか。少し違うのではないか。春夫の言う「うべさかしかる商人《あきうど》の町」（十八歳の折の詩「愚者の死」）は、もっとしたたかであったように思います。いわゆる進歩的な、あるいは反骨的な気風は一掃されかかったかもしれない、明治の開明的な文化土壌というようなものは壊滅的な打撃を受けたかもしれない。しかし、木材に携わった実業家や「紳士連」と言われる人たちは、これは「大逆事件」の影響だけではありませんが、奥羽本線が開通して東北地方の木材が東京に運ばれてくるようになったことも原因のひとつとして、木材の販路を東京から、大阪や、植民地となった台湾に移してゆく。大正・昭和初期にかけて、熊野の勝浦港が台湾に対する木材の最大の移出港になりました。わが国から台湾へ移出する額の約半分を占めていたと言います。台湾では、植民地政策として、日本本土の材（「内地材」）を使用する方針を取ったことに因ります。さらに、熊野の木材は販路を台湾からさらに朝鮮半島、中国東北部（旧満州）にまで広げてゆく。いわゆる、わが国の植民地政策と呼応する形で、発展して行く。大正時代に流行した中国と朝鮮国境の大河・鴨緑江の筏師の歌「鴨緑江節」は熊野から行った筏師達が伝えたといわれています。

また、文化的土壌ということでも、東京に「文化学院」を創設する（一九二一年四月）西村伊作や新宮教会牧師でのちに作家として活躍する沖野岩三郎、さらには佐藤春夫の例などでも分かるように、熊野、新宮という場所を脱出する形、脱出せざるを得ない形で違った展開を見せていった。むしろ東京へ出て、モダニズムに出合う、あるいは、それより以前から、新宮の西村伊作邸を中心とする場、「西村サロン」と言ってもいい場で語り合われ、さらに個々の活躍の場を広げて行く、時代的制約も当然受ける訳ですが、熊野新宮という場所から離れることによっても、逆に幅と広がりを持ち得たのも事実かと思います。

木材の集積基地としての新宮が衰退してゆくのは、むしろ戦後の高度経済成長期です。交通が多少便利になれば、陸路が開ければ、木材は直接大都会へ運ばれてゆきます。筏を組んで川を下って、集積する手間が必要ではなくなります。それに外国からの輸入材が追い打ちをかけます。

「中上文学」で展開されるいわゆる「路地解体」「路地消滅」の時期は、まさにそれと重なる時期でもあるのです。それらのことを、熊野新宮と資本主義の到来との係わりというような関連で、今回の発表で位置づけられればと目論んだのですが、「資本主義」の定義からして曖昧なままでは、やや心許ない気がしています。

また、幕末期から明治の世にかけても、当時の資本主義が熊野の地を侵食する、そのことを、佐藤春夫が曽祖父椿山《ちんざん》の作である「木挽長歌《こびきちようか》」という長い詩を父豊太郎とともに読み解いてゆく『熊野路』という作品（一九三六年四月、小山書店刊「新風土記叢書2」として。太宰治の「津軽」もこのシリーズ）で述べていますが、一面では、「資本主義と熊野」の問題の先駆けではなかったかとさえ思えてきます。

「談論風発する町」から「恐懼《きようく》せる町」へ

大枠の話はこれくらいにして、やや個別な動きを佐藤春夫にできるだけ即する形で進めてゆけたら、と思います。

新宮という町が「大逆事件」のターゲットとなったがために、談論風発、自由闊達な町の雰囲気が、たちどころに凍りつくように「恐懼せる町」へと変貌した、そこに封じ込められたものが非戦（平和）や平等や人権の思想であった、そんな見取り図が描けるように思うのです。

明治40年前後の新宮・本町通り（現・速玉大社鳥居より城山方面〔佐藤春夫の熊野病院〕を望む。当時のメイン通り。洒落た看板、鉄筋風の銀行、電柱などが見える。一本、熊野川側の通りに大石誠之助の医院、その前が太平洋食堂であった。）

佐藤春夫の詩「愚者の死」にある「恐懼せる町」となった新宮の町の様子と対比して、「大逆事件前夜」と言ってもいい時期、具体的には日露戦争開戦の頃から、新宮の町は戦争に反対する意見などを含めて、言論華やかな、自由に意見が述べられるような雰囲気が満ち溢れていたように思います。新宮キリスト教会での「ダーウィン生誕百年」の講演会[1]なども、当時のダーウィン評価の標準からすれば、大石誠之助が自負するように、時代を先駆ける内容を含んでいたと評価できます。

明星派の歌人として出発する和貝夕潮《わがいゆうしお》が「新宮はソシアリズムと耶蘇教と新思想との牢獄《ひとや》なるかも」と詠んだその和歌は、明星調に傾倒した夕潮にとっては珍しく、世相をやや皮肉めいて切り取ったものですが、談論風発する町の様相を象徴的に語っています。「ソシアリズム」は言うまでもなく大石誠之助に代表される社会主義思想、「耶蘇教」は沖野岩三郎のキリスト教、どちらかというといわゆる新神学の影響も受けている、「新思想」とは和貝の後輩にあたる佐藤春夫らが興味を示している自然主義の文学思想、そんな図式が成り立ちます。

今回の、この研究会のテーマが、「〈異〉なる関西」、「1920年代、30年代」さらには「モダン文化」というようなことが、キイワードのように承っていますので、熊野新宮と「大逆事件」は素通りして、「大逆事件後」にスポット、焦点を当てる形で話を進めさせていただきます。

大石誠之助、高木顕明が「大逆事件」という網に絡《から》めとられて、四人の若者たちと共に犠牲となり、逮捕を免れた牧師の沖野岩三郎も、ほとんど軟禁状態での生活を余儀なくされました。高木顕明が逮捕拘禁されたとき、東本願寺がその行状《ぎょうじょう》を調査する調査員を派遣しますが、そのとき沖野は友人として、いかに門徒の人たちに顕明が尽くしていたかを報告します。その業績の一端がそのとき派遣された調査員の復命書の写しとして残されています（南林寺住職藤林深諦の報告、宗門の本山に提出されたが、本山には残されていない）。顕明や崎久保誓一の弁護人を与謝野寛（鉄幹）を介して平出修《ひらいでしゅう》に依頼したのも、沖野でした。顕明の家族が浄泉寺を脱出するのを支援し、一九一六（大正五）年、大石の遺家族の新宮脱出にも力を尽くし、私設の伝道師養成塾でもある芝の聖書学館入寮の手筈を整えたのも沖野でした。そうして、沖野自身も「不穏なる宗教家」（一九一〇年六月九日付「東京新聞」）のレッテルを貼られ、「問罪使」を大阪から派遣され実状調査されて、牧師資格を剝奪されかねない状況を切り抜けていました。そんなこともあってか沖野も、自身の宗旨《しゅうし》をユニテリアンに改宗《かいしゅう》して、「牢獄のようだった」という新宮からの脱出を図るのです。

沖野は、公然と事件について語ることが不可能ななか、「宿命」をはじめ問題作を多く残し、遺家族支援に真剣に取り組んでいきます。また、一九一九（大正八）年七月刊行した『生を賭《と》して』という本の巻頭言では、「千九百十年から十七年までは私の一身にとりての恐怖時代でありました」と述べています。沖野は、大正デモクラシーで著名な吉野作造らの会、黎明会では、一九一九（大正八）年四月から三回にわたって「大逆事件」について語っています。また、神崎清や中野重治らの聞き取りにも応じています。それらはいわゆる、「秘密伝道」と呼ばれたものです。

さて、「大逆事件後」、「恐懼せる町」に変貌し、口を噤まざるをない状況に追い込まれた新宮を巡るひとびとのその後の動向は、どのようなものであったのでしょうか。もちろん、「大逆事件」そのものについての噂や、批判は御法度《ごはっと》だったでしょうが、逮捕や処刑は免れたものの、さらに一般市民からは白い眼に晒され続けながらも、新宮の町で生きざるを得なかった人々、沖野岩三郎や西村伊作はその典型でしょう、あるいは、上京して、銘々の活動に活路を見出そうとした人々、若い佐藤春夫や奥栄一、和貝夕潮など、やはりそれぞれに、後遺症のような傷跡を刻みこまれたことは間違いありません。いま細かく個々の詮索をする余裕はありませんが、取りあえずは、新宮の町の中ではどうであったかから考えてみたいと思います。

それを「西村サロン」という場（西村伊作邸に集まった人々）を設定することによって、すこし辿ってみることができるのではないかと思います。

ただ、完全に閉塞した文化状況を強いられていたのかとなると、かすかな曙光みたいなものも感じ取れたようです。評論家の加藤一夫がしばらく滞在した新宮の町の様子を伝える文章を残していますが[2]、そこには、自由なカフェの存在が語られていることは注目されます。

「西村サロン」からの発信

「西村サロン」から、「大逆事件後」の新しい文化発信が成されたことは注目に値します。多くの芸術家、富本憲吉やバーナード・リーチや石井柏亭なども訪れてくる。柏亭は、西欧留学から帰った直後で、向こうの最新の絵画事情を伝えてくれたはずです。幾つかの項目を設定して、簡単な説明を付してみます。

一つめは、西村伊作と加藤一夫との『科学と思想』という雑誌の発刊、東京では、伊作の弟大石七分《しちぶん》が中心となって、これは新宮出身者の集いと言ってもいい、奥栄一、永田衡吉らが係わった『民衆の芸術』が刊行される。永田はまた、一号だけで終わりますが、個人で『稿本』を出しています。大まかに言えば、いずれも民衆や庶民と芸術との関係を強く意識した雑誌です。

二つめは、与謝野晶子の来訪です。まだ伊作邸ができる前、設計の段階の一九一五（大正四）

年三月のこと。夫与謝野寛の衆議院議員立候補に伴って、その援助を西村伊作などに依頼するのが目的で、しかも駆け足の滞在でしたが、「大逆事件」関係者、犠牲者遺族との懇談は、晶子に大きな衝撃を与えていた。与謝野寛の詩「誠之助の死」が成立するのには、晶子が深く係わっている、と思います。もともと、『三田文学』に発表された時は「春日雑詠」というタイトルでしたが、それを二つに分割して、後半部に「誠之助の死」というタイトルを与えたのも、晶子ではないかと私は推測したことがあります（拙稿・「与謝野寛の詩「誠之助の死」成立にみる、晶子の「大逆事件」」・『熊野誌』五八号・二〇一一年十二月）。

三つめは、佐藤春夫の作品や、沖野岩三郎の作品の成立に大きな寄与をしている。「西村サロン」での会話、懇談が、それぞれの作品のヒントを提供していることです（一九一九〔大正八〕年一月『雄弁』誌上で江口渙「最近文壇に於ける新人四氏」を発表、そこに春夫と沖野が言及されている）。

四つめ、五つめとして、これらも春夫との係わりが指摘できるのですが、童話「ピノッキオ」がわが国で受容されて、その伝播《でんぱ》の中心の場となる。もうひとつは、武者小路実篤が宮崎県の日向に創設した「新しき村」、その運動への、賛同、共感の動きがある、これ等のことが、「西村サロン」という場で、醸成され、育まれていった、そんなことが言えるのではないかと思います。

さらには、東京御茶の水に西村伊作が開校する「文化学院」も当然関係してきますが、今日はここまでは触れる余裕はありません。

童話「ピノッキオ」の受容

童話「ピノッキオ」のわが国での受容、受け入れについては、二〇〇四年に『ピノッキオ――その誕生から現代まで』という展覧会が、イタリア大使館などの後援で全国六ケ所の美術館などで開かれました。その際、共通の立派なカタログが作られています。開催されたその一つが和歌山県立近代美術館でした。「日本におけるピノッキオの初期受容（一九二〇―二五）」というコーナーも設置されていました（カタログ「「ピノチオ」の時代――和歌山と戦前の日本におけるピノッキオの冒険」・宮本久宣）。アメリカで出版された英訳本の翻訳を通して、日本では佐藤春夫と西村アヤという新宮に育ったふたりの人物によって最初に手掛けられた、と明確に位置付けてくれています。

佐藤春夫記念館にも調査に来ていました。私たちは、春夫が『赤い鳥』に断続的に翻訳していて、それが『ピノチオ』と言う本になった（一九二五年一月改造社刊・わが国で初めての完訳本）、その話を西村伊作が耳にして、まだ小学生の娘アヤに語り聞かせた、アヤがそれを沖野岩三郎の紹介などで、一冊の絵本にしたら、小学生の本と言うことで非常に話題になった、西村伊作の住居に関する本も、当時ベストセラーになっていた時期で、話題に輪をかけた（「ピノチヨ」西村アヤ著・一九二〇年キンノツノ社刊／「楽しき住家」西村伊作著・一九一九年警醒社刊）、そのようなことは把握できていましたが、わが国への受容における位置づけなどは、あまり知識がなかった。誰もが知っている「ピノッキオ」と言う作品の、わが国への受容が、熊野新宮の地から始まった、今まで述べてきた「西村サロン」で育まれてきた、とも言えるのではないか、ということで、やはり驚いたものです。と同時に、わが国の幼稚園教育の祖、「日本のフレーベル」と言われる東《ひがし》基吉《もときち》が、新宮出身で、その奥さんが同郷の東くめ、滝廉太郎とのコンビで、「鳩ぽっぽ」や、「お正月」などの童謡の作詞者であった（一八九九（明治三十二）年）ということも考えあわせて、何か子どもたちへの対応というような共通点を感じたりもします。

一九一八（大正七）年の初めころ、同じ文学仲間であった下村悦夫が、新宮に帰省中の春夫に「面白い本がある」と、英訳本を紹介したのが始まりです。下村から春夫へ、春夫から伊作へ、伊作から娘アヤへ、こういった童話の展開は、おそらく周りの人々を包み込む形で拡がったはずで、まさに、「西村サロン」で培われたと言っても言い過ぎではないでしょう。

もうひとつ、証言で気になることは[3]下村悦夫にこのピノッキオの英訳本を教えたのは、富ノ《とみの》澤《さわ》麟太《りんた》郎《ろう》だということを推測させることです。それは、下村悦夫の息子さんの麟太郎の証言です。母親から聞いた話として、お前の名前は父の世話になった人から「富澤麟太郎」から貰ったのだと話したと言うのです。富澤麟太郎については、若い才能を惜しまれながらも、熊野の地で不慮の死を遂げる、春夫もいろいろと係わりを持たざるを得なくなるのですが、そのことはあとでもう一度触れることにします。取りあえずは、「ピノッキオ」の部分だけで留めておきます。

「新しき村」への賛同

「新しき村」は、直接「西村サロン」がイニシアチブを取ったということではありませんが、武者小路実篤から西村伊作宛の手紙のように、[4] 伊作の方から「新しき村」にコンタクトしようとした形跡があります。やがて文化学院開校に結び付く前、伊作らは芸術村のような構想を持っていたことも確認できています（一九二〇年五月二日付「読売新聞」の「富の私有に慊《あきた》らない百万長者の新計画」の記事）。

そうして、伊作との関わりは明確には確認できないものの、熊野の木ノ本という所、現在の三重県熊野市ですが、そこの牧師の宇都宮米一《よねいち》と言う人が、隣村の市木というところに、熊野の「新しき村」と言われる「黎明ケ丘」というものを作るのです。官憲の側からはたちまちにマークされています。[5]

佐藤春夫も、日向に「新しき村」が計画されていることを知った時、「私のいふやうな種類のコンミユニズムも、いままでいくらもあつて、いくらも無駄で終つたかもしれない。けれどもいいことは幾度企てられて、幾度失敗しても決して所謂無益といふものではない。寧ろ、幾度も幾度も懲りずに企てらるべきものである。さうしてこんな計画は、武者小路氏のやうな真剣な理想家であり空想家である人人が集つて行はれるのに、最も望ましい計画である。（略）私は「新しき村」の計画が、出来るだけ大きく、どこまでもどこまでも波及するといいと思つて居る」（『中央公論』一九一八〔大正七〕年七月・「白樺派の人々」小特集「彼等に感謝する」・この号に春夫は小説「李太白」も発表している）と書いています。「新しき村」については、白樺派の人々を除いて、多くの文学者が懐疑的、批判的、冷笑的であったのに対して、春夫のは珍しく好意的なオマージュになっているのが特長的です。ここにはこの頃、「西村サロン」で連日話し合っていたと想像される、町や住まいについての理想像や感想なども当然反映されているものと思われます。それは、春夫の「美しい町」という作品にも通じるものもあったはずです。

なお、佐藤春夫が中心となって「新しき村」創設十年にあたる、一九二九（昭和四）年九月に『十年』という本が編纂され、改造社から刊行されています。大正時代の小説家、詩人、画家をほぼ網羅する八六〇頁にもわたる豪華本で、その時の印税千円も「新しき村」に送られたといいます。

熊野川沿岸地域は「危険思想」の地

ちょうど、「西村サロン」での動向が、いまあげたような状況であった頃、しかし、熊野新宮の地は、官憲側の『特別要視察人状勢一班』では、毎年のように、例えば一九一六（大正五）年の項には、「殊ニ両県下熊野川沿岸ハ夙《つと》ニ一種ノ思想ノ浸潤セル土地ナルヲ以テ此ノ方面ハ将来頗ル注意警戒ヲ要スルモノト認メラル」とあるような、場所として、地域として「危険思想」のレッテルがまかり通っていくのです。新宮出身というだけで、一九二三（大正十二）年までは、近衛兵への採用からは除外されました。結婚や就職の問題で、さまざまな支障が生じたり、軍隊生活で苦難を強いられたことはよく聴くところです。徳富蘆花が『みみずのたはごと』の「暁斎《ぎょうさい》画譜」のなかで、これもまた熊野出身の医師伊達李俊《だてりしゅん》との係わりを述べている個所ですが、「紀州は蜜柑と謀叛人の本場である」と書いていることも、思い合わせられます。

佐藤春夫の「砧《きぬた》」の問題

佐藤春夫は事あるごとに熊野に帰省しています。例の谷崎夫人千代への傷心を抱いて、帰省した折、中学時代の友人に誘われて、台湾行きを行うのは、一九二〇（大正九）年六月から十月の事です。台湾は木材で新宮と深い関係を築いています。春夫の台湾関連の作品は、原住民と言われる人々への思いが届いているとして、最近評価が高まっています。その後、長期に帰省するのは、関東大震災で被災した直後。それから、一九二四（大正十三）年十一月から、一年間ほどの予定での帰省、とつづきます。短編「砧」という作品の舞台も、「懸泉堂《けんせんどう》」と言われた春夫の父祖の地、下里《しもさと》の実家です。新婚の小田中タミを伴なってのものです。

一九二五（大正十四）年に書かれた「砧（田舎のたより）」という短編は重要な意味を持っている作品です。「砧」はそれ自体、短編小説として味わい深い作品と言えるのですが、さらに注目されるのは、ここに窺える、幕末に起こった世直しのための蜂起、天災や飢饉で困窮する庶民を見るに見かねて起こした大坂奉行与力大塩平八郎の乱、その事件の熊野地方へ与えた衝撃というようなものです。「大逆事件」については、一言も触れられていないのですが、執筆の時期が、大逆事件後十五年ということを考えれば、「大逆事件後」の熊野を重ね合わせることもあながち強引とは言えません。そこで、先祖の遺言、春夫の曽祖父椿山の教えとして語られるのは、「口を緘して言う無かれ天下のこと」、ただ古人の書に親しむような生活を望む、というような一種のキイワードです。

政治活動や新思想に影響されない平凡な田舎の生活をせよ、という一家の家訓は春夫の心境に影響を与えているものの、決してそれに飽き足らない、そんな心境が語られています。あまりこれまで注目されていない作品で、代表作というほどのものではありませんが、春夫文学を、特に「大逆事件」との関わりを探る意味では非常に重要な作品かと思います（拙稿「佐藤春夫における短編「砧」の問題」・「日本文学」二〇〇四年九月参照）。

「砧」に描かれている「大塩平八郎の事件」の影響、具体的には熊野出身の湯川麑洞《げいどう》をめぐっての事柄に少し触れておきます。春夫の曽祖父椿山と湯川麑洞とは、在所の下里で幼くして机を並べた間柄であり、同時に親族関係でもあった。湯川麑洞は伊勢に遊学中大塩平八郎に見込まれて大坂の洗心洞で学び、まもなく塾頭に抜擢されます。大塩は「洗心洞劄記《せんしんどうさつき》」上下二巻を上梓するに当たり、入門一年足らずの麑洞にその跋文を書かせているほどです。しかし、大塩らの挙兵を察知した麑洞兄弟、弟周平も学んでいました。父親の病気にかこつけて前日かに塾から脱走する。彦根藩の宇都木共甫も脱出しますが、仲間に斬り殺されています。麑洞兄弟は堺の宿で火の手の上がる大坂を眺めています。その後大塩の乱の残党狩りは厳しかった、麑洞兄弟も在所の下里で逮捕され和歌山へ送られてゆきます。春夫の曽祖父椿山らはこのとき権力の側から相当に絞られた。それが随分と骨身に応えた。春夫が父などから聴き出したことです。麑洞兄弟は無罪放免になります。新宮領主で丹鶴叢書の編さんなどでも著名な水野忠央《ただなか》はその後、藩の督学として麑洞を抜擢しています。麑洞のために弁明すれば、麑洞は儒学者として学問を究め、陽明学にはなじめないところがあったのではないかと想像されます。

ところで、「大逆事件」は「大塩平八郎の事件」から六十三年後に起こります。六〇年周期説といいますが、はっきり言えることは、共同幻想のように記憶が堆積している時間の幅であると言うこと、学問の地といえる下里周辺から、「大逆事件」の折に、直接、間接の犠牲者が出なかったのは、大塩事件の後遺症と言えるものがまだ残存していたからだと言えます。学問的にも高い人々が居たにもかかわらず、いわゆる「危険思想」には近づかない、大塩事件の二の舞は踏みたくないという思惑がどこかで底流していた、そんな雰囲気を「砧」という作品は捉えている。春夫自身にも今につながる意識として潜在している、そういえるのではないかと思います。

富ノ澤麟太郎の悲劇と中井繁一のこと

この時期、春夫が熊野滞在中で、将来を嘱望され、春夫も目を掛けていた富ノ澤麟太郎が、僅か二十五歳の若さで、熊野の地で不慮の死を遂げるのです。

一九二一年五月、ドイツの表現主義を体現した映画「カリガリ博士」がわが国で初公開され、谷崎潤一郎や佐藤春夫らもそれに魅せられますが、富ノ澤麟太郎はまさに取り憑《つ》かれた状態で、その容貌が登場人物にも擬せられたほどだったと言います。

富ノ澤は、早稲田の同級生に横光利一や中山義秀らが居り、同人雑誌『街』や『塔』と係わり、幻想的な作品を発表していました。春夫の推薦で『改造』（大正十三年十月号）に発表した「流星」が評判となり、新進作家として注目され始めていました。次の作を期待され、書き悩んでいた富ノ澤をみて、ちょうど帰省する予定のあった春夫は、熊野での創作活動を勧めます。中井繁一やおそらく下村悦夫とも交流があったと思われる富ノ澤は、熊野への誘いに乗ります。しかし到着直後に、ワイル病と言う感染症を発症、病に臥す身となってしまいます。

二月に入って母親がひとり息子のために看病にやってくる、その二週間後に急逝するのです。息子の遺骨を東京へもち帰った母親は、春夫の家族たちの対応の至らなさを批判して、旧友たちに吹聴するのです。医師である春夫の父親なども懸命な手立てを尽くしたのは事実ですが、母親の言を真《ま》に受けた横光利一が春夫を批判する文などを書き、以後、春夫と横光の間に確執が生じます。春夫も東京の文学界であらぬ噂を立てられ、東京へは帰りづらい状況が生まれたようです。芥川龍之介からの春夫を慰める書簡が残っています。

富ノ澤を春夫に紹介したのは、熊野出身の詩人中井繁一（さめらう〈醒郎〉とも号す）で、一九一九年（大正八）年二月とのことです。中井は春夫の弟秋雄らの文学仲間でした。中井は熊野在住時からローマ字運動に参加、社会運動にも興味を持ったと言います。一九一六（大正五）年熊野でローマ字の口語詩集『KUMANO―KAIDOO』を上梓します。それが仙台の中学で学んでいた富ノ澤の目に留まり、ふたりの文通が始まりました。翌年上京、仙台から上京した富ノ澤との交流がさらに深まり、横光利一らとの同人誌『塔』に誘われる経緯や富ノ澤が熊野へ旅立つ様子などが、中井の「私の郷国に死んだ富ノ澤麟太郎」（「文芸時代」一九二五年五月）の文章に詳しく述べられています。中井はこの文章を、埋葬前の富ノ澤の遺骨が置かれた机上で書いていたといいます。

中井は上京して印刷業なども営みますが、一九二六（大正十五）年『ゼリビンズの函』という詩集を出し、春夫がその序文を書いています。また、中井は一九二八年には富ノ澤の作品集『夢と現実』限定一五〇部の自費出版もしています。

同人誌『塔』が復刻されたとき（昭和四十五年八月）、国文学者で角川書店創始者の角川源義は「中井繁一のこと」という文章を書いていて、それは、自分の娘で中井の孫でもある真理が十八歳で自殺した直後の辛いときであった、と言います。源義と中井の次女照子との間に生まれたのが真理です。角川春樹、歴彦兄弟にとっては、照子は育ての母です。春樹にとっても、その後中上健次との交友などを通して、この熊野への思い入れは特別なものがあったようです。源義や春樹には、そういった人脈的なつながりがあったのです。

「大逆事件」後の文化状況の復活

いわゆる「西村サロン」は、西村伊作の東京での生活が主《しゅ》になるにつれて、熊野の地では終息していったと言えますが、ちょうどそのころから、「西村サロン」に並行するかたちで、新宮に帰還した和貝夕潮などを中心に「たそがれ吟社」という短歌会が生まれ、俳句雑誌も生まれて「大逆事件」後、まったく声も出せない状況から、文化面ではあらためて活動を再開する傾向が出て来ています。先に紹介した、加藤一夫の「新宮だより」（註2参照）に記されている「新宮のカフェ」の状況もそんな一端と理解できます。

新宮での最初の新劇公演として、高尾楓蔭一座が「復活」を上演しているのも、特筆すべきことかもしれません（高尾楓蔭は、大阪で管野須賀子らと大阪平民社の立ち上げメンバー。管野が田辺の「牟婁新報」へ赴任した折、メッセージを送っており、さらにそれに応える須賀子の文章も貴重。この時は和歌山の紀陽新報の記者をしていました）。一九一四（大正三）年三月のことです。まだ、西村伊作邸が出来上がる前、伊作邸の野外劇場で、シェイクスピア劇を演じたとされるのは、それからしばらく後のことでした。

一九二三（大正十二）年になると、下村悦夫なども加わって、「新宮短歌会」が生まれ、歌集が刊行されたり（下村悦夫の『口笛』や和貝夕潮の『澪』など）、『朱光土』という雑誌が刊行されたりします。『朱光土』が貴重なのは、そこに、「大逆事件」前の新宮の文化状況に関する回想が含まれていることです（中野緑葉「熊野歌壇の回顧」・拙稿「佐藤春夫の処女戯曲」・「日本文学」一九八〇年四月参照）。佐藤春夫の新宮中学時代なども関係者が回顧しています。「大逆事件後」の口を噤む風潮から次第に脱却し始めている様子が窺えます。

中上健次の春夫「転向」論

ところで中上健次は、佐藤春夫の文学を、「大逆事件」から「転向」したのだ、新宮出身を身の内に隠すことから出発したのだ、と説きました（「物語の系譜」・『風景の向こうへ』所収）。しかしながら、「転向」のことば、定義そのものは置くとして、春夫は戦前でも「大逆事件」には触れていません。時としてこの問題に向き合わざるを得ない状況に立たされていて、まったく触れていないわけではない。ことに、熊野の地にとって重要と思われるのは、江戸時代末期の大塩平八郎の反抗、いわゆる大塩事件から大逆事件への道筋のようなものを暗示している「砧」という短編が重要だと言うことは、すでに述べました。大塩事件で、もうこりごりな体験をしたのは、春夫の父祖伝来の地、下里《しもさと》という海岸部です。この海岸筋からは、「大逆事件」の犠牲者は出ていない、出していない。むしろ「新思想」は熊野川を遡るかたちで川上にもたらされたのです。

新宮を河口とする熊野川は、途中の宮井というところで北山川と十津川とに分岐します。十津川を遡った請川《うけがわ》、そのすぐの所が「大逆事件」の犠牲者成石勘三郎、平四郎兄弟の在所です。一方、北山川を少し遡った九重《くじゆう》では玉置真吉《しんきち》という青年が訓導をしていました。やがてモダンダンスの草分けになる玉置にとって人生の大きな転機を迎えます。教職を追われた玉置は、神戸の貧民街、賀川豊彦のもとで働いた後、東京に出て文化学院の事務長などを務めます。

社会主義をはじめとする明治末の新思想は下里などの海岸筋ではなく、熊野川を遡る形で伝播《でんぱ》していった趣があります。かつて、私は、古来の神々が川を遡って川上に鎮座していったことに重ね合わせて、熊野川を遡る「新思想」という仮説を立ててみたことがあります（「熊野川を遡る「新思想」」・『大逆事件の真実をあきらかにする会ニュース』第三七号・一九九八年一月）。

ここでの「新思想」は、社会主義思想や自然主義思想などを含む幅広いもので、当時のカッコ付きでの「危険思想」と目されたものです。

春夫は上京し、大杉栄や荒川義英などとも交流しながら、社会主義や民衆派というような人々とは、一定の距離を保ちつつ、しばらく交流を続け、やがて芸術至上主義と言われるものに傾斜していく、そのことを中上の言葉に倣って「転向」と呼べば呼べないことはないでしょう。

新宮での「民衆詩派」風な動向

最後にひとつ、気になっていることを簡潔に述べて終わりにします。

中上健次は晩年近く、新宮でもっとも親しかった、朋輩《ほうばい》とも言われた、俳人の松根久雄に、もし、自分と佐藤春夫とをつなぐ文学的な系譜というものを考えるなら、松根久雄の叔父にも当たる松根有二という詩人を介して、可能であるかもしれない、という謎めいた発言を残しています（「特集中上健次」・『熊野誌』三九号の「聞き書き松根久雄・中上健次との体験」参照）。

おそらく、中上健次は松根久雄を通して、松根有二という詩人を知り、余り多くはない詩集を復刊したいと目論んでいました。松根有二は、野口雨情などの影響からか、新民謡運動風な詩を作り、マンドリンを奏する、モダンな面のある詩人でした。熊野詩人叢書第一編として刊行されたのが、民謡集とも言える『水草渡世』です。童謡集『大きい毬《まり》小さい毬』もあります。熊野詩人連盟に集まった人々（具体的にいま判明しているのは、松根有二と村岡清春ですが）そのメンバーもあまり確認できていませんが、先の「西村サロン」の人々とのつながりはどうだったのか、「西村サロン」の人々は、外から訪れてくる人々と言えるのですが、それらの人々との交流は今の所不明ですし、それらの人々が分散してしまった後から活躍を始めたようにも思われます。モダンな雰囲気への憧れみたいなものも窺え、モダンでありながらも土着的なものにもこだわりつづける、連続、不連続の微妙なつながりというのが、今の私の推測です。また、阪中正夫や胡麻正和が結成した紀伊詩人協会など、和歌山市周辺の人々との交流も窺えるのです。

二〇〇二年に刊行された『紀伊半島近代文学事典』の中で、私は「熊野詩人」の項目を、「創刊・終刊年月未詳。雑誌。熊野詩人連盟刊の詩集が三冊ほど確認できるものの、この雑誌は出ていたかどうか確認できず。出ていたという証言があるのみ」とはなはだ無責任な説明をしておきました。いまでも確認はできていません。ただ、村岡清春（「半虱」とも号す）という、松根有二と共同で活躍していた、どちらかというとアナーキーな詩風であったと言われる人の詩集『屑芋《くずいも》昇天《しょうてん》』が、国会図書館に入っていることが最近確認されたようです。まだ閲覧する機会に恵まれていないのですが。他に、『風化する石』という詩集もあるようです（日本近代史研究者・廣畑研二氏示教）。

村岡清春は、大正初期に九州から移動してきた露天商の子として生まれ、太平洋戦争の末期、新宮市内の木賃宿で貧窮のうちに結核で亡くなったと言われていますが、松根有二もまた、旅先の大阪で二十七歳の若さで亡くなっています。民衆詩派風な作風のふたりが、若くして不遇な中でその生涯を終えています。彼らの詩作品の評価、中上健次の評価などを通して、今回中心に述べてきましたいわゆる「西村サロン」的なものからの受け継ぎの在り様、あるいは「西村サロン」からはまったく別のところから出てきたものかどうかの判断や、モダニズムはローカリティを消してゆく作用をしなかったのかどうか、など、今後さらに点検研究しなければならない問題が残されていると思います。
タイトルから随分とズレた話になってしまい、しかも尻切れトンボです。作品分析というようなものが皆無で、人物ばかりの推移に終始して、漠然とした話にしかなりませんでした。中上健次のエッセイ「もうひとつの国」から――「熊野はことごとく問いを抱いた者の鏡に映った似姿だった」――せめてこのことばを頼りに、私なりの今後の見通し、勉強の在り方などのヒントにしたいと思っています。今回、発表の機会を与えて頂いたことに感謝して、拙ない発表を終わります。

（註1）「〇ダーキン百年祭　既報の如く十二日六時半より仲の町教会に於て執行す会衆二十余名成江醒庵、松井澄星、玉置某（九重の人）、神門中学校教師、沖野五点、大石禄亭等数氏の講演あり九時過散会せり」（「熊野実業新聞」明治四十二・二・十四付）
大石誠之助の文章から――「△我々が熊野の端の小さい町でダーキンの百年祭を最も質素に厳粛に行うた前日、帝都では憲法発布を記念せんが為め貴族院に朝野の名士雲霞の如く集り、日比谷公園に所謂官民一致の祝賀会を催して、満都を国旗と万歳の声に埋める程の騒ぎをやつた。ダーキンが初めて進化論を公にした時は、之を異論なり邪説なりとして排斥したものが沢山あつたが、其後各方面の科学的実験を経て着々証明せられ、彼れの唱道する学説が厳格に自然界に行はれつゝある事が益々明かになつた。」（『日出新聞』明治四十二年二月二十八日付・全集1　二八二頁）

（註2）「新宮より（二）　加藤生

室井兄。此頃は東京にもカツフエが大分出来ました。そして若い自称文学者が沢山そこに集まつて来ます。その様なカツフエが新宮にも出来て居ます。昌（晶）子夫人の歌や、青年画家の油絵などが壁間にかゝつて居ます。シヨウのマン．アンド．スウパアン《ママ》を初めとして、多くの新刊や雑誌が備へられて居ます。そして新宮の町の新思想家の群がこゝに集つて盛に人生問題を論じや《ママ》つて居ます。フランスのカツフエやロシヤの小説に出て来る居酒屋などを聯想さす様なところです。こゝに集つて来るものはたゞに新思想と云ふばかりでなく彼等は実に新宮町の新生命です。多くの人々は朽ちて行くでせう、滅んで行くでせう、けれど生命は彼等によつて常に新になつて居ます。新宮は決して新しい文明や新しい世界から葬られないでせう。

　牧師の沖野五点君は宗教家には珍しい自由な思想家です。氏のなして居る凡ての事業は直接間接に新宮の町全体をどんなに刺戟し指導し開発して居るかも知れません。今日の宗教家の為すべき事は葬式の節弔ひをしたり、信者を一人でも多くひきよせることではありますまい。氏の如きは最も理想的な宗教家です。」（「紀伊新報」大正四年六月二十一日付二面）

（註3）ピノッキオの話を下村悦夫に教示したのが、富ノ澤麟太郎であったという下村の長男麟太郎の証言がある（「父下村悦夫の生涯」・『熊野の伝承と謎』所収）。麟太郎の命名も、富ノ澤と父との交友から生まれたのだと母は話したというが、富ノ澤の上京時期を勘案すればやや無理がある。しかしそれ以前、中井繁一とはすでに交友があった富ノ澤だから、悦夫との接点も考えられるし、上京後の早

い時期に、ふたりが交流の機会を持ったとも考えられる。ピノッキオ受容に富ノ澤麟太郎が絡んでいる可能性は十分にありうる。下村は「富澤麟太郎」と表記しているが、「富澤」の方が本名であり、「ノ」を入れるのはペンネームである（『濱田隼雄作品集』一九七五年五月所収の「富ノ澤麟太郎伝」参照）。そうして、その富ノ澤が熊野の地で病臥している頃、悦夫も新宮に住んでおり、病床を見舞ったことさえ考えられる。「紀潮雀」のペンネームで大衆作家として名を馳せ始めた悦夫は、新宮で口述筆記などをしながら創作をつづけていた。この年（一九二五年）一月新たに創刊された『キング』に、下村悦夫名でその代表作となる「悲願千人斬」の連載を始めたばかりだった。

富ノ澤が夭折してほぼ一ケ月後の三月十七日、春夫は悦夫に請われて、『殉情詩集』のなかの「同心草」の一群の詩を、大型の色紙十七枚に揮毫し、金縁の立派な折本に仕上げたものを残している（現在は所在不明・個人蔵で佐藤春夫記念館で公開展示したほか、『新編図録　佐藤春夫』に許可を得て掲載してある）。それは、新宮の徐福町で作成されたものである。神経衰弱を患っていた春夫であるが、この時はその憂いからひととき開放されたものであろうか。

（註4）武者小路実篤の西村伊作宛書簡（白樺原稿用紙）

「御手紙うれしく拝見。

妻や高鍋までお見へになつたのは残念に思ひます。しかしいつか君を迎へる時があると思ひます。

おそい程いく分かよくなつてゐると思ひます。

家のことといろいろ御意見をお知らせ下されうれしく思ひます。御本はたのしみです。御設計もたのしみです。今年は水路の方に全力をとられますので、すぐと云ふわけにはゆきませんが、事情がゆるし次第なるべく君の御指定通りにつくりたく思ひます。公開堂《(ママ)》はせまい処で今後成長する余地のない処です。道のつきあたり小さい岡の中腹にお堂のやうな公開堂をたてたく思つてゐるのです。

(川や道の略図が挿入されている)

その内村の地図が出来ますから御送りします。

この十月一ぱい東京に居ます。その時お目にかかればうれしく思ひます。

建築の方も必要にせまられて之からおいおい考へたく思つております。いつか「楽しき住宅(?)《(ママ)》」をいただいたおりは不在で、その上興味も少なかつた時ですが、この頃あらためて拝見しました。

共同の生活に適当な家をつくりたく思ひます。個人主義で他人に気分を乱されたくない人が気持ちよくすめる共同の家をつくりたく思ひます。一室に二人以上一緒にゐることは一人になりたい慾望のつよい人には気の毒に思ひます。一人に百円かかるのは正当と思ひます。その内には君の設計の家をたてて見に来ていただける時がくると思つてゐます。ともかく地図が出来たら、うつしをつくつてお送りします。その上でお暇の時お考へ下さればうれしく思ひます。

御礼まで。

八月六日　　　　武者小路実篤
西村伊作様」

（封筒）（表）　和歌山県新宮町　　西村伊作様

（裏）　日向国児湯郡木城局区内　　第一新しき村（印刷）

武者小路実篤

（消印）　　10・8・8（大正十年八月八日）

（解題・註）水路建設のために測量した図面をもとに描かれ、雑誌「新しき村」に掲載された、大正十年の「新しき村実測略図」がある。道の突き当たりに「公会堂予定地」の表記もある。伊作はこの年九月に「田園小住家」（警醒社）を刊行する。伊作が贈呈したのは、大正八年刊行の「楽しき住家」（警醒社刊）。この書簡は個人蔵。佐藤春夫記念館で借用して公開展示したことがある。

（註5）一九一九（大正八）年十月二十四日付の『伊勢新聞』に、「南紀の新しい村―女子学院出の才媛も来る―」の見出しが出ている。ベタ組の記事ながら、熊野の地でも、「新しき村」の影響で一九一九（大正八）年に「黎明ケ丘」（三重県南牟婁郡神志山村志原・現御浜町）が作られ、共同生活が始まっていた様子が分かる。その中心人物であった牧師宇都宮米一が「不敬の言動」で逮捕拘禁され、一時頓挫しかかっていたが、「和歌山県新宮町玉置酉久氏を指導者に仰ぎ、女子学院出の廿七、八の才媛も同地に居住名古屋、神戸其の他の地より数名の者が移り住共同生活を営むと云ふ」と報じられている。言うまでもなく、玉置酉久は、大石誠之助の兄、西村伊作の叔父に当たる。

『特別要視察人状勢一斑　第九』では、「一般状況」の項目の最後に「宮崎県下ニ於ケル武者小路実篤（無編入者）等ノ『新ラシキ村』及三重県下ニ於ケル黎明ケ丘等ノ『黎明ケ丘』（第四、Dノ（カ）ノ記事参照）等ニシテ注意ヲ要スル現象トス」と指摘されている。さらに、「宇都宮米一等黎明会ヲ組織シ黎明ケ丘ヲ創設ス　附宇都宮米一不敬罪ヲ犯ス」では、宇都宮の詳しい行状が報告され、作成したとされる「労働の歌」が掲載されている。宇都宮は「大正八年九月二日」に「特別要視察人甲号」に編入されている。作家で郷土史家の中田重顕氏に宇都宮の遺族を辿っての研究もある。

一九二〇年代前半の神戸労働運動と賀川豊彦——結節点としての労働学校・関西学院

杣谷英紀

本稿は、近代の港湾都市・神戸に根付いた独自の文化を従来の阪神間モダニズムとは異なる視座から捉え直すことを目的とする神戸近代文化研究会の活動成果の一つである。ここでは神戸の労働運動における賀川豊彦という大きな存在の影響圏の様相とその文化的意義を賀川のテクストや『大阪朝日新聞神戸附録』（以後『神戸附録』）などのメディアを見直すことを通して考察する。

Ⅰ　賀川豊彦『壁の声きく時』の空白

一九二一年夏、神戸は戦前期日本の最大規模で展開された川崎三菱労働大争議によって大きく揺れた。大争議団を指導したのが神戸連合会幹部の久留弘三ら七名であり、賀川豊彦もその名を連ねた。しかし、新開地での死者を出す衝突を機に、久留・賀川を含む争議団幹部は検束され、工場側の切り崩し工作が激化、やがて大争議団の「惨敗宣言」によって四十五日間の闘いの幕が閉じた。

以後労働運動から距離を取るようになった賀川は、『死線を越えて下巻　壁の声きく時』（以後『壁の声きく時』）を一九二四年十二月に改造社から刊行した。『壁の声きく時』は、アメリカ外遊から帰った一九一七年から関東大震災までの神戸の労働運動が最も熱かった六年間を素材にした、賀川の分身である新見栄一を主人公とする三人称小説である。文芸作品として評価されることの少ない賀川の小説であるが、激動の神戸を動かした人物の生の声で綴られた稀有な作品である。またテクストには、新見の弟で、神戸の成金となる吉田益則を通して資本家の発展と没落の物語が挿入される一方、報われない労働者山内勝之助に焦点化して階級格差を描きだすエピソードなども見られる。娼婦として身を落としていった玉枝を巡る物語なども含めると、多面的な展開をもった都市小説として構築されているといえる。本節では、一九二〇年前半／神戸という時空を生きた眼でとらえたテクストの特性を考察したい。

まず現実と物語との距離であるが、登場人物や設定には明らかに現実のモデルがある。島村信之は、大阪毎日新聞記者の村嶋歸之、久能元喜は久留弘三、神戸造船所は川崎造船所といった具合である。だが、そのために物語としての独立性が揺らいでいるといえる。たとえば、神戸連合会を脱退した久能が労働文化協会を設立したことを短く記述した後、「然し久能の妻の上に起つた或る不幸な出来事の為めに、神戸に居れなくなつた」（七十八）という記述があるが、本文だけでは「不幸な出来事」の内容はわからない。[1]このように、テクストには当然あるべき情報の欠如が多々見受けられる。そのこともあって、『死線を越えて』の三部作は文芸作品であるよりも、運動家・賀川豊彦の精神の「記録」といった評価がなされるのであろう。[2] たしかに、労働争議の場面を読んでいても全体像が見えず、参謀として参加した賀川の戦略さえ描かれず、その反面、獄舎にいる間の新見の内面は詳細に描かれている。そのことは、読者は恣意的な物語の欠如部分を自分で埋めつつ、作者の幾分身勝手な思いを追い続けなくてはならないことを意味する。

テクストにあるべき情報が欠如していることの理由は、モデルとなった人物への配慮も考えられるが、それだけではないだろう。たとえば、先の久能の妻のエピソードは、次に続く「それは、新見に取つては実に淋しい出来事であつた。彼は久能の為めに祈つた。そして久能も、今度出てくる時には、必度信仰を持つて出て来ると、彼に誓つた」という一節を書き込むために必要だったと考えられる。久能こと久留弘三こそ、賀川の労働運動撤退後その労働思想を引き継いだ人物である。つまり、『壁の声きく時』の書き手にとって、重要なのは事件・事実の展開ではなくて、その背景に流れる思索や思想・信仰なのであり、それを優先するあまり、物語は空白を作りながらも進んでしまうのである。そうなると、読者は物語の空白を埋めるために物語を遡って読み直し、それでも足りずに労働都市神戸という現実に視点を反転させねばならない。その際、空白を新聞などの情報や自身の労働体験をもとに想像力によって埋めていく、そのような読み方が要請されているのである。

次に、特に賀川の労働思想に繋がる物語の空白に注目したい。ここでは二つのエピソードを採りあげよう。一つは、前半の主軸である、工場を自分達で運営しようとする工場自治の実験に関するエピソードである。

電動機がブーンと唸りを立てる！　ベルトが滑かに廻る。精巧な機械が円滑に運転する。そこから巧妙な生産品が仕上つて出てくる。凡て営利を離れたさうした工場を栄一は夢みてゐた。「機械を使ふ」！「自然を征服する！」人々が機械文明を呪ふのは工場に互助愛が無《（ママ）》いからだ。互助さへあれば機械工場は呪いの的では無くして、恵みのパラダイスである可き筈だ。（中略）……労働と祈祷の一致する善き工場を造りたいと云ふ幻を新見は十数年前から見てゐた。（十四）

ここには新見の理想の工場が熱く語られている。このような工場に対する理想は、賀川イズムの核心であり、当時の神戸の労働運動参加者には了解されたものであったと思われる。というのは、神戸連合会・関西労働同盟会の機関新聞『新神戸』『労働者新聞』に一九一九年ごろ、賀川の労働運動に関する主張が毎号のように掲載されていたからである。[3] たとえば、「工場民主―労働自主権の要求」（一九一九・三・十五）では、「今日の工場経営の「株主専制主義」を排して、被治者即ち労働者の民本主義的立憲統治要求せねばならぬのである」と訴え、「社会連帯責任」（一九一九・七・十五）では、「労働するにも、商売をするにも、起業家となるにも働くことが面白いからと云ふことにならねばならぬ。又更に進んで、私が働かねば生きて居る甲斐が無いからと云ふ、根本の精神が動いて来ねばならぬ」と論じている。ここには労働それ自体を重視する姿勢が顕著である。先に引用した箇所の、機械を導入した工場を創業しようとする新見の興奮は、作者・賀川の「私が生きて居る甲斐」の具体的表現なのである。

ところが、四十一節に「新見が計画した自治工場は、全く一私人の手に渡つて了つた。彼は工場と縁を切つて清々した」とあり、新見はあっさり工場を売り渡している。[4] 読者はここにも突然の切断を感じざるを得ない。たしかに三十九節に「彼の苦しい工場経営」が「彼に暗示した」「魂を基礎とする新経済学の体系」についての言及があるが、その内実が描かれることはないのである。その思索の結果だけが提示され、』読者は放置されてしまっている。様々な事業を実現した賀川だが、こと労働運動に関しては途中で撤退したのであり、その困難さに対する苦悩が空白として表出されているのだろうか。

さて、もう一つの空白は、本節の冒頭に示した川崎三菱労働大争議をモデルとする争議の後、新見が労働運動からあっさり身を引く理由である。七十一節の冒頭に、「新見は釈放されて後、直に新しい運動に着手した。それは農民組合運動であつた」とあり、いかにもそれは唐突である。新見が労働運動の第一線から退く理由を知るためには物語の時間を遡らねばならない。追いつめられた争議団は、七月二十八日と二十九日、神社参拝に名を借りた示威行動を決行するのだが、二十八日の激しい労働者達の様子に新見は「金の問題を離れ、経済的原因を離れ、人間性の暗い方面」を見ている。

新見栄一は刻一刻、最後の断末魔に追ひ詰められ、無抵抗の立場より、積極的抵抗に移らねばならぬ最後の一線に立たしめられてゐることを感じた。大衆は敗けることを欲しない。敗けることを欲しなければ、自ら傷付いても、破壊的行動に出なければならない。最後の断末魔に立つて新見栄一は深く決心する所があつた。（六十七）

新見の「深く決心する所」とは何を意味するのか。彼が遂に無抵抗主義を捨てて積極的抵抗に移ることをさすのか、それとも反対に無抵抗主義を貫くのか。例によってその答えは書かれていない。ここでは、更に遡って五十一節の関東の労働運動闘士の青木繁と新見との対決場面が参考になる。現実において、一九一九年の友愛会八周年大会で、賀川の議会政策や普選運動を支持する考え方は、直接行動による資本主義打倒を叫ぶ麻生久らの関東のグループから集中砲火を受けている。その夜、共益社の二階で就寝の際に賀川は麻生久と議論していることからわかるように、新見と枕を並べて議論する青木のモデルは麻生久である[5]。新見が「資本主義と、資本家を混同したくないのだ。制度と人間を区別する」と訴えると、青木は「労働階級は、君のやうに先が見えないから、先づ打ち壊して行きたいと云ふぜ」と返す。これに対し、新見は「それでも善い……僕は真理と知れば、大衆を敵としてゞも戦はねばならないのだ」と断言するのである。このように新見の反暴力の立場は徹底している。だとすれば、「深く決心する所」とは、「大衆」よりも

「真理」を取る、つまり、自ら信じるところの無抵抗主義に徹するということであろう。「真理と知れば、大衆を敵としてゞも戦はねばならない」という新見の考え方は、賀川のものと考えてよいであろうし、さらにいえば、そのような強い精神力は、空白を残しつつも強引に進める賀川の執筆態度と連繋しているように見える。賀川の活動の目的は「真理」の追究であり、「大衆」そのものが目的ではない。その意志の強さと「大衆」の現実との懸隔は大きく、先の「苦しい工場経営」のエピソード同様、それを埋めるべき説明ができず空白が生まれるのである。読者はそれを埋めるべく現実を見直すしかない。『壁の声きく時』の文芸としての評価は、このようなテクストの構造から起因するのであろうが、そのマイナス要因を反転させる可能性も残されているように思う。

賀川は関東大震災を機に神戸を離れるが、彼の残した思想の種子は、労働学校やキリスト教学校という私設の学校、そしてそこに集まるさまざまな人間たちの思想を媒介に神戸に広がっていくことになる。既に見たように、賀川の労働運動観は、唯物史観にのっとって新しく労働者の時代を迎えようとするものではなく、労働そのものの価値を重視し、そこから生まれる労働者の精神や連繋を重視するものである。次節以降、神戸の労働運動に蒔かれた賀川豊彦の種のその後を追い、特に『神戸附録』や『労働者新聞』などの地域のメディアに織り込まれた労働文化都市としての神戸を捉え直したい。

II　労働講座・労働学校・関西学院

先に触れたように、一九一九年ごろから神戸の労働運動における普選運動・議会主義・合法経済闘争主義等のいわゆる賀川イズムは、関東のサンディカリスムと激しく衝突した。そして、川崎三菱労働大争議の敗北を分水嶺として、神戸の労働運動は急進的な方向に向かうようになった。それでも賀川は大阪労働学校の設立に尽力し、神戸労働学校においても講義を担当している。賀川は労働学校創立に自らの望みを託したのであろうか。

そもそも、労働学校には労働者を対象とした労働講座という前身があった。一九一九年以後、労働講座に最も力を入れていたのが久留弘三と賀川であった。神戸連合会は、一九一九年十一月末から翌年はじめにかけて精力的に労働講習会を開催している。一九一九年七月に社会問題叢書の第一篇として出版された久留の『労働運動』という小さな書物を繙くと、「労働組合主義者が労働組合を組織するのは、これを以て資本家階級に対抗し、勢力を得るに及んでは一挙して其の労階級を斃し、以てここに『労働者支配』の天下を現出せしめんとするものではない」とあり、労働組合主義とサンディカリスムとの違いを明確にしたものとなっている。[6]

また、一九二〇年の末から賀川は神戸と大阪において長期にわたる労働講座を開講している。『労働者新聞』（一九二一・一・一）の「十二回に亘りし長期労働講座終る」という記事では、「かゝ

久留弘三『労働運動』

る困難なる労働講座が今回約一ヶ月半に亘りて開講せられ、然も予期以上の成功裡に終了し得たるは、慥かに日本労働運動史に一新記録を止むる」、「講習生の中には友愛会の幹部は勿論、高商、関西学院、県商の学生、社費を以て来講せる三菱川崎等の社員、新聞記者、警察官等各方面の色彩を網羅してゐた。」と報告されていて、労働者以外にも広く告知されていたことがわかる。『兵庫県労働運動史』は、「賀川・久留らのこのような反サンジカリズムの思想と、組合主義の運動理論によって教育された神戸連合会の幹部や活動家たちは、社会主義同盟一派に支援された関東の少壮気鋭の急進派と充分に対抗できるだけの理論・識見を身につけ」たことを高く評価している。[7]

ところで、『神戸附録』（一九二〇・五・十二）は、「日本最初の試み　労働劇団の初日」という見出しで労働劇団結成のニュースを伝えている。日本労働劇団と命名された劇団が、神戸新開地の神戸劇場にて五月十日、十一日、十二日の三日間の公演を行ったのである。『労働者新聞』（一九二〇・一一・十五）の記事「純職工で組織する日本労働劇団成る」によれば、顧問には今井嘉幸、賀川豊彦、村嶋歸之の名が挙がり、総監督は久留弘三となっている。労働学校とは直接関係があるわけではないが、賀川、村嶋、久留の労働文化活動の趣を表すエピソードである。

さて、一九二三年四月、神戸連合会は神戸市塚本通一丁目六二番地に神戸労働学校を開校する。[8]『神戸附録』（一九二三・四・十）に告知されている授業科目と講師は、「経済学」新明正道、「労働運動の技術」村嶋歸之、「社会学」岡成志、「日本政治史」松任克己、「経済政策」山名義鶴、「社会思想史」松澤兼人、「労働法規」熊谷康次、「産児制限問題」ドクトル馬島僩である。また、『本邦労働学校概況』には講師として他に、賀川豊彦や細迫兼光、今井嘉幸、山本宣治、小岩井浄、河上丈太郎、高山義三、青柿善一郎等の名前が挙がっている。[9]これらの面々は先行する大阪労働学校と重なる人物が多い。ここでは賀川が初代校長となり設立に尽力し、また情報量の多い大阪労働学校に触れつつ、その創立目的と講師の陣容の意味について確認しておきたい。

大阪労働学校は、一九二二年六月に大阪市西区安治川一丁目の安治川教会で開校された。その創立宣言には、「その教ふる所は深奥の学理でないとしても咀嚼すれば其の尽くが血となり肉となるべき真理」だとある。[10]花香実は、川崎・三菱労働大争議の「惨敗宣言」のあとの状況を重視して、「労働組合運動がいわば一敗地にまみれたあとで内部陣営を立て直す必要であったこと、そのための基盤として労働者の自覚と意識を明確化する必要があったこと」が労働学校開設に結びついていることを指摘している。[11]一方、神戸労働学校の目的は、「無産階級教育の徹底を図り、労働運動の有力なる指導者を作るにあり」（『本邦労働学校概況』）となっているので、より直接的な目的意識があったといえよう。[12]

次に講師についてであるが、『大阪労働学校十年史』には、「講師としては、関西の労働運動家を始めとして、同志社、関西各大学、関西学院の教授、弁護士、新聞記者等を依頼することゝした」とあり[13]、結果として東京帝大新人会出身者などの錚々たる顔ぶれが集まった。新人会が友愛会と繋がりを持つようになったのは、赤松克麿によれば、友愛会の「従来の協調主義方針を戦闘主義に転換しようとする」ことを麻生久、赤松ら新人会員が画策したためだという[14]。また、「総同盟が労働学校をという制度・組織的教育にむかっていった一つの要因に労働運動における知識人の排撃があ[15]」り、大杉栄らのサンディカリスムの台頭により労働者が知識人から距離を取り始めたことから、知識人は新たに組織的な教育を可能とする場を求めて労働学校設立に向かったともいう。いずれにせよ、新人会が日本労働総同盟系の労働学校に関与することには必然性があったと言えそうである。

賀川と新人会との繋がりについても確認しておこう。新人会の機関誌である『先駆』(『デモクラシイ』改題)の創刊号(一九二〇年二月)に賀川は詩「若き人の群よ　―新人会に捧ぐ―」を寄せていて、その末尾に「新人会の一周年記念祭を聞きて／一九一九年十一月二十八日」という記述が見られる。また、賀川は、このころ、新人会本部を訪問し、新人会主催の演説会講師を引き受けており、一九二〇年の『先駆』第四号「新人会記事」には「四月一日、午後は賀川豊彦氏、夜は森戸辰男氏が飄然と来て下さつた」「いつもかうした方々とは打ち披いた心持で腹の底を語り合へるのが嬉しい」とあり、賀川が新人会の面々と語り合い、一定の影響力を持っていたことがわかる。

大阪労働学校に集まった新人会のメンバーの特徴は、新明正道・松澤兼人・住谷悦治・河野密・阪本勝等、帝大基督教青年会宿舎にいた会員が多いことである。[16] そして賀川は講演などによって帝大基督教青年会とも既に繋がりを持っていた。たとえば、後に大阪労働学校の主務となる松澤兼人は、基督教青年会に講演に来た賀川と面識ができており、一九二〇年の東京日日新聞が失業実地調査に新人会が協力した際は、神戸の葺合新川の貧民窟まで出向き、賀川の家に宿泊しながら、昼は失業調査、夜は賀川の講演会の手伝いをしたという。[17]

神戸労働学校に戻ろう。大阪と神戸の両労働学校の講師には共通する人材が多かったのだが、さらに新人会出身の神戸労働学校講師の内、新明正道、松澤兼人が関西学院の講師であることにも注目すべきであろう。さらに河上丈太郎も加えると三人が関西学院講師というわけである。関西学院は、アメリカ南メソジスト監督教会の宣教師W・R・ランバスが設立したキリスト教系の学校で、当時は現在の灘区王子町辺り、原田の森と呼ばれる場所にあった。関西学院と賀川の関係は古く、『死線を越えて』(一九二一年十月・改造社)にも関西学院の神学生が新川貧民窟に到着して間もない新見の前に登場しており、かなり早い段階から関西学院の神学部は賀川の救済活動支援に学生を派遣していた。外遊後、賀川が関西学院で講演することも多々あったようである。[18] また、『神戸附録』(一九二二・九・四)の「雑草園」には、恩師のマヤス博士と関西学院のベーツ学院長とともに日本アルプスに登ったという賀川のエッセイ「貧乏牧師の感想」が掲載されていて、賀川が関西学院と繋がりをもっていたことがうかがわれる。

河上丈太郎は敬虔なキリスト教徒で、立教大学の講師であったときに声をかけられ、「たまたま関西学院が立教と同じミッションスクールでもあるし、私の気持ちにも合うだろう」ということで関西学院に赴任したという。[19] 後に社会学で大成する新明正道は続いて関西学院で教鞭を執り、松澤兼人は大阪市役所社会部の志賀志那人に誘われて大阪市民会館で働き始め、やがて大阪労働学校主務の職に就くが、健康を害して退いた後、関西学院に職を得ている。共通するのは、彼らがキリスト教徒でありつつデモクラシーの考え方を有していたことである。[20] 賀川豊彦の個人雑誌『雲の柱』に「日曜日の早朝の礼拝はイエス団の最も嬉しいことの一です。(略) 村島歸之氏　新明正道氏　松澤兼人氏も皆礼拝に出られます。此等の人は我国最近に於ける労働運動者中の知識階級の人達です」とあることは象徴的である。[21]

こうしてみると、神戸の労働運動は、帝大新人会・友愛会・キリスト教といったさまざまな要素が、渾然として、労働学校ならびに関西学院を結節点として結びついて、東京から流れ込む思想・宗教・イデオロギーそして人材などを含む知性・情報の流路を形成していることがわかる。そしてその道は賀川豊彦が切り開いた道であった。[22]

III　労働文化協会ともうひとつの神戸労働学校

神戸には労働学校がもう一つあった。それは総同盟神戸連合会から離れた久留弘三の労働文化協会が一九二四年四月に開設した神戸労働学校である。その「創立要旨」は、「労働運動をして、単に労働者の物質的生活を向上せしむるための運動たるに止まらしむるなかれ。更に、これに光と力とを与へて真理と人格の支配する労働文化創造の運動たらしめよ、こゝに初めて労働運動の文化的意義が生ずるのだ」というものである。[23] 先に触れた神戸連合会の労働学校の目的が「労働運動の有力なる指導者を作る」となっていたことと比較するまでもなく、「労働者の物質的生活」よりも「真理と人格の支配する労働文化創造」を重視する姿勢は、賀川豊彦の唯心的な労働運動の思想を受け継いでいることが明白である。

一九二二年一月、関西労働組合連合委員会にて関西労働同盟会が普選運動を実施しないことを決定したこともあり、久留弘三は四月十五日に総同盟を脱退、斉藤信吉と共に新たに労働文化協会を起ち上げた。四月二十一日の『神戸附録』は「労働文化協会を起す　久留弘三氏の抱負」との記事が掲載され、記事の中で久留は「愛と自由と平等とを基とする新社会の実現を目標とする労働運動」、「相互扶助とか愛とか云ふ運動の精神」、「労働者の徳育」の必要を主張している。『神戸附録』は続いて二十四日、「人格的労働運動を起す　労働文化協会発会式　労働問題を中心にして宛然　労資両階級の立会演説の態」という見出しで大きくとりあげ、その宣言を掲載、さらに「現在の労働組合はマルスク《（ママ）》の思想を余りに多く受入れて唯物的となり階級闘争的であり、人類愛を忘却したものである、コレをモツト唯心的となし、正義と人類愛とを目的とするものとなし、階級闘争に極力反対したい」という久留の言葉を掲載している。また、記事には労働文化協会発会式に出席した「三沢産業部長、森屋工場課長、金紡の福原氏、三菱造船所の野口氏、福井（捨吉）氏其他資本家階級の人数名」が出席したことが記載されている。労資協調の路線を維持し、資本家を敵と見なさないところが、久留と賀川の共通点であった。

そして一九二四年、労働文化協会は神戸連合会に遅れること一年で、労働学校を神戸市相生町一丁目二十七番地に創設する。賀川豊彦は既に関東大震災後の東京に移り住み、神戸から去っていた。さて、『本邦労働学校概況』によれば、労働文化協会神戸労働学校の講師十七名中、今井嘉幸、岩崎卯一郎、岡成志、河上丈太郎、高山義三、久留弘三、松澤兼人、松任克己、村嶋歸之、森戸辰男の十名が総同盟系の大阪労働学校・神戸労働学校と重なっている。[24] しかし、『神戸附録』での労働文化協会神戸労働学校告知の科目と講師には、重なっている講師の名前はあがっておらず、新しく関西学院関係の講師が多い。[25] たとえば、河上丈太郎、松澤兼人以外に新たに北野大吉、中澤慶之助、田村市郎らが加わっている。北野大吉は一九二三年四月に関西学院高等商業学部経済学教授に就任、英国自由貿易の研究、経済史、社会政策など

労働文化協会本部（『労働文化』1924年5月より）

を担当している。中澤慶之助は、一九二三年四月に同経済学教授に就任、経済哲学などの造詣も深かったという。田村市郎は一九二四年四月に同統計学教授に就任している。[26] 北野は、労働文化協会の機関紙『労働文化』に「近代産業に於ける芸術衝動」（第一巻第一号）を掲載し、以後「境遇と人性」（三号）、「労働者教育の先覚者」（五号）、さらに第二巻からは「労働講座」として「英国産業史」を連載している。中澤もまた『労働文化』第二巻から「労働講座」として「社会学」を連載している。他にも労働文化協会と関西学院との関係を探ると、『神戸附録』（一九二四・七・十二）に掲載された「夏期大学」の告知の中の「カントの根本思想と其の人格」を担当した哲学博士岸波常蔵の名前に行き当たる。岸波常蔵は関西学院に一九一五年から勤めている英語と哲学を担当した文学部の教授である。[27] 岸波の名前は「夏期大学」でしか見られないが、「カントの根本思想」といった労働運動とは異質な領域の講座が開かれているのは興味深い。

最後に労働文化協会の労働学校で英語や文学概論を担当していた井上増吉について触れておく。井上増吉は、賀川が移り住んだ貧民窟で育ち、幼少の頃から賀川との縁の深かった詩人で、関西学院出身のキリスト教徒である。『労働文化』の誌面を辿ると、井上増吉の「貧民史論」（『労働文化』一九二四・七〜十二）やキングスレーの井上訳「ウオタア・ベビイス」（同七・八）、評論「プロレタリア文学論」（同一九二五・一〜三）が掲載されていて、ほとんど毎号名前が挙がっている。大橋穀彦は、井上の評論活動について、「人間の「内形的精神」の発露の深浅によって作品の価値を決定していこうとする姿勢は、（中略）〈同胞愛〉・〈自愛心〉・〈人性〉・〈人格〉を労働運動の鍵語として機能させる論文を頻繁に機関誌『労働文化』に載せていった労働文化協会の思想的立場とも一脈通じている」と指摘している。[28]

ここでは、井上の労働学校での講義内容を思わせる「プロレタリア文学論（二）」（『労働文化』一九二五年二月）を引いておく。「貧民詩論」「プロレタリア文学論」等に見られる井上の評論のスタイルは、古今東西の文学テクストの一部を引用し、そこから自分の考える貧民の精神性を抽出し「貧民詩」「プロレタリア文学」の評価基準とするものである。ドストエフスキー『カラマーゾフの兄弟』（中）におけるゾシマ長老がアレクセイに贈った言葉「不幸に依つてお前は幸福になる事も出来れば、人生を祝福することも出来るし、又他の者をも祝福させる事が出来るであらう」を引用して、「不幸の中から――真の幸福と祝福とを生み出す所に人間としての生き甲斐がある」と指摘する。ドストエフスキーの大著から選ばれたこの言葉は、貧民窟を生きる場所とする人にとってきわめて重要な意味をもつものであり、賀川豊彦の思索・生き様と通じるものである。

ところで、井上増吉の詩集を出している警醒社はキリスト教関係の書物を主に取り扱った出版社で、賀川の『貧民心理の研究』（一九一五年）や個人雑誌『雲の柱』の出版元でもある。創業者より福永文之助（一八六一～一九三九）が継承し、「二千点に及ぶ書物」が出版され、九割がキリスト教書類であることからも、福永と警醒社とは「日本のキリスト教界の文運の最貢献者」であるという。[29] なお、先に紹介した久留の『労働運動』の版元である福永書店は、警醒社と同じ住所にあり、福永文之助の長男永一が始めた出版社で、徳冨蘆花の小説や賀川の詩集などを発行している。また、労働学校講師も務めた大阪朝日新聞神戸支局の岡成志が上梓した川崎三菱労働大争議のルポルタージュ『神戸労働争議実見記』（一九二一年十二月）も警醒社が出版元である。このように、出版社も含めて、さまざまなネットワークが絡み合いながら、神戸の労働文化を生成しているわけだが、特にキリスト教関連のネットワークが根付いていることに注目したい。

以上のように、久留弘三の起ち上げた労働文化協会は、神戸連合会に比較すれば小さな集団であったが、賀川の考える裾野の広い労働運動観を体現した、その名の通り、労働を文化として捉えようとする組織であった。

Ⅳ　関西学院と政治研究会

賀川豊彦が神戸に残した計り知れないほど大きな足跡のうち、一九二〇年代前半の労働運動関係を紡いでみると、そこに労働を文化としてとらえる人と思想のネットワーク、そして流路が形成されていることがわかる。本稿一節で指摘した『壁の声きく時』における物語の空白は、これらの網の目を一つ一つ重ねることで埋められるであろう。

最後に、新明正道・松澤兼人・河上丈太郎ら関西学院の教員たちが、一九二五年六月に政治研究会神戸支部を起ち上げたことについて触れておく。政治研究会とは、一九二四年六月に無産政党を作るために東京で結成された組織で、その創立委員二十四名の中に賀川豊彦と村嶋歸之の名

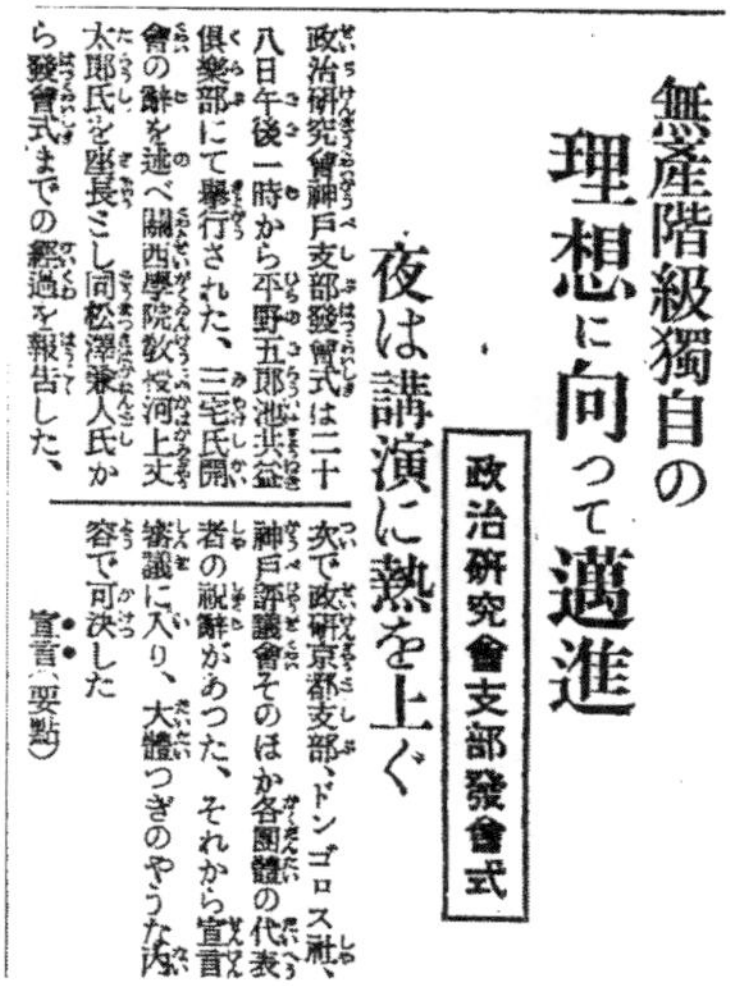

無產階級獨自の理想に向って邁進

政治研究會支部發會式

夜は講演に熱を上ぐ

政治研究會神戸支部發會式は二十八日午後一時から平野五郎池共益倶樂部にて擧行された、三宅氏開會の辭を述べ關西學院教授河上丈太郎氏を座長とし同松澤兼人氏から發會式までの經過を報告した、次で政研京都支部、ドンゴロス社、神戸評議會そのほか各團體の代表者の祝辭があつた、それから宣言審議に入り、大體つぎのやうな内容で可決した

宣言（要點）

『大阪朝日新聞神戸版』1925年6月29日

前も入っている。そもそも政治研究会は「無産階級政党組織の一段階であり、その一つの準備団体」（島中雄三）であった。[30] サンディカリスムの影響の下、普選運動に消極的であった総同盟は、一九二三年の山本権兵衛内閣の普選実施声明を機に政党を持つ方向へと転換していたが、総同盟幹部は「政党組織の主導権」を握られることを警戒して、知識人からなる政治研究会を「単なる調査機関にとどめようとし」たという。このような「知識階級」と「組合運動家」との対立の中、「それまでおもに総同盟関西同盟会の強硬な反対で自重していた」神戸と大阪で相次いで支部が結成されたのである。[31]

『大阪朝日新聞神戸版』（一九二五・六・二十八）では、「無産政党の先駆　けふ産声をあげる　政治研究会神戸支部」という見出しで、「政治研究会神戸支部は関西学院教授新明正道、松澤兼人、河上丈太郎諸氏発起人となり同校生徒有志、少壮弁護士などを含む『社会主義的なる無産者の集団』をつくらうとしてゐるもの」と紹介されている。翌二十九日も「無産階級独自の理想に向って邁進」と大きく採りあげられている。村嶋歸之のいる大阪毎日新聞は「無産階級の政治的組織を促進する事を目的として」という見出しで「来会者は（略）早大教授大山郁夫奥むめを両氏を始めとし京都姫路の同会支部会員野倉日本労働組合神戸地方評議会会長青柿同会主事、木村前労働総同盟関西同盟会々長、久留労働文化協会主事、新明、川上、松澤、田村、北野関西学院諸教授、労働組合神戸地方評議会々員、労働総同盟灘連合会会員其他サラリイメン学生及同会会員等で（略）」「夜は午後七時半から同所で政治研究会支部発会式記念大演説会を催し、大山郁夫、奥むめを、新明正道、松澤兼人、岡成志、青柿善一郎、久留弘三の諸氏が出演大いに無産政党樹立のために熱弁を振つた」と更に詳細に報じている。

注目すべきは、久留弘三の名前が挙がっていることであり、分裂していた神戸の労働運動が新たな段階を迎えるかのようである。関西学院を結び目としてさまざまな労働のネットワークがつながろうとするかのようでもあり、賀川の労働運動はここに来て一気に花を咲かせ実を結ぼうとしているかのようでもあった。

結果として、日本農民組合の提議によって主導権をさらわれ、さらに左派の攻勢にあい、政治研究会の独自の無産政党結成構想は頓挫することになる。しかし、政治研究会神戸支部が「無産政党の先駆」として神戸に起ち上がったことは、労働組合や労働学校、関西学院などの教育や文化活動の結果として現れたものと考えて良いだろう。結果として頓挫したものの、賀川・久留が目指した文化としての労働運動は、深く神戸の地に根を張っていたのであり、労働学校・関西学院を結節点として結ばれたさまざまな労働者と知識人のネットワークがより大きな花を開く可能性があったことを指摘して稿を終えることとする。

（註1）「不幸な出来事」の実際については、久留正義『黎明期労働運動と久留弘三』（日本経済評論社、一九八九年一月）、木村和世『路地裏の社会史　大阪毎日新聞記者村嶋帰之の軌跡』（昭和堂、二〇〇七年六月）が詳しい。

（註2）たとえば、大田善男は「「死線を越えて」は芸術として完成品であるかどうかは別として、一個の人間的記録として極めて意義」があるとしている（「初春の文壇（一）」『読売新聞』一九二〇・一・一）。

（註3）友愛会神戸連合会の機関新聞であった『新神戸』は一九一八年八月二十一日に創刊された。その後、神戸連合会が友愛会関西労働同盟会を組織したことにより、翌年三月十五日、その機関新聞として『労働者新聞』に改題されている。賀川豊彦は一九二一年七月まで毎号のように論説や随筆を執筆しており、その主要論文は『労働者崇拝論』（福永書店、一九一九年十一月）、『自由組合論』（警醒社、一九二一年六月）に収録されている。

（註4）横山春一『賀川豊彦伝』（警醒社、一九五九年十月）によれば、賀川は日暮通り六丁目の四十二坪の工場を入手し、機械を大阪で買い、一九一七年十一月に自治工場の操業を開始しているが、労働者の未熟もあり、採算がとれず、翌年十月には手放している。

（註5）横山春一『賀川豊彦伝』（前掲）一四九頁。

（註6）久留弘三『社会運動叢書　第一編　労働運動』（福永書店、一九一九年七月、四頁）。

（註7）『兵庫県労働運動史』（兵庫県労働運動史編さん委員会、兵庫県商工労働部労政課、一九六一年三月、一一二頁）。ただし、続けて「神戸連合会では」「賀川の考え方にあきたらぬものを感ずる労働者も少くはなかった」と指摘している。

（註8）開設当初は「神戸労働大学」と称し、組合員を対象としたが、一九二四年四月より名称を改め、組合員以外の一般労働者の入学が可能となった。

（註9）『労働者教育資料No.13　本邦労働学校概況』（協調会、一九二九年一月、一五三〜一五四頁）。

（註10）『大阪労働学校十年史』（大阪労働学校出版部、一九三二年八月、一八頁）。

（註11）花香実「大阪労働学校の創設にかんする一考察」（『法政大学文学部紀要』第三二号一九八六年三月）。

（註12）『労働者教育資料No.13　本邦労働学校概況』（前掲、一五一頁）。

（註13）『大阪労働学校十年史』（前掲、一八頁）。

（註14）赤松克麿『日本社会運動史』（岩波書店、一九五二年一月、一六一頁）。

（註15）谷口雅子「戦前日本における労働者・農民の自己教育運動の展開」（『福岡教育大学研究紀要』第二九号、一九八〇年二月）。

（註16）酒井正文「新人会成立の背景」（中村勝範編『帝大新人会研究』（慶應義塾大学法学部研究会、一九九七年五月）では、新人会を構成した人的ファクターを四つに分け、その一つに帝大基督教青年会のメンバーをあげている。麻生久とともに友愛会に入会した赤松克麿もまたこのメンバーに含まれる。

（註17）桐野正晴・筋野通弘『松澤兼人論』（中村勝範指導、松澤兼人発行、一九八二年九月、二三頁）。

（註18）『関西学院高等商業学部二十年史』（関西学院高等商業学部編、一九三一年十一月、八〇頁）の宗教部の報告には、「大正六年五月新川貧民救済事業に専心されてゐた賀川豊彦氏を啓明寮に招待した。爾後賀川氏は屢々学院を訪れ学生に多大の感激を与へ、信仰の念を強めしむる所あった」とある。なお、賀川豊彦と関西学院との関係については、鳥飼慶陽『賀川豊彦と明治学院　関西学院　同志社』（文芸社、二〇一七年四月）に詳しい。

（註19）河上丈太郎『私の履歴書』（日本経済新聞社、一九六一年八月、二二頁）。

（註20）桐野正晴・筋野通弘『松澤兼人論』（前掲）によれば、帝大基督教青年会は吉野作造が理事をしていたこともあり、「デモクラシーが浸透し社会的関心が呼び起こされて非常に進歩的であった」という（二六頁）。

（註21）トヨヒコ「長屋の南京虫」（『雲の柱』第二巻第三号、一九二三年三月）。

（註22）基督教青年会と新人会に関係する阪本勝については、拙稿「阪本勝『洛陽燃ゆ』『戯曲資本論』試論――〈楕円の軌跡〉新人会・大阪労働学校・関西学院――」（『日本文芸研究』第65巻第1号、二〇一三年十月）を参照されたし。

（註23）『労働文化』（労働文化協会、一九二四年五月号）「希望に輝やく　神戸労働学校開校式」。

（註24）『労働者教育資料No.13　本邦労働学校概況』（前掲、八九〜九〇頁）。なお、労働文化協会の神戸労働学校にも前身として労働問題講習があり、一九二三年六月に開催されることを、『神戸附録』

（一九二三・六・五）は告知している。

（註25）たとえば、『神戸附録』の、一九二四年七月十一日、十月二十六日、『神戸版』一九二五年一月九日、四月六日、八月二十八日など。

（註26）『関西学院高等商業学部二十年史』（前掲）の現職員一覧表による。

（註27）『文学部回顧』（文学会編集部編、関西学院文学会刊、一九三一年一月）参照。

（註28）大橋毅彦「〈貧民窟〉出身の詩人・井上増吉の文学活動とその周辺」（『日本近代文学館年誌』第八号、二〇一三年三月）。

（註29）手塚竜麿「警醒社の創業と朱としてのキリスト教関係文学書について」（『日本プロテスタント史の諸問題』雄山閣、一九八三・四）。

（註30）島中雄三「『政治研究会』の生まる丶まで」（『政治運動』一九二四年六月号）。なお、横山春一『賀川豊彦伝』（前掲、二一〇頁）には、「政治研究会は、無産政党組織促進を目的としてうまれ、賀川は重要な役割をしてゐたが、研究会が左翼化するにつれて、会合に出席しなくなつた」と記している。

（註31）「概観」『日本社会運動史料　原資料篇　無産政党資料　政治研究会・無産政党組織準備委員会』（法政大学大原社会問題研究所編、法政大学出版局、一九七三・五、四七六頁）。

※引用はルビを省き、適宜新字体に改めた。

本研究はＪＳＰＳ科研費ＪＰ１５Ｋ０２２８１の助成を受けたものです。

【コラム】

言説としての「奈良」

磯部　敦

一九二五年四月から十三年ものあいだ奈良に住んだ志賀直哉が東京に戻る直前、『観光の大和』創刊号（一九三八・一）に「奈良」と題した一篇を寄せている。

兎に角、奈良は美しい所だ。自然が美しく、残つてゐる建築も美しい。そして二つが互に溶けあつてゐる点は他に類を見ないと云つて差支へない。今の奈良は昔の都の一部分に過ぎないが、名画の残欠が美しいやうに美しい。（『志賀直哉全集』六、岩波書店、一九九九、三四五頁）

抽象的であるが、それゆえにこれらの「美しさ」は読み手の文脈においていかようにも想像しうる。それは、掲載誌『観光の大和』と相関する表現でもあった。

同誌の発行母体である奈良県観光連合会は一九三六年七月に奈良県総務部観光課内に設置された組織で、『観光の大和』はその機関誌である。一九四〇年の紀元二六〇〇年を見すえ、「建国大和ノ史蹟ヲ宣揚シ、以テ国民精神作興ニ資シ、併テ県下観光地ノ宣伝及観光施設ノ連絡統制ヲ計ル」ことを目的としていた。同誌「創刊の言葉」では、「大和人」と「奈良県人」を、行政名称としての「奈良」と「建国肇業の地大和」を同化させ、「単なるハイキングや、名所巡歴」ではなく「凡ゆる事物に残る遺構から偲ぶ事は、一は日本精神の作興を促す事となり、一は祖先崇拝の精神を修養する事となる」として「名勝地」の「聖地」化を必須の課題と位置づける。巻頭掲載の田誠（国際観光局長）やつづく三島誠也（奈良県知事・奈良県観光連合会長）が「大和路は奈良朝一千二百年の文化の粋を伝ふるばかりでなく実に遠く三千年の昔大日本建国の礎を築き給へるわが皇祖御創業を回想し一君万民、天壌無窮の皇道を仰ぐ聖蹟の地である」と規定して「聖地大和」を顕彰するのも、彼らの立場や会の目的、そして時局にかなった発言なのだ。先ほどの「美しさ」もこうした文脈と同調可能であるが、その一方で志賀は「奈良」を次のように締めくくる。

〈図１〉

> 御蓋山の紅葉は霜の降りやうで毎年同じには行かないが、よく紅葉した年は非常に美しい。五月の藤。それから夏の雨後春日山の樹々の間から湧く雲。これらはいつ迄も、奈良を憶ふ種となるだらう。

個人的な経験ゆえに「奈良を憶ふ種」は志賀のなかだけでしか花開かないし、ましてや「建国大和ノ史蹟ヲ宣揚シ、以テ国民精神作興ニ資」するものでもない。「美しい」という感興も、他者と共有しえぬゆえに掲載誌の文脈を脱臼する表現でもあったのだ。

一九二六年、写真家小川晴暘の飛鳥園で働くことになった長野県生まれの島村利正は、小川の生涯を描いた小説『奈良飛鳥園』（新潮社、一九八〇）のなかで、志賀の「奈良」をふまえながら兵庫県生まれの小川に自身の胸中を次のように語らせている。

> 奈良にいると、他国のひとはみんな不安になるのだ。ここは黄泉の国ではないが、廃都なのだ。志賀は奈良のどこをとっても、名画の残欠のように美しいと云ったが、その美しさがかえって不安を駆り立ててくる。自分も他国ものだと呟きながら、そんな風に思ったりした。（二一六頁）

志賀の「奈良」発表年と物語時間との齟齬は問わない。注目したいのは、奈良におけ

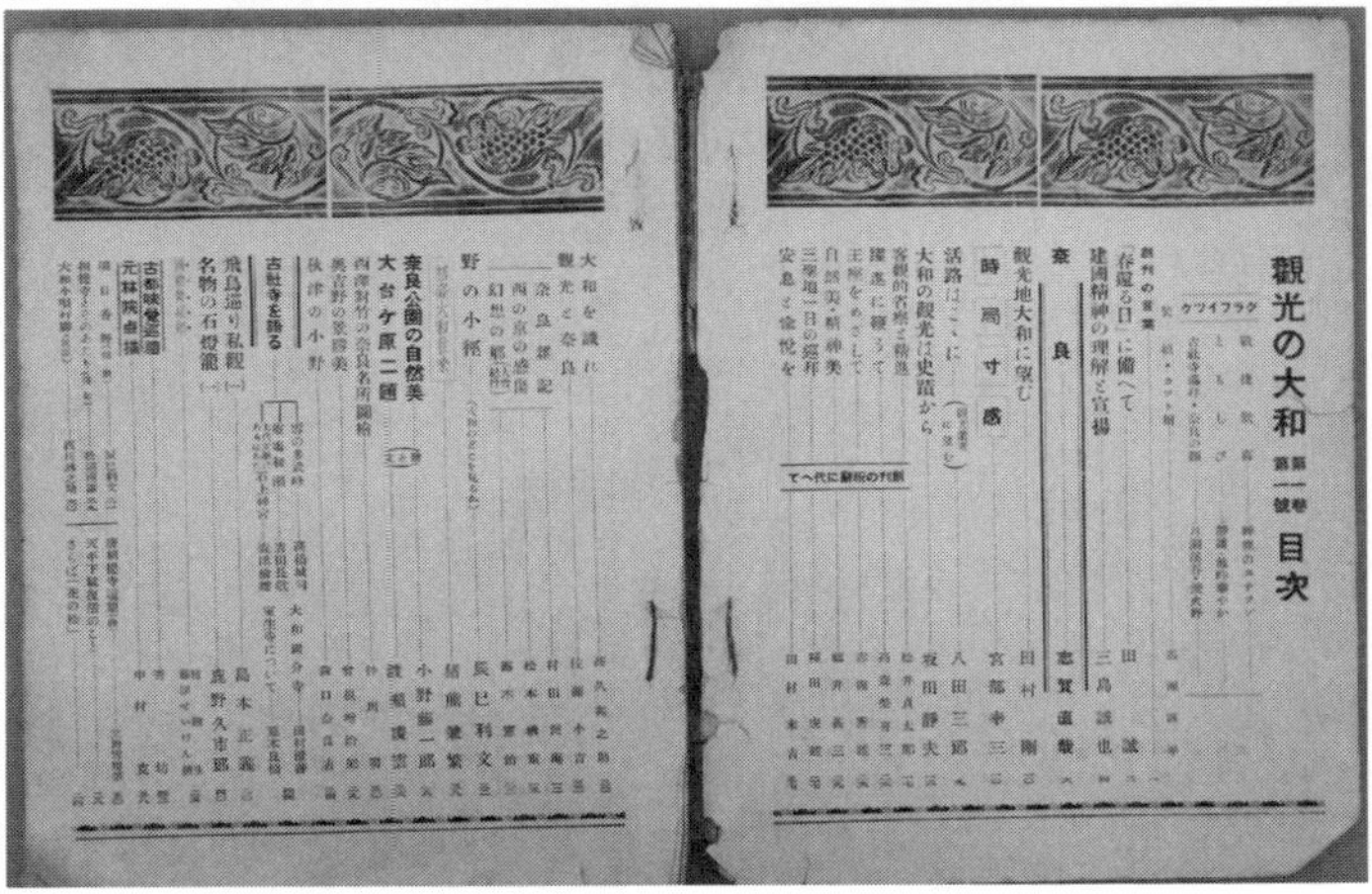

観光の大和 第一巻第一號 目次

創刊の言葉

「春寛る日」に備へて

建國精神の理解と宣揚

奈良 志賀直哉

觀光地大和に望む 田村剛

時局寸感

大和の觀光は史蹟から

自然美・精神美

三笠道一日の巡拝

安息と愉悦を

大和を識れ

觀光と奈良

奈良探記

西の京の感傷

幻想の郷

野の小径 辰巳利文

奈良公園の自然美

大台ケ原二題

奥吉野の景勝美

秋津の小野

古社寺を語る

飛鳥巡り私觀

名物の石燈籠

古都味覚巡礼

元林院点描

〈図2〉

る「他国もの」という島村の自己認識である。そして、奈良に生まれ育ち、『大和日報』文芸欄担当という立場とも相まって県内作家たちや志賀との交際が密であった北村信昭もまた、地元／よそ者という視座を獲得しているのである。北村は、奈良の短歌同人雑誌『浅茅』二巻二号（一九三一・二）に寄稿した「小説に出てくる『奈良』―近作三篇を中心として」の冒頭を次のように始める。

詩歌俳句随筆紀行などで、奈良は相当書かれてゐるが、創作になると実に少い。地が生み地に育つた一人の作家も持たぬからで、唯一の上司小剣氏にしても、奈良は只出生の地であると云ふに過ぎぬらしい。紀洲には春夫あり、金沢には鏡花・犀星らがある。こう云つた作家を僕達は持つてゐない。だから折角の奈良がたまたま創作の中に表れても、皆他国者の観たそれで、僕等がみて非道く物足りなかつたり馬鹿々々しい間違ひに苦笑させられることがある。

〈図3〉

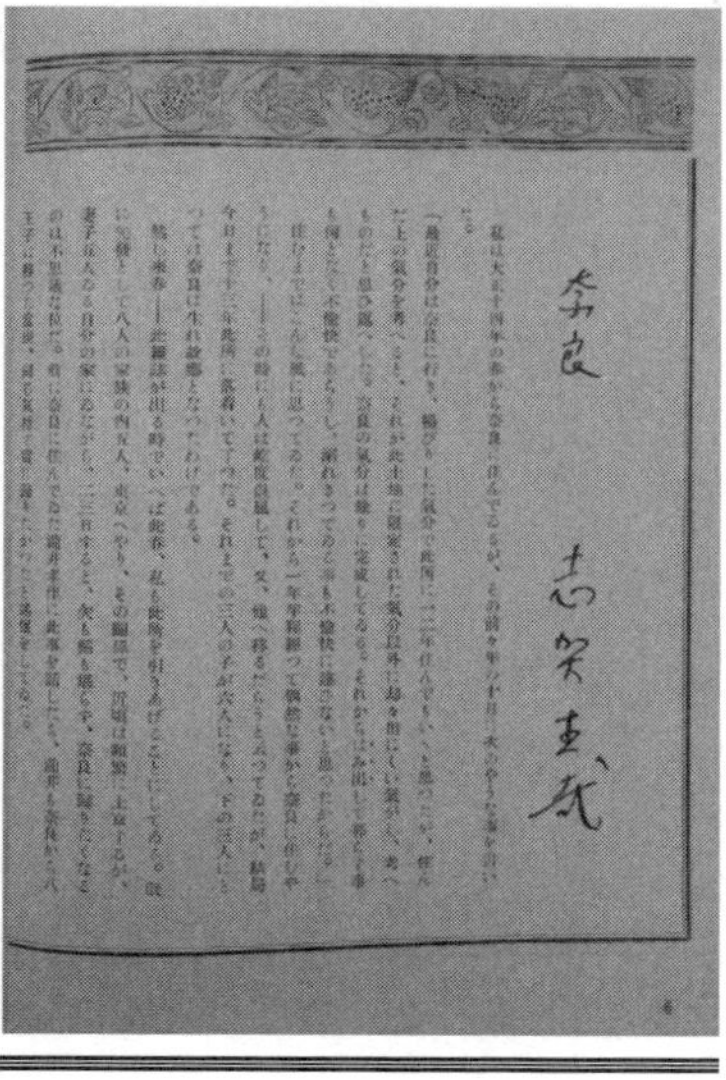

同篇で北村は川端康成「二十歳」や室生犀星「女の間」などに見られる「非道く物足りなかつたり馬鹿々々しい間違ひ」を指摘していくが、「僕等」奈良に住んでいる者からすればといったふうの表面的なところに判断の基準があるようで、「地が生み、地で育つたものの情熱で奈良が書かれるのは何時のことであらう」という結びの具体的なすがたを想像するのがむずかしい。

そもそも奈良は、ずっと「他国者」によって発見・表象されてきた経緯がある。いわば「言説としての奈良」からすれば、北村のように「他国者」か否かという二項対立で言説を弁別することはあまり意味を持たない。むしろ、そうした視座の獲得過程と流通とを言説の磁場において分析することこそ肝要だ。「他国者」のわたしはいま、その点に興味を惹かれているのである。

＊『観光の大和』創刊号の表紙〈図1〉／目次〈図2〉
志賀直哉「奈良」〈図3〉（奈良県立図書情報館所蔵）

第三章　メディアと文化環境

神戸モダニズム空間の〈奥行き・広がり・死角〉をめぐる若干の考察

大橋毅彦

一　「雑草園」・「おほぞら」・関西学院の近接度

一九二〇年代前半における「大阪朝日新聞」（以下「大阪朝日」と略記）神戸支局員の活動の一端を見るところから始めていきたい。

岡成志《しげゆき》、藤木九三、坪田耕吉ら、「大阪朝日」神戸通信部記者たちの一九二〇年代前半の仕事ぶりを特徴づけるものとして、同紙「神戸附録」及びそこに週一回ペースで掲げられる「雑草園」欄[1]において、自身書き手ともなれば、新聞読者からの投稿作品を取捨選択するいわば「園丁」の役目を果たす、さらにはそれに加えていくつもの文化的な企画を発信し、そこに読者を巻き込んでいく動きを指摘することができる。

こうした文化活動の企画の実践例を一九二三年の場合で拾うと、「雑草園」主催の「スケッチの会」や「短歌の会」が挙げられる。すなわち、前者について紹介すると、新聞紙上において「会費は（中略）止め、餓死せぬ程度の昼食を園丁が心配しておきます」のようなユーモラスな口調で参加者を募り、今井朝路をはじめとする前衛美術家グループ「コルボー会」メンバーの指導を仰ぎながら芦屋近郊で写生会を行い、その作品展を六甲ホテルで開催、アマチュア画家の作品を江湖に知らせる動きがとられた。また後者に関しては、来会希望者に予め短歌二首を「雑草園」宛てに送ることを伝え、会当日には会場となった県会議事堂でそれらを印刷した「雑草園短歌の会詠草集」を配布、芦屋在住の郷土詩人富田砕花による講演「石川啄木の歌について」が行われたといった情報が、写真入りの記事も含めて「神戸附録」から拾えるのである。[2]

一方、こうした動きをとるのと並行して、「雑草園」の「園丁」たちが、さらにその外の世界に出て、その場においても各々の鍬を振い始めていたことも見逃せない。たとえば、それ以前に開校式に臨んだ後、同校での講師を務め、戦前の神戸短歌界を代表する短歌雑誌「六甲」の創刊にこの後与ることになる坪田は、大正中頃から神戸文化界をリードしていた奥屋熊郎の妻庸子が『神戸労働争議実見記』（一九二一・十二、警醒社書店）をものしていた岡成志は、神戸労働学校の連絡人となって発足した婦人短歌会「珠藻の会」とのつながりを強めていく。また、一九二〇年代は文化領域でスポーツが脚光を浴びていく時期にあたっていたが、神戸六甲、芦屋の地勢を活かしたロック・クライミング倶楽部創設の立役者となったのは藤木九三だった。三人のこうした動きは、いずれも一九二三年から二四年にかけてとられた。

これらの事柄は、当時の神戸の文化的動向に種々の新たな局面をもたらす起爆剤としての役割を、「大阪朝日」神戸支局の記者たちがそれぞれの才幹を生かして果していることを示しているが、[3]彼らのこうした作業が、より端的に一つどころで落ち合うかたちとなったものが、さきに名を挙げた奥屋熊郎を中心として設立された神戸芸術文化聯盟の機関誌、「おほぞら」だった。

その一月前に県公会堂で刊行を記念する柳兼子女史独唱会が行われ、[4]一九二四年三月に出た「おほぞら」創刊号は総ページ数九十四頁で、大部の雑誌とはけっして言えない。だが、「目次」を一瞥すれば、[5]それがいわゆる同人雑誌の域を越えて、この時点での神戸にあっての芸術家ならびにその愛好家らによる、ある意味での大同団結が目指されていたのではないかとの察しが付く。そして、そのラインナップの一郭を占める「雑草園」の「園丁」たちも、藤木の場合は〈山〉をモチーフとする詩、坪田は「海原を往く」と題する連作短歌というように自らの十八番と呼びうる作品を寄せているわけだが、[6]とりわけここで注目したいのが、岡成志の作品と、それを起点として見えてくる「おほぞら」の外に広がる文芸文化上のネットワークのありようである。

まず、巻頭に置かれた翻訳作品、ウォルター・デ・ラ・メアの「謎」を取り上げよう。本文末を見ると、それが岡の訳であることが確認できるデ・ラ・メア初期のこの小品（一九〇三年）は、おばあさんのいる古い家に住むことになった七人の子どもたちが、彼女の忠告を守らずに二階の寝室の隅に置かれた古くて大きな槲の櫃の中に一人ずつ入って姿を消していき、ついには皆いなくなってしまうといった、どこか古い言い伝えや伝説の中にその淵源が求められそうな作品である。子どもたちを消し去っていく力を行使するのは何者か？——[7]荒俣宏がこの作品の魅力をデ・ラ・メアの『妖精詩集』中にある一編とつなげて解説していることにとりあえずは留意しておきたい。岡が、なぜこの作品を訳出するに至ったかについては不明だが、いま問題にしたいのは、ほぼ同時期の神戸で「おほぞら」とは別の文学場にあっても、この作家に注がれる眼差しがあったことである。

具体的に言えば、それは当時神戸市外原田の森にあった関西学院の英文科に在学、新進詩人としての頭角を現しつつあった竹中郁が、自身の卒業論文執筆の際に選んだ対象がこのデ・ラ・メアだったことである。一九二六年に提出した「近代詩に於けるウオルタア・ド・ラ・メーアの位置」と題した卒論の中で、竹中は「現実」と「非現実」とを織りなす才に長けている点にこの作家の特徴を見てとっているが、そのように彼が捉えたデ・ラ・メアの作品の性格と、岡の訳出した「謎」が読み手に与えてくる感銘とは重なってくる。

さらに、竹中周辺にいた関西学院との結びつきの強かった青年文学者たちの文学的嗜好が、竹中のそれと共振していく光景も見えてこよう。すなわち、デ・ラ・メアとその作を評して竹中が口にする、「この世ならぬ清純な幻想の詩人」像や「恐ろしい怕い厭なと云ふよりむしろ親しみがあり、好ましい」と思われる妖精たちは、稲垣足穂や石野重道にとってのロード・ダンセイニやシェイクスピアを想起させるものなのだ。足穂の「煌ける城」（『新潮』一九二五・一）と石野の「赤い作曲」（詩集『彩色ある夢』一九二三・八所収）双方に、妖精の女王チタニヤやコボルト連が、シェイクスピアの『夏の夜の夢』を下敷きにして登場していることがその一証左となるだろう。[8]

むろん、ダンセイニの母国はアイルランド、デ・ラ・メア、並びにシェイクスピアはイギリス出身であって、両国の文学のありようには、その間に横たわる政治的歴史的条件の推移によって、たとえばアイルランド文芸復興運動に象徴されるような質的差異が生じてくるわけだが、いま、ここで話題にしている〈幻想を育む〉といった芸術上の次元に立てば、英国詩人とアイルランド詩人とは竹中郁らにとっては地続きの関係にあったと言ってよいだろう。[9]

「おほぞら」掲載の岡の作品に戻って「朝代夫人の生活の断片」も見てみる。「咄眼」の筆名[10]を用いたこちらの創作の方は、七月の日曜日の午前を自宅で過ごす、昼からは自分が主宰する音楽会行きを予定しているドクトル高原夫人朝代の身辺に起こる出来事と、それに接して移ろってい く彼女の心理とをよどみなく描いたものである。家の中には洋風の応接間兼ピアノ練習室があり、患者以外にも多くの客人が朝から訪れる習慣になっている、そんな生活環境の中に身を置く若い母親でもある朝代が、音楽仲間の急病の知らせを受けて、人生の不慮の災いをかこち、死の恐怖に軽く見舞われるところまでが書かれているが、そこに至るまでには、前の晩遅くまで高原家に集まった人たちの間で「有島さんの死」についての議論が交わされていたといった、センセーショナルな時の話題を盛り込んでいたり、看護婦の政江さんが居間で「神戸附録」中のコラム欄「ティータイム」に目を通しているといった一齣を挿入して、「おほぞら」の読者は「大阪朝日」の「神戸附録」の読者に重なるという前提に立って彼らへの接近を図ろうとする、あるいは彼らとこの物語の書き手との間にすでに成立している親密なコミュニティ空間を確かめようとする作意が読み取れたりして、その点が面白い。そう言えば有島武郎の死については、「大阪朝日」

一九二三年七月十一日朝刊の「神戸附録」に載った「ティータイム」が取り上げていたし、[11]「女学院の先生」（おそらく神戸女学院のことであろう。大橋注）も参加する朝代主宰の娘たちばかりでする音楽会が、小学校で開かれるという設定もまた、「若葉会」なる団体をはじめとして、この時期の神戸から御影、芦屋一帯にかけてこの種の室内音楽会が頻繁に催されるようになったことを、新聞記事が報じていくことと対応しているようだ。[12]

二　もう一つの〈アイルランド〉イメージ

ただ、ここで急いで付言しておきたいのは、このように確認できる作品の作り手とその享受者との間に形作られるコミュニティ空間ないし文化的ネットワークなるものが、それ相応の広がりを持っていたにせよ、やはりそこには一定の制約もかけられていたのではないかということだ。なるほど、「朝代夫人の生活の断片」が醸し出す雰囲気は、どこか軽快で爽やかな感を呈しており、新興の海港都市神戸の、梅雨の晴れ間に相応しいものである。

けれども、こうした生活感をわがものとして享受しうる現実態はどこまで成熟しているか。朝代の夫は「この頃すつかり医者よりか政治家になり切つて、この秋は県会に出る」という地位にある。そしてまた朝代も、「マダム高原」と呼ばれる存在である。「おほぞら」の発行機関である神戸芸術文化聯盟は、「常に芸術の民衆化運動に努め」ることを同連盟の目標として掲げたが、[13]

この〈民衆〉の中に、富田砕花の講演「石川啄木の歌について」に県会議事堂で聴きいる短歌愛好家や「珠藻の会」の御婦人方は含まれているが、たとえば神戸の工場地帯に隣接する柳原の「ミルクホール」で啄木研究会を開催する「無名詩人の会」のメンバー[14]までは包摂できないだろう[15]。

さらに、これと同様の問いは、デ・ラ・メアを焦点化して先に提示した見取り図に対しても、小田実の未完の長編小説『河』（「すばる」一九九九・三～二〇〇七・五、のち集英社より『河1』・『河2』・『河3』（二〇〇八・六～八）として刊行）を持ち出すことによって放つことができる。小田の最期の小説となったこの作品は、朝鮮人の父と日本人の母を持つ木村重夫（朝鮮名は玄重夫《ヒョンジュンブ》）少年が、一九二〇年代の激動する東アジアの様々な都市に身を置いて、歴史の目撃者から歴史の参加者へと変貌する姿を描き出したものだが、小説が始まって間もなく、関東大震災直後の東京で自警団に連れ去られた父と生き別れになった重夫が、母とともに彼女の実家のある神戸に移動してきて、そこで出会ったアイルランド人の父とイギリス人の母を持つキャシー・オブライエンという女性から英語を習う場面がある。

ところで、その授業の後の「アフタヌーン・ティ」の折、彼女は重夫に何を伝えたか？　神秘と幻想に彩られた妖精の国としてのアイルランドのイメージ？　いや、そうした情報は彼女の口からは一向にもたらされない。代わってキャシーが告げるのは、彼女の父が一九一六年四月にダブリンで起きた「復活祭蜂起《イースター・レベリオン》」に参加して死刑に処せられたこと、そんな残酷な宿命から逃れたくて上海を経て神戸の街に辿り着いたが、やはり自分は父の遺志を継ぐ者として今ここにあるのではないか、という思いである。いわば、イギリスの「colony」からの独立を闘いとろうとするアイルランドのイメージが、同じ一九二〇年代――正確には一九二四年――の重夫がやって来た神戸の地で屹立しているのである。小説という虚構世界の中での出来事ではあるが、それは「おほぞら」や関西学院の文化的環境に自分たちの文化的アイデンティティーを寄り添わせている、同時代の〈芸術に生きる人たち〉[16]が夢見たアイルランドのイメージと、それは鋭く対立するものであった。[17]

三　「ユーモラス・コーベ」が伝える郷土色の内実

さて、ここまでの考察の小括を兼ねて、まだ触れてこなかった「おほぞら」創刊後にも目を向けておくと、どうやらこの雑誌はいわゆる「三号雑誌」としての運命を辿ったように思われる。創刊号刊行三ヶ月後の「雑草園」欄中の「たより」（一九二四・六・十六）には、同誌七月第二号が出る模様との記事が掲載されているが、それ以降の「新刊紹介」欄に第二号の刊行を報じる記事は見当たらない。そして、神戸芸術文化聯盟主催の三専門学校（神戸高商・関西学院・女学院）聯合音楽祭が開催された同年十一月の段階になると、今度は聯盟が月刊雑誌「十字街」をその月上旬に創刊する予定が告げられる（「ざつさうゑん」中の「たより」、十一・二）ものの、翌月七日の「たより」を見ると、それが延期されて一月の創刊になると報じられる。だが、実際に「十字街」

が創刊されたかどうか、現時点では確認できない。図体が大きく、それゆえ身動きがすぐにはとれない団体や組織と比べて小回りが利いている感も与えるが、その半面では腰の据わらなさ、一つの企画が長続きせず、短命で已んでしまっているという印象を拭い去ることができない。加えて、「雑草園」の「園丁」たちにも、一九二六年一月に岡山県衆議院補欠選挙に出馬して落選した岡が「神戸又新《ゆうしん》日報」社に移り、藤木は同じ年の五月に大阪朝日留学生としてパリに向けて出発、一年間国内を留守にするといった変化が生じてくる。

こうした離合集散が繰り返される中で、神戸の文化的土壌をさらに耕し、神戸の文化空間を広げていく力を持つものとして次に目を向けたいのは「画廊」（神戸画廊、鯉川筋画廊とも称す。以下「画廊」と略記）とその機関誌「ユーモラス・コーベ」（以下「コーベ」と略記）の存在である。いま、それについての基本的な情報を提示すれば、一九三〇年に神戸元町鯉川筋にこの画廊を開設したのが、元大阪毎日新聞社神戸支局員だった大塚銀次郎、件の店舗を「ギャラリー」をもじって「画廊」と名付けたのは、大阪朝日神戸支局長として一九二八年に大阪本社から転任してきた朝倉斯道（芥郎）というように、やはりここでも二人の新聞関係者が新たな文化の仕掛人となっている。画廊の営業は戦争が激化する一九四三年まで続いたが、機関誌「コーベ」が創刊されたのは一九三二年一月である。現在兵庫県立美術館には、創刊号から第三十一号までと、一年以上の休刊を挟んで一九三九年一月に刊行された号数が記載されていないものと、合わせて三十二号分が所蔵されている。途中二度にわたって誌名が「ユーモラス・ガロー」（以下「ガロー」と略記）に改題、[18]一九三二年と三三年は月一回ペース、三四年以降の発行間隔はやや開いていくが、いずれもＡ４判四頁仕立てとなっている。「今度画廊を中心として、創刊致しましたHUMOUROUS KOBEは、恐らくNIPPONで一番高価な、一番莫迦莫迦しい新聞であらうと存じます。／處で幸に、日本で一番賢明なあなたが、本誌を御愛讀下さいますれば賢愚両極端が寔に旨く合致ゐたしまして、この深刻に不景気な、陰惨限りなき現世界が、多少とも朗らかなものに好転して参ることと深く確信致します」と始まる「創刊の辞」を読めば分かるように、ある種のしたたかさを持ったくだけた味を売りにして画廊の存在を喧伝していこうとする戦略がそこにはあるが、大塚・朝倉両名の硬軟どちらにも通用するジャーナリストとしての才幹が、それを支えていたと言えよう。[19]そうしたユーモラスな記事に交じって、各紙より随時転載されるこの画廊で開かれた各展覧会評、そしてまた毎号掲載される「画廊日誌」も貴重な資料庫である。こうした記事群を一瞥して気づかされたいくつかの点について述べてみたい。

経費の面や展覧の規模などの理由もあってのことだろう、「画廊」で開かれる展覧会の会期はいずれも三日間程度と短いものだが、逆に言えばそれだけ多くの催しが可能になるのであって、一九三二年度の場合で言うとその数七十八回、[20]一九三七年四月の「ガロー」からは「足掛け八年、その間各種の展覧会を開くこと三百何十回」という言葉が拾える。[21]洋画、日本画、水彩画、版画、エッチング、商業美術品など、さまざまなジャンルにわたっているが、それらを紹介する画廊機関誌の中で圧倒的に多いのは、やはり神戸もしくは兵庫県ゆかりの芸術家の作品を取り上げて、郷土色の宣揚に努めたものである。紙幅の関係上、タイトル中心の紹介になるが、第三号（一九二二・三）の稲垣足穂「坂本君の神戸風景展」（又新日報二月十五日所載）、十三号（一九二三・二）の竹中郁「川西英氏の版画展」（大阪朝日一月十二日所載）、十五号（同・四）の仲郷三郎「別車氏水彩画展評」（大阪毎日四月八日所載）、二十二号（同・十一）の竹中郁「衣巻寅四郎の個展」（大阪朝日十一月十一日所載）などがそれに該当し、当該画家の作品もそれぞれ図版として掲載されている。そして、稲垣足穂による坂本益夫評などは、彼の絵に対して愛着禁じ得ない思いを「それらはいづれも、女学院の裏の方とか、トアホテルやタンサン水の出る辺りにあると想像させられる家や街の一角を取扱つたもので私をして活動写真と青い瞳の少女を思ひながらあの辺りを歩いてゐた時代を、今更に懐かしく呼び醒ませるものであつた」と語ることによって、足穂の一九二〇年代中頃の作品を知る者には馴染深い、あの黄昏迫る港町の坂道やしんとした華やかな外灯が点った小路をぶらつく若き芸術家像をも蘇らせる。

ただ、その一方で、こんなことまで彷彿させる絵画評やその対象となった作品それ自体が、西洋風のエキゾティックな感からはみ出た息遣いを示していることにも留意したい。もう一度、「コーベ」創刊号に目をやれば、「創刊の辞」のすぐ横には長唄「画廊」と伊呂波歌留多をもじった「絵廊派歌留多」といった、近世の文芸の持ち味を生かした創作が載っていたことがこのことと関わってくるが、それと歩調を合わせるかのように、とりわけ竹中郁の川西英評は、彼の兄が有名な俳人川西和露[22]であることを紹介しながら、英の創作版画が「古い伝統と教養」に裏打ちされた〈諧謔〉や〈洒脱〉を売りにしている点をマークしているのである。川西英の新作「カルメン」や「曲馬帖」を取り上げた別の機会（第二十八号、一九三五・三）においても、竹中はこれらの作品の眼目が「絵草紙趣味をねらつた」ところにあると見なしているし、そんな竹中自身のプロフィールも、第四号（一九三三・四）に掲載された俗曲風の作品「知らなんだ」の中で「モダン詩人と聞いてたが　長唄すきとは知らなんだ」と紹介されているのである。少し脇道に入るが、この時期の神戸の探偵小説界においても、この街出身の酒井嘉七が「ながうた勧進帳——稽古屋殺人事件」（『月刊探偵』一九三六・五）・「両面《ふたおもて》競《くらべ》牡丹《ぼたん》」（『ぷろふいる』同・十二）・「京鹿子娘道成寺（河原崎座殺人事件）」（『探偵春秋』一九三七・六）といった〈長唄もの〉と称される一連の作品群によって注目されていたことも思い合わされる。

四　神戸画廊にとっての〈東京〉

けれどもそうしたこととはまた別に、「コーベ」の掲載記事と「画廊」での催しを通して、「雑草園」や「おほぞら」を見てきた場合とは違う力線が、神戸の文化空間を走り始めているのを感じさせるものがある。それは一口で言って、東京との関係性が様々なかたちでそこに現れてくることだ。

それはたとえば、山村順の詩集『おそはる』（一九二六・六、海港詩人倶楽部）の挿画を描いていた頃から神戸とのゆかりを示していた伊藤慶之助や、兄衣巻省三の詩集『こわれた街』（一九二八・七、詩之家出版部）の装幀を手掛けた衣巻寅四郎に代表される、一時の東京滞留期間を経て再び神戸に戻ってくるという画家たちの移動という形をとって現れる。次いで帝展、二科展、独立展などの開催と関連した画廊主大塚赤面子（銀次郎）や関西画壇の動向を告げる記事も目につく。「二科の関西展で新入選画の陳列が問題――画廊における二科展画談会」（第九号、一九三二・十）、「残虐なるかな帝展――それでもコーベから特選二人」（第十号、同・十一）と、記事名を見ても東京への対抗意識が見て取れるし、それにつなげて第二十五号（一九三四・四）にこの時期の彼の代表作「舞妓」（洋画）の写真版が載った、独立美術協会会員林重義の存在も思い合わすことができる。父は大阪商船神戸支店に勤務、神戸市中山手に生まれ、大阪、京都、東京、パリ遊学を経たのち帰神、「画廊」開業の年に彼自身の最初の個展をここで開き、以後通算九回にわたって同画廊で個展を開いた林が事あるごとに口にしたのは、イタリア＝ルネッサンス期における文化のヘゲモニーをめぐる各都市の攻防を想起しての、関西画壇を東京に向うに回した〈ベネチヤ派〉たらしめようとする抱負と気概だった。[23]

他方、東京との共振を図る動きも見られる。それは結果から見れば、東京からの影響を蒙る、ある意味では東京のパッケージ化現象でもあったが、見様によっては、そのことが「画廊」という場に多層的な相貌を与えていくのである。それを端的に示すのが、「画廊」二階スペースを用いた黒木鶏足スタジオの開設（「黒木君のスタヂオ」第二十六号、一九三四・十二）、画廊美術書籍部の新設（第二十八号、一九三五・二）、画廊染織品部新設（第二十九号、同・五）のように多角的経営に向けて舵を切る、いわば「画廊」の多機能化である。書籍部は「東京美術社、アトリエ社、みづゑ社」等と特約し、染織品部は「東京銀座の港屋の手織手染の工芸品が頗る好評」なのを受けて新設されたとのことであり、それ以前に画廊に集う鈴木清一、川西英らが会員となって発足した「雅芸展」（第五号、一九三一・五「画廊日誌」）がこれら商業美術の普及に向かう動きを用意したとも言えるが、東京との関係性も念頭に置くなら、こうしたありようの雛形として一九二七年に東京新宿でスタートしていた「紀伊國屋画廊」の存在も視野に入れるべきなのかもしれない。

そして、文学ジャンルにもっと近接する事象で東京との繋がりを指摘するならば、それは一九三九年七月十日から十三日まで、浅原清隆の個展がこの「画廊」で開かれたことではないか。兵庫県加古郡阿閇《あえ》村大中（現・西播磨町南大中）出身の浅原は、帝国美術学校（現・武蔵野美術大学）在学中から二科展、独立展などに出品して将来を嘱望されていたが、応召により出征、一九四五年にビルマ（ミャンマー）沖で行方不明となった。享年三十歳。そんな彼の最初で最後の個展が神戸で開かれたわけだが、その年は彼が北園克衛の主宰する「VOU」クラブに参加した年でもあった。ここで北園克衛と神戸出身の青年文学者たちとの交流史の一端を素描すると、上京した稲垣足穂や石野重道が橋本健吉イコール北園克衛とともに参加した前衛雑誌があの「G・G・P・G」（一九二四年創刊）であったし、「近頃流行の階級文学とやらは僕達に縁遠いものであるらしい」という「はじめの言葉」を枕にして一九二八年一月に創刊された、神戸西宮を発行地とする米谷利夫・井上昌一らの同人誌「薔薇派《さうびは》」の同年十月号の表紙・扉・カットを手がけたのも北園だった。そして今度は、浅原清隆という若き画家が北園の影響圏に参入してきたのである。

浅原の入会を告げた「ＶＯＵ」第二十六号（一九三九・四）には、彼の油彩画「多感なる地上」が写真版で紹介されているが、それは彼の代表作の一つであるとともに一九三〇年代の日本のシュルレアリスム系絵画の一つの極を示す作品でもある。続く「ＶＯＵ」第二十七号（同・八）にも「郷愁」一点が紹介され、会員の近況を知らせる「DECOUPAGE」欄には、「ＶＯＵクラブ員浅原清隆は七月中旬神戸画廊に於て絵画16点の個人展覧会を開催した」との言葉も出てくる。二〇〇三年に兵庫県立美術館で小企画展「『画廊』をめぐる作家たち――「ユーモラス・コーベ」と画廊の青春」が開催された折のパンフレットには、浅原の個展会場を撮った写真が掲載されていて、室内に「郷愁」が展示されているのが確かめられる。また、同じ「ＶＯＵ」第二十七号の「はがき通信」欄では、この年五月に陸軍省より軍属として中支方面に出征したクラブ員樹原孝一（木原孝一）が、「プラットフオム・シンバシに立つてゐた浅原清隆がリンゴのやうに光つてゐます」といった印象に残る言葉を送りつけている。病のため内地還送された直後に、自らの「ポエジイへのシンセリテ」を託して『戦争の中の建設』（一九四一・七、第一書房）を書き上げる少年詩人木原らしい表現だが、その彼をしてこのようなプロフィルを紹介させた浅原もまた、画布の上に静謐でリリカルなトーンを湛えた世界を創造していった若き芸術家であったことが伝わってくるし、こうした言葉の架橋によって、文学と美術の違いを越えた二人の精神的紐帯が確かめられよう。

五　神戸と上海の間を行き来するもの

　再び「コーベ」の記事に戻る。すると、東京とはまた別の都市と神戸との間に文化的通路が開かれていたことを想像させる記事のあることにも気づかされる。一九三二年八月発行の第八号に掲載された「画廊日誌」中の「八月四日」の箇所に、「上海に行つてゐた独立展の会員清水登之氏が大阪の講習会の為め帰つて来たので上海事変洋画展を今日から三日間開く。神戸には上海に馴染の深い連中が多いので興味深く眺められた」という言葉が記されているのがそれだ。

　一般に文学者の大陸行がそうであったように、従軍画家のブームが到来するのも第二次上海事変以降であったのに先んじて、第一次上海事変直後の戦跡を清水は描いたわけだが、ここで注目したいのは、彼がそうした行動に打って出たこと、そしてそれが可能となったのは、東亜同文書院卒業後外務省に勤務していた弟の董三がこの年春に上海に赴任していたからではないかということ以上に、その作品が「上海に馴染の深い連中が多」くいるこの「神戸」で「興味深く眺められた」と述べられている点、そのことである。東京と上海との文化的通路を問題にする際に、どれだけこんな風に言われる関係があったか、仮にあったとしてそれと比較したなら、神戸におけるそれはいかほど前者を凌駕していたのか、興味が惹かれる問題である。話柄は時間的にもやや拡散するが、日本郵船株式会社の上海・長崎航路が神戸まで延伸されたのは一九二四年、探偵小説作家としてデビューする以前の酒井嘉七が「神戸又新日報」の懸賞論文募集に応じて書いた「十年後の神戸」と題する評論中に、作中で設定した十年後の「昭和十三年」の時点から現在の神戸を振り返って「神戸は日本の上海だ」と記すのが一九二八年[25]、同人誌「薔薇派」掲載の小松一朗の小説「ホクロの女」が、「よく神戸を評して、『上海のやうだ』と云ふ人がある」という一文から始まり、三宮の「dark-side」の一郭に棲息している「魔性の女」を登場させたのが一九二九年[26]、そしてあの写真家の中山岩太が「上海から来た女」というポートレートを撮ったのが一九三六年頃である。

このように、上海との対応を具体的に指摘できる事例と比べると、「画廊」に集った人々の何が上海と結ばれているのかを明確に告げてくれる記事そのものは、件の清水登之の個展開催を告げたもの以外、見つけられなかった。その代わり、この画廊で個展を開催したある一人の女性画家を通じて、ここでの論の展開に少しはつながりを持つ話題を提供するならば、一九三八年七月に第一回目の洋画展をここで開いた村尾絢子の場合が注目されてくる。

一九三三年十一月に第一回「神戸みなとの祭」が開催された折に小磯良平が制作したポスターの中に、竹中郁をモデルにしたシルクハットの青年とともに「港のクイーン」をイメージさせる扮装で登場している村尾絢子[27]は、第一神戸女学校出身、東京の女子美術専門学校（現・女子美術大学）高等科洋画部に入学、新制作派協会の立ち上げにも関わり、一九三八年に同校を卒業、帰神している。彼女が母とともに海を渡ってその地で暮らし始め、現地日本語新聞「大陸新報」に連載された草野心平の小説「方々にゐる」（一九四二・二・一～三・三十一）の挿絵を描いたり、中日文化協会上海分会美術組の主要メンバーとして活動するというように、実際に上海との関わりを持ちだすのは一九四〇年夏以降を待たねばならないが、[28]その一方、上海に渡航する少し前の一九四〇年一月に、彼女は大阪市立美術館で開催された「新制作派」展に「支那服をきる」と題した作品を出品している。[29]どういった制作動機が働いていたのか、気になるところである。さらにこの年の五月二十五日から二十九日にかけて、日本を離れる直前の彼女が二回目の個展会場として選んだのもこの神戸の「画廊」だった。[30]新制作派の主要メンバー猪熊弦一郎の談によれば、絢子の父は「神戸港の有名なパイロット（水先案内人）」であり、[31]同じことについては絢子を富士正晴の初恋の相手だと同定した中尾務が、事のついでに「村尾汽船合資会社」なるものに言及している。[32]こうした絢子の生活環境の中にも、上海との接点はあるかもしれない。[33]

振り返ってみると、神戸の美術界と上海との間には、「画廊」開設以前においても注目すべき交流があった。一九二四年、版画コレクターの山口久吉がオーナーとなって中山手通りで開業した「神戸版画の家」は、それと併せて版画集形式の版画誌「HANGA」を同年二月に創刊した。同誌の刊行は一九三〇年の第十六輯までが確認されているが、[34]実はこの雑誌を、上海にいた魯迅が注文して取り寄せているのだ。すなわち、魯迅の日記を見ていくと、一九二九年十二月二十六日に彼は「神戸版画の家」に手紙を出しており、翌一九三〇年一月二十七日に代金と手紙を送付、二月十一日には「HANGA」五冊（第二、四、十三、十四集各一帖と特集一帖）とを受け取っていることについて

とがわかる。[35] この時期の魯迅が入手した版画の雑誌は何もこれに限るわけではないが、[36] 彼の新木刻運動の推進にあたって、この神戸で発行されていた創作版画誌が何かしらの役割を果していたことを想像するのは許されようし、先に紹介した「コーベ」言うところの上海に馴染深い連中が多くいる神戸画壇の淵源に、この一事を据え置くこともできるのではないか。

しかし、神戸から海を渡って上海に贈り届けられるものは、このような芸術上の交流を促進させるものばかりではなかった。そうした幸福な関係を転倒させる関係もまた、同時代の神戸と上海との間には確かに存在していたことを、小説の言葉を通して知らせてくるものとして、最後にもう一度小田実の「河」を見ることにしよう。

母とともに神戸に来た重夫少年がキャシー先生以外にそこで出会ったもう一人の外国人として、シュナイダーというドイツ人がいる。「異人館」が立ち並ぶ坂の中途にある家で暮らしている神戸と上海に事務所を置く貿易商人の彼は、自邸に招いた重夫の前で、ベートーベンが作曲、シラーが詩をつけた合唱曲を人間のよろこびの極まったものだと紹介し、ピアノを弾きながら自らそれを歌って聞かせるといった一面を見せていたが、そんな彼が上海にやってくる目的の一つには、この街の雑踏の底にひっそりと存在している阿片窟に出入りすることにあった――母とともに神戸から上海に移動してきた重夫は、フランス租界で暮らし始めた自分たちの家に通ってくる中国人家政婦ベティに連れられて見に行った件の阿片窟で、その事実を知る。そして、このことを窟で出会った重夫に告げたのも、彼の神戸時代の友人である中国人李雷山の一番上の兄だった。やがて、神戸からやって来たこの李青年は、阿片溺愛者となるばかりでなく、阿片の密売にも手を染め、その取引の利害に絡んだ抗争の渦の中に巻き込まれて青幇《チンパン》に惨殺されるに至る。いや、阿片に侵されてしまう者はまだほかにもいる。すなわち、上海に来る前の神戸で、重夫の母がタイピストとして勤めていた貿易商を営む彼女の兄——重夫にとっての伯父——と、こちらの方は早くから上海を拠点にして、したたかな貿易商人ぶりを発揮してきたもう一人の伯父とが、こぞって阿片の取引に関わりを持っていってしまうのである。

重夫の父の友人である高《コウ》博士は、こうした状況は第二の阿片戦争の招来だと言う。つまり、小説内の時間として設定されている「一九二四年」の時点において、日本の軍隊とそれと結託した日本の阿片商人とが、日本から青島、済南、天津、そしてもちろん上海へと、朝鮮で栽培される罌粟から採れた阿片や、それから精製されるモルヒネ、ヘロインなどの麻薬を輸出していく動きが膨れ上がっていくのである。では、それらの積出港となるのは？　高博士は地図上の一点を指さして「『神戸』から」、という重夫の答えを引き出す。こんなふうにして、神戸から上海に移動するモノが創作版画誌「HANGA」だけではない世界が立ち現れてくる。そしてまた、この「阿片」なるものは、竹中郁が異国風な川西英の版画に接した際の心地よさを伝えるためにピカソを引き合いに持ち出した「阿片の匂ひはよいものだ。曲馬か海港かゞこれに匹敵するのみだ」（「川西英氏の版画展」（『コーベ』第十三号、前出）と比べて、異なるイメージと異なる位相の下にある物語を引き寄せてくるのである。[37]

（註1）「大阪朝日新聞」（以下「大阪朝日」と略記）創刊四十年を迎えた一九一九年の六月三十日から同紙「神戸附録」上でスタート。

（註2）「大阪朝日」の「神戸版」では一九二六年四月から「雑草園歌壇」が開設される（直後に「港街歌園」と改称）が、これはおそらく「短歌の会」が母胎となってその規模を拡大させた編集方針ではなかっただろうか。

（註3）「雑草園」に関しては、神戸近代文化研究会による「〈調査報告〉一九二三年の『大阪朝日新聞　神戸附録』その1」（「武庫川女子大学紀要　人文・社会科学編」第61巻、二〇一三・三）中の大橋が担当した「1「雑草園」に関する動向」でも触れたので参照されたい。

（註4）「新曲目を持つて　柳女史独唱会　一六日県公会堂で」（「雑草園」一九二四・二・四）。

（註5）以下「おほぞら」創刊号の目次を掲げる。なお同誌は芦屋市立美術博物館が所蔵している。

（「おほぞら」創刊号目次）

（註6）「雑草園」では聚楽館で催される歌舞伎の劇評で健筆を揮う「園丁」の一人である森川舟三も、「おほぞら」創刊号に「大正十二年の神戸劇団を顧みて」を寄せている。

（註7）自身翻訳したデ・ラ・メア『妖精詩集』（一九八八・五、ちくま文庫）の「文庫版あとがき」の中で、荒俣は集中の一編「サムの三つの願い、あるいは生の小さな回転木馬」と「なぞ」とのムードが似通っていると述べている。

（註8）ただし、作品内容や制作モチーフに関してのこうした二作間の相互浸透の問題とは別に、石野の「赤い作曲」には「未来派の作曲家」も登場。その点については拙稿「〈こわれた〉街・〈騙り〉の街への遠近法─神戸発・昭和詩始動期の詩人たちの仕事」（「昭和文学研究」第七三集、二〇一六・九）で論じた。

（註9）関西学院大学学院史編纂室所蔵の英文科の卒業論文を調べたところ、竹中郁の卒業と同じ年にはのち演劇方面で活躍する青山順三がシングについて、その一年前には同人誌「横顔」同人として活動していた堀経道がイエイツについて卒論を書いていることがわかった。また一九二〇年に遡ると、この年英文科で提出された卒論は一本だけであったが、それは小田切平和という学生の「ダンセニー卿の戯曲」と題するものだった。

（註10）「雑草園」で岡がよく用いた筆名の一つで、他に「咄眼生」「咄眼野郎」「とつがん」「十津雁」なども ある。

（註11）文責は「O生」、おそらく岡成志だろう。

（註12）たとえば一九二三年七月七日の「神戸附録」には、「若葉会音楽会」を見出しに掲げる記事があり、また一九二四年一月の同附録で連載された「芸術に生きる人々の群」の四回目（一・四）でも、「若葉を象徴したる若葉会」なる記事が掲載された。

（註13）「おほぞら」創刊号掲載の「神戸芸術文化聯盟へお入り下さい（社告）」。

（註14）「雑草園」（一九二六・四・十二）中の〔たより〕。

（註15）ついでに言えば、一九四〇年の神戸を舞台として日仏合弁企業の「日仏酸素株式会社」に海軍のプレゼンスが及ぶさまを描いた大岡昇平の小説『酸素』（『文学界』一九五二・一～五三・七）でも、「啄木」という存在は、非合法下に置かれた共産党員が謄写版の同人誌『リベット』を通して党員同士の意思の疎通・統一を図ろうとするにあたって、それをカムフラージュするために発表した「石川啄木論」という記号へと変換されていっている。

（註16）この用語の典拠としては註11を参照されたい。

（註17）だが、この対立の図式が常に成り立つかと言えば、そうとも言えないのも事実。である。一例として関西学院出身の岡田春草（貢三）が「おほぞら」創刊号に寄せた創作「胡桃船長の話」を見れば、その中では「日本の愛蘭土文学研究者のS――といふ詩人」が、イギリスの植民地支配の問題点を突く口吻を漏らしている。

（註18）英国の"Winsor & Newton's LTD"の日本代表事務所が大阪心斎橋に「大阪画廊」を新設したのを受けて機関誌名の変更に及んだことが第一九号（一九三三・八）で告げられている。

（註19）たとえば大塚赤面子（銀次郎）が脚色を担当した「師走顔見世興行　扇港《かうべみなと》積《つもる》話《はなし》旭《あさひに》解《とける》雪《ゆき》」（「ガロー」第二十三号、一九三三・十二）や、こちらの方は「ガロー」掲載ではないが朝倉がこの時期詠んだ「元町行進曲万容集」（『朝倉斯道随想集』（一九七三・九、兵庫県社会福祉協議会）を参照）などに、彼らのそうした才幹が認められる。

（註20）「画廊一ヶ年の回顧」（「コーベ」第12号、一九三三・一）。

（註21）「画廊を改造したいデス」。

（註22）たとえば、上筒井通七丁目のなつめや書店内の和露文庫刊行会から「俳諧生駒堂」が刊行されたことを告げる記事が「雑草園」欄（一九二六・五・十七）中の〈新刊紹介〉中にある。

（註23）大塚銀次郎編『林重義』（一九五二・三、神港新聞社）に、一九四四年に没した林についての思い出を寄せた伊藤廉、小磯良平、川西英の回想が、それにあたる。

（註24）同じ八号に転載された仲郷三郎「清水氏の上海事変画」（大阪朝日八月五日所載）によれば、大作五枚の写真版のほか小品、色紙のスケッチが展示されたとのこと。『清水登之展』（一九九六、栃木県立美術館）、『栃木県立美術館所蔵　清水登之』（二〇〇七）からの情報と照らし合わせれば、前者には「蘇州河陣地」、後者には「歩哨」や「嘉定県市街」などが含まれていたのではないかと推察される。

（註25）「神戸又新日報」夕刊　一九二八・三・二十九～四・十二、全九回。四月二日、六～十一日は休載。

（註26）「薔薇派」九月号（一九二九・九）掲載。

（註27）梅田画廊・梅田近代美術館ニュース「木」15号（一九八二）掲載の足立巻一と小磯良平との対談中に

その旨の記されていることを、関西大学東西学術研究所非常勤研究員の恵崎麻美氏よりご教示いただいた。記して謝意を表したい。

（註28）荘司達人「村尾絢子さんの個展に寄す（上）」（「大陸新報」一九四一・七・十四）。なお、この標題中にある絢子の個展とは一九四一年七月十一日から十五日まで上海南京路にあった上海画廊で開催されたもの。

（註29）兵庫県立美術館で新制作派の機関誌「新制作派」第四号（一九三九・十一）を閲覧中、たまたまその中に挟まれていた「18th Jan 1940」のメモが記された「新制作派展評」と題する新聞の切り抜きによって、そのことを確認した。ただ、この記事の出典はまだ確認できていない。なお、一九四〇年一月十八日「大阪朝日」朝刊には、これとは違う評を春山武松が寄せており、そこからは同じ第四回新制作派展に「ひるさがり」と題する作品も村尾が出品していたことがわかる。

（註30）「会と催」（「大阪朝日」（一九四〇・五・二十五）「神戸版」）、「学芸短信」（同（五・三一））参照。ただし両記事とも出品作の紹介はない。

（註31）「シャーマンさんのシャッター・チャンス」（フランク・エドワード・シャーマン〔監修・米倉守〕『履歴なき時代の顔写真　フランク・E・シャーマンが捉えた戦後日本の芸術家たち』（一九九三・一、アートテック株式会社）所収）。なお、この写真集の存在については、ニューヨークメトロポリタン美術館名誉館員梶谷宣子氏からご教示いただいた。記して謝意を表したい。

（註32）「資料紹介　富士正晴《「むかしの恋人」もの》―「VIKING」調査余滴」（「VIKING」644号（二〇〇四・八）。

（註33）神戸在住の女流画家亀高文子が主宰する画塾赤艸社の洋画展評を「大阪朝日」に寄せ（一九二七・十・三十）、かつまた「コーベ」第二七号（一九三五・二）中の記事「この不景気時代に渡欧の二画人」によれば、彼自身も神戸で展覧会を開いたり、亀高女史のところに居候をしたりしていて、神戸画壇にとっては随分馴染深い画家として紹介されている上野山清貢も、上海との縁のある人物だと言えるかもしれない。金子光晴『どくろ杯』（一九七一・五、中央公論社）では、一九二八年から二九年にかけての光晴の上海逗留中に、上野山と交友のあったことが回想されている。

（註34）加治幸子編著『創作版画誌の系譜　総目次及び作品図版 1905―1944年』（二〇〇八・一、中央公論美術出版）。

（註35）『魯迅全集』18「日記Ⅱ」（一九八五・十一、学習研究社）。

（註36）料治朝鳴が主幹する「白と黒」社の機関誌「再刊　白と黒」「反芸術」や、中国・広州発行の「現代版画」なども挙げられる。

（註37）「画廊」のあった神戸元町鯉川筋は、その道を上ったところに一九二八年に開設された国立移民収容所から神戸港に向かって、ブラジルへの移住を決した人々が期待と不安の双方を抱きながら下ってくる「移民坂」でもあった。「一九三〇年三月八日。神戸港は雨である。細々とけぶる春雨である。海は灰色に霞み、街も朝から夕暮れどきのやうに暗い。／三ノ宮駅から山ノ手に向ふ赤土の坂道はどろどろのぬかるみである。（略）この道が丘につき当つて行き詰つたところに黄色い無装飾の大きなビルデイングが建つてゐる。（略）是が「国立海外移民収容所」である。」と始まっていく石川達三「蒼氓」の世界が、そこからまた開けてくる。

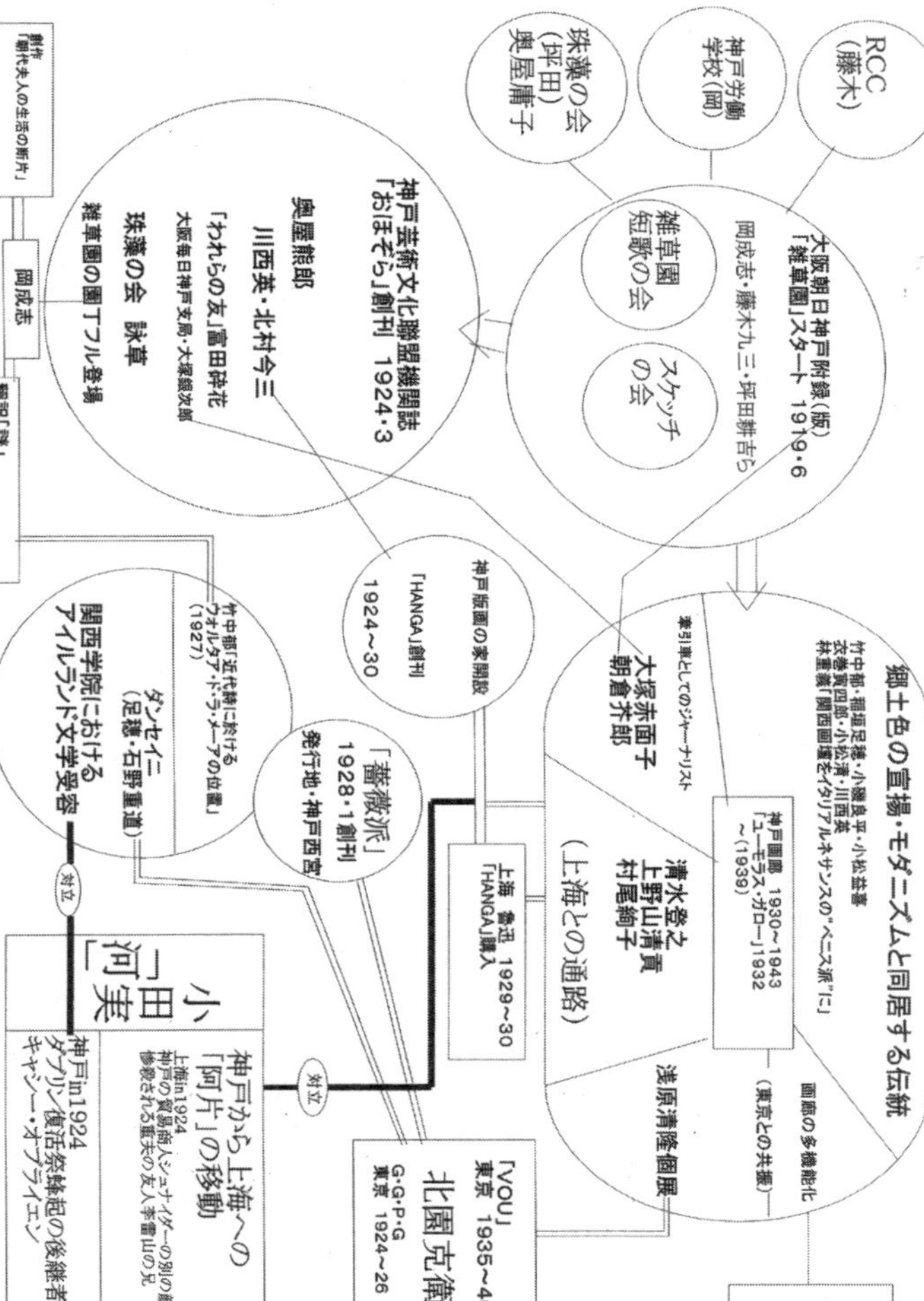

「1920～30年代神戸文化空間の鳥瞰」 作成・大橋毅彦

一九二〇年代半ばの『神戸版』映画情報——新聞連載小説の映画化を中心に

永井敦子

一、一九二〇年代半ばにおける神戸と映画

本稿では、一九二〇年代半ばにおける神戸の映画を取り巻く状況を、『大阪朝日新聞神戸版』（一九二五年四月に『神戸附録』から名称変更。以下『神戸版』）の記事から検証していく。当時、神戸では、湊川新開地に映画館や劇場が集中して娯楽街を形成し、賑わいを呈しており、洋画専門のキネマ倶楽部や朝日館、松竹系の菊水館、日活系の錦座など、それぞれ館によって上映映画が異なり特色を出していた。[1] 周知のとおり、当時は映画説明者（弁士）がいて、オーケストラや和楽の楽奏があるなど、映画館によって異なった受容がされていた。

また、この時期は関東大震災による影響を大きく受けている。一九二三年九月の震災を機に、映画の中心が関西に移ってきたことに伴い、神戸はこれまで以上に映画色が強くなっていたと言えよう。洋画の日本支社が、震災によって事務所が焼失したことや、関西市場への拡大を目指すなどの理由で神戸に移転しており、[2]『神戸版』（一九二五・六・二十六）では、神戸に置かれた外国

の支社として、六社（パラマウント、ユナイテッド、スターフィルム、ファーストナショナル、ヴェスティ、フォックス）の名を挙げている。

映画会社の撮影所も、震災で甚大な被害を受けた。被災した日活向島撮影所は京都へ移転し、松竹も蒲田撮影所が被害を受け、京都下加茂の撮影所建設を急いだというが、京都や大阪に留まらず、この時期は神戸近郊にも二つの映画撮影所が造られていた。神戸と大阪の間に位置する西宮には、甲陽公園に設立された甲陽キネマ撮影所があったのだが、一九二三年十二月に八千代生命保険会社が買収し、東亜キネマ株式会社を創立。約百坪のグラス・スタジオを増築し、現代劇を撮影した。[3] 東亜キネマ甲陽について、一九二五年九月の『神戸版』では、「東キネ撮影所スケッチ」のタイトルで、六回にわたる特集記事を掲載している。第三回目の記事は、「王朝の美女と明るい雙眸とカフヱーに集ふ若人のざわめき『彼は青春の血に燃えて恋を知らぬ』甲陽園夏の夕の情景」（九・十四）という見出しを掲げ、若い俳優たちが次々とカフェに集まって来る様子を捉え、ハイカラな甲陽園のイメージを伝えている。そして、神戸と西宮に挟まれた芦屋には、帝国キネマ芦屋（帝キネ芦屋）があった。大阪の小阪に撮影所を持つ帝国キネマ演芸株式会社が、一九二三年四月に芦屋映画を創設し、「阪急沿線の芦屋に長屋のような家を借り、ここで女形なしの現代劇専門のプロダクション」を設置した。[4] 一九二四年には子守り唄のような流行唄をテーマソングとした「籠の鳥」を製作して大ヒットとなり、松竹や日活など各社が類似した小唄映画を製作するなどブームを巻き起こす。しかし、翌年一月には内紛により撮影所の全職員が辞職し、新たにアシヤ映画製作所を創立。難波の二階家を借りて事務所を設置した。[5]同年四月に上映された「長兵衛売出す」の頃から、看板スター市川百々之助の主演映画が流行するようになり[6]、阪東妻三郎と人気を競った。

　このように、洋画の日本支社が設置され、近郊に映画撮影所があるなど、映画に親しむ土壌が神戸に見出されるが、『神戸版』では「演芸たより」欄を中心に、いくつかコーナーを設けて映画情報を発信している。「演芸たより」欄では、演芸（演劇・芝居等）の情報に続き、神戸の映画館における上映映画の情報や映画の梗概、上映期間、入場者の反応などが掲載されており、神戸の映画情報をいち早く入手出来た。また、「映画界」「映画雑録」などのコーナーもあり、新作映画の梗概や上映館、映画会社の撮影進捗状況など、映画への興味を誘う様々な情報を発信した。

　多様な映画情報が紙面を賑わせており、その中でも多くの紙面をさいて掲載されていたのが、『大阪朝日新聞』（以下『大阪朝日』）連載小説の映画化に関する記事であった。それらの作品が映画館で上映される際、朝日新聞連載と銘打たれ、「演芸たより」などの映画欄や映画館の広告などに、繰り返し登場するのである。次節で、その様相を検討する。

二、新聞連載小説の映画化

　当時、『大阪朝日』と『大阪毎日新聞』（以下『大阪毎日』）は互いに発行部数を伸ばし、接戦を繰り広げていた。『大阪朝日』は、震災当時には既に百万部発行を突破しており、『大阪毎日』が一九二四年の元旦に百万部突破を社告に掲げたことを揶揄していたにも関わらず、同日の発行部数で大敗するなど、激しい競り合いを見せた。[7] こうした状況は、映画製作にも大きな影響を与え、一つの新聞連載小説に対し複数の映画会社がこぞって映画化することが多く見られた。当時の状況について、『毎日年鑑　一九二七』[8]には、

新聞連載小説を各社が競映することは本年度（引用者註・一九二五年八月から一九二六年七月末まで）に入つてからます〳〵盛んになつて来た（中略）。各社競映の新聞連載物は、普通の作品とは比較にならぬほどよい興行成績をあげるのが常であるから、利にさとい映画会社によつて、この流行はます〳〵盛んにされて行くものと観測されてゐる。

とある。新聞連載で人気となった作品を映画会社が戦略的に映画化することで、数多くの競作を生み出していたことが窺える。[9] 新聞連載小説の人気や、注目度の高さが映画化に直結した。この、新聞連載小説の映画化というブームの中で、『神戸版』の映画情報として注目したいのが、一九二五年公開の「大地は微笑む」と「人間」、一九二六年公開の「修羅八荒」という三つの映画についてである。[10]

吉田百助原作「大地は微笑む」は、『大阪朝日』創刊一万五〇〇〇号に達する記念事業の一環

として、一九二三年一月に募集された「大阪朝日新聞一萬五千号懸賞映画劇」で「当選」となった作品である。この懸賞は、長編小説、創作劇、映画劇の三大懸賞創作に、本社が各部門五千円の賞を呈して募集したもので、映画劇には三〇七篇の応募があったという（『東京朝日』一九二三・九・一）。そして、同年九月三日、四日の『大阪朝日』に連載されるが、震災の影響で中止を余儀なくされ、一年四カ月後の一九二五年一月から四月まで、『大阪朝日』『東京朝日』で連載された。同年四月には日活と松竹、東亜キネマの三社競作となり、連載当初から上映期間を含め、多くの話題が『朝日新聞』紙上に繰り広げられた。

そして、同じ懸賞で「推薦」となったのが、鈴木善太郎原作「人間」（原題「天と地」）である。「人間」は、一九二五年十一月五日から十二月三十一日まで、東京・大阪の『朝日新聞』にて連載され、日活によって映画化された。映画化の際、日活は「大地は微笑む」の成功を受け、「人間」にも同じ監督と新人俳優を起用し、新聞連載時から映画化に至るまで、「大地は微笑む」の「姉妹篇」という位置付けであった。

新聞連載から人気を呼び、数社の映画会社によって製作される流れは、一九二六年に三社競作となった行友李風作「修羅八荒」にも同様に見られる。先に挙げた『毎日年鑑　一九二七』で、「二月から朝日新聞の「修羅八荒」を松竹日活《ママ》、マキノの三社が競映を開始し第一篇第二篇第三篇と順次連続的に発表して行つたからこの競映は約半歳の永きに亘つてつゞけられることになつた」と特筆されているように、長期間の公開ゆえに、記事としての取り上げも多く見られる。

これら三作は、話題となった新聞連載小説の映画化ということで、何度も『神戸版』に取り上げられるが、その中でも、読者への呼びかけが強い記事や広告に注目したい。『神戸版』という地域を限定した紙面で、映画に関する情報やイベントなどを発信し、読者に接近していく様相を跡付けていく。

三、「大地は微笑む」に見る読者への呼びかけ

懸賞で一等当選となり話題を呼んだ「大地は微笑む」の原作者は、明治大学法科三年生で、のちに松竹キネマの脚本部に入った吉田百助という無名の人物であった。作品の内容としては、東京から朝鮮へと大陸をわたった青年の人生が流転する様と、父親との葛藤や出生の秘密などが盛り込まれている。文化大学法学部長村田博士の息子で大学生の慶一が、保守的な父と対立し、父親の金を盗んだ罪で親友と共に投獄された。出所後、二人は朝鮮に渡り肉体労働に勤しむ中、慶一は土地の娘秋蓮と心を通わせる。ある日馬賊らに襲われ、脱走の末秋蓮と共に日本に戻り、父と再会することとなる。憎悪し合う二人であったが、妻がかけた蓄音器から流れる子守唄の優しいメロディに、互いの心はほぐれていった、というものである。[11]

新聞連載から映画上映に至るまで、『大阪朝日』紙上で様々な情報が掲載され、異様なほどの盛り上がりを見せたことを、田中眞澄が指摘している。[12] ここで田中は、「大地は微笑む」の連載

や映画公開に至る経緯、さらには映画に留まらず、出演者によるラジオ放送のセリフ劇や、いくつかの新派による舞台上演など、ジャンルを超えた多彩な記事があることを証左した。また、「大地は微笑む」が連載されると、映画化を希望する読者からの投稿が、映画情報を発信する『大阪朝日』の「スクリーン」欄に届くようになったことを示した。[13]

映画劇の懸賞で当選した作品だけに、映画化への読者の期待は大きく三社競作ということもあり、注目が集まった。日活は主人公の慶一役に新人の中野英治を抜擢、相手役に人気女優岡田嘉子を配し、大胆な新鮮味で勝負し功を奏した。「中野英治の慶一は誰からも非常な興味を以て迎へられてゐる」（『神戸版』一九二五・四・十一）と言った記事や、「無名の俳優中野英治を「大地は微笑む」の主要なる役に当てたなど大胆な人材登用を企て丶新味を感じさせるやうなところに敬服に値する」[14]との評がある。一方、松竹はベテランの井上正夫を主役に当てたものの、四十歳すぎの井上が大学生の役作りに苦心している様子が示されている。[15]また、二カ所ほど検閲上の問題があり、「県保安、特高二課員が多数再検閲をするなどの事件が一層人気を唆つてゐた」（『神戸版』一九二五・四・十三）という。

日活、松竹に対し、東亜は遅れて参加を表明し、注目も二社に奪われるが、神戸での上映を見ると、有楽館と三宮倶楽部で行われており、新開地と三宮の二カ所で同時に公開されているのである。東亜の広告では、映画の前編が好評だったことを示した後、「後篇は神戸を背景としたる傑作映画」と明示している（『神戸版』一九二五・四・二十二）。甲陽園に撮影所を有することから、

『神戸版』1925年4月22日　東亜キネマ「大地は微笑む」広告

神戸でロケをして地域色を出し、神戸の情景を物語に組み込み、地域性をアピールするのである。

さらに、この映画には「大根は微笑む」というパロディ映画が存在した。一九二五年一月に帝キネ芦屋で内紛が起こり、新たに設立したアシヤ映画製作所が製作したもので、同年六月に上映された。当初、帝キネもいち早く「大地は微笑む」の製作準備をしていたが、社内の内紛と分裂により撤退せざるを得なくなったという。[16] 映画の内容は、私立文化農学塾で大根栽培学の講師をする浦田百助と息子象一の親子対立、和解をテーマにしたもの。[17]『神戸版』では「「大地は微笑む」以上の諷刺哄笑映画」（一九二五・六・二十五）という広告や、「柳まさ子主演の「大根は微笑む」は「大地を微笑む」をモヂつたもの」（同年六・二十六）などの取り上げが見られる。このようなパロディ映画の製作からも、「大地は微笑む」の話題性の高さが窺われよう。主人公の名前を「大地は微笑む」の原作者吉田百助をモジったものにし、大学の祝賀会で主人公の慶一が父博士を批判するパレードを行うのを真似て、農学塾の祝賀会で父の事業への反対運動を行うなど、「大地は微笑む」をパロディ化している。「大地は微笑む」が『大阪朝日』を賑わせ、三社競作で盛り上がりを見せている状況に、アシヤ映画が鋭く反応した様子が窺われる。

話題性の高い「大地は微笑む」であったが、ここで注目したいのは、読者参加型の広報記事が見られる点である。「大地は微笑む」の解説者担任の懸賞募集を、松竹系の映画館である菊水館が行うことを報じているのである。記事を見てみると、朝日の神戸販売局が映画館に交渉したことで、優待割引券が発行されたことを示した上で、「菊水館ではこの映画の再上映に関し同館専属解説者の配置に苦心の結果即ち、岡指月、宮田六郎（中略）の八名の解説担任を懸賞課題として広く一般フアンから答案を募つてゐる」ことを報じている（『神戸版』一九二五・五・二十）。同日の広告欄でも同様に、菊水キネマ商会事務所が解説担任の選定について、「適材適所といふ事を主眼として優秀なる役割を示して頂く事、そして優秀な答案者を入賞といたします」と読者にハガキで応募を呼びかけている。当時の映画館はそれぞれ解説者が所属し、その解説によって映画の人気が左右されたほどなので、話題の映画「大地は微笑む」を再上映するにあたり、鑑賞する側の読者自身に解説者を選ばせるという、読者参加型の広報を『神戸版』に載せて、興味を惹き寄せている。応募者二百名に菊水館の招待券を贈呈することも示されており、映画館と『神戸版』が一体となって、読者を映画館に誘致する様が看取できよう。

同様の広報手法は、「大地は微笑む」から約二カ月後に上映された、『東京朝日』連載の剣戟作品「落花の舞」にも見られる。[18]「落花の舞」は、日活（一九二五・六・五、錦座）と東亜マキノ（一九二五・六・十、有楽館）の二社による競作となった作品である。日活の記事では、「敵か味方かわからぬ疑問の女、粂三髷」の正体に着目し、上映館の錦座が「日活俳優のだれが（一部か二部かの男女優）扮してゐるかの興味深い懸賞を発表」、正解者には「東朝一箇月購読券二十枚」や、錦座の二百枚の「招待券及懸賞俳優のブロマイド百枚を贈呈する」という告知が見られる（『神戸版』一九二五・六・十二）。映画に登場する、謎の女粂三髷の配役を問い掛けて興味関心を惹き寄せ、『神戸版』を媒体に、直接読者に主体的な参加を促す有様が示されている。

このように、話題作「大地は微笑む」には、パロディ作品の上映や、神戸の地域性を前面にアピールした宣伝、さらに読者を映画館へ誘致する、読者参加型の広報手法などが合わせて見られるのである。映画会社や上映館による一方向からの広報ではなく、読者との双方向性が見出されよう。

四、「人間」に見る連載小説と映画のメディア・ミックス

次に、「大地は微笑む」と同じ懸賞映画劇で「推薦」となり、一九二五年十一月五日から十二月三十一日まで『大阪朝日』『東京朝日』に同時連載された、鈴木善太郎原作の「人間」について見ていきたい。この懸賞での「推薦」受賞について、受賞者発表の欄では、「就中『天と地』

をとりわけ異彩あるものと認め「推薦」の名を以て特に金一千円を呈することにいたしました、これは当初にはない規定でありますが、貴い作者の労力に報いる微意に外ありません」（『東京朝日』一九二三・九・一）と記載している。当初は予定されていなかった「推薦」の枠を新たに設けて、原題「天と地」に賞を与え、「人間」と改題して大阪・東京両『朝日新聞』で同時連載したのである。作品の内容は、立身出世を志す青年・室伏次郎が、老母と恋人を置いて東京に行き、運命に翻弄される姿を描いたものである。東京から長崎、大阪、ハワイなど各地に流れていく先々で、必ず「黒眼鏡の男」に出会い運命を狂わされる。会社社長、労働者、果ては強盗犯に身を落としかけたとき、富豪の令嬢に見染められ結婚することとなるが、良心の呵責により真実を告白し、故郷に戻り恋人との再会を果たす、という筋である。「大地は微笑む」と同様に、国内から海外にまで主人公の人生が流転するさまが描かれている。

この作品が『大阪朝日』『東京朝日』に連載される際の大きな特徴として、先行して製作されている映画のスチール写真を、そのまま挿絵に用いるという、新しい試みがなされた点が挙げられる。連載開始の前日に、「新聞小説界最初の試みなるスチールのさし絵」（『東京朝日』一九二五・十一・四）と報じられた。スチールの挿絵によって、この作品がすでに映画化されていることが前面に出され、小説と映画の結び付きが一層強まり、新聞小説を読みながら映画を鑑賞しているような感覚が味わえる紙面構成となっている。

神戸では、一九二五年十二月一日から日活系の映画館・錦座で上映されたが、その前に大阪朝日は、大阪本社の社屋で試写を行った。同年十一月二十八日の『神戸版』に、本紙連載中の映画小説「人間」は、「すでに日活の手で映画製作ををはり、日々の紙上にもその鮮明なスチールが現はれ波瀾に富んだ内容と相まつて全読者を魅了して」おり、「今夕本社楼上に開かれる全関西映画協会の大会席上に封切試写」されることとなり、「『大地は微笑む』等でお馴染の中野英治、岡田嘉子、浦辺粂子らの活躍に観衆の大喝采を博さるであらう」と報じられている。本社で封切試写する際に会場となった「全関西映画協会」とは、大阪毎日が一九二三年十二月に「活動写真研究会」を組織したことに対抗して、翌年二月に大阪朝日が組織したもので、毎月「映画の夕」という映画鑑賞会を開催した。さらに、大阪朝日は、二四年九月に雑誌「映画と演芸」の刊行を開始し、大阪毎日も同月「芝居とキネマ」を刊行するなど、同時期に映画関連の雑誌を刊行している。時期を同じくして、競うように映画関連の会を立ち上げ、映画雑誌を刊行するという、映画とリンクした二社の動きによって、映画界が「異常の刺戟を受けて随所に研究熱が勃興し、映画雑誌の刊行、映画書籍の出版一時に増加」し、多大な売れ行きを誇ったという。[19] 大阪朝日は「全関西映画協会」で映画にまつわるイベントを積極的に行い、その一環として話題作「人間」を事前に公開したのであろう。

さらに、大阪朝日は映画を大衆に広めるイベントを主催しており、『神戸版』でもその告知や当日の様子などを報じている。ここで注目したいのが、映画製作側と新聞購読者との交流を生む、イベントの開催を報じた記事である。『神戸版』（一九二六・二・七）に、大阪朝日本社主催で「挿画写真展覧会」という朝日連載小説に関する展覧会が、姫路の楽器店で開催される旨を報じている。

けふ（七日）から三日間姫路市堅町中川楽器店階上で本社主催の挿画写真展覧会を開催いたします、展覧会の内容は本紙映画小説「人間」のスチール四十八点をはじめ、いま御愛読中の「修羅八荒」「奔流」の優秀なる小説挿画があり、さかのぼってお馴染の「第二の接吻」の「痴人の愛」の田中良「海の極みまで」の蕗谷虹児「炬を翳す人」の幡恒春「九郎判官」の鰭崎英朋諸画伯の挿画が数十点外に岡本一平氏の第五十一帝国議会の漫画や本紙創刊以来小説挿画の変遷も興味深く一風変つた珍展覧会ですからぜひ御覧下さい、入場は無料です

「挿画写真展覧会」という名のとおり挿画の展示が主となっているものの、「人間」のスチール写真を記事の筆頭に置き、続いて本紙連載中の「修羅八荒」「奔流」、前年に連載されて人気を博し、一九二六年に「京子と倭文子」と改題し映画化された菊池寛の「第二の接吻」や、一九二四年に連載されたものの世間の批判によって掲載中止となった、谷崎潤一郎の「痴人の愛」など、話題作の挿画展示が紹介されている。展覧会当日の様子は『神戸版』（一九二六・一二・九）に、「大成功の挿絵展　姫路の賑ひ」との見出しで、「姫路市における本社新聞小説挿絵写真展覧会は（中略）七日は日曜とて朝来官吏、軍人、会社員などが陸続と入場し一家総出で来観した愛読者もあり、八日は学生が多くいづれも本紙連載の小説奔流、修羅八荒等の挿絵原画の妙筆に舌をま

き、本紙創刊以来の小説挿絵の変遷や挿絵の製造順序など興味深く観覧し「人間」スチールでは映画ファンを喜ばせ（中略）大好評を博した」と報じられた。連載小説の挿絵と、映画「人間」のスチール写真が一堂に展示され、「官吏、軍人、会社員」など一定の知識を有する特権的な立場の人々が、来場者として明記される一方で、ファミリー層や学生も来たことが示されており、幅広い層の人々が観覧に来たことが窺われる。[20]

同様の記事が、二カ月前の『大阪朝日』（一九二五・十二・九）にも見られる。ここでは、「スチールを見に来社した梅村蓉子と浦邊粂子　喜んだり感心したり」との見出しで、日活で人気の映画女優、梅村蓉子と浦辺粂子が本社楼上に開催中の「挿画展覧会」に出品している映画小説「人間」のスチールを見るために来社したことが掲載されている。映画「人間」における二人の役どころを紹介し、映画の人気が高いゆえに改作して上映期間を日延べすることなどが報じられている。ここには、『神戸版』の姫路における展覧会開催の記事のように、「人間」以外の他の小説についての言及がないので、二つが同じ展示内容かどうかは分からないが、「人間」のスチール写真を中心とした展示が姫路と大阪で行われ、盛り上がりを見せている。このように、新聞連載小説を読み、のちに映画となった作品を映画館に観に行くという受容にとどまらず、さらに展覧会の開催によって、今度はスチール写真の展示観覧に赴き、選ばれた名場面を享受するという、新たな体験や価値を生みだしているのである。そこには、観覧する映画女優たちの姿もあり、より一層、映画への親近感が増し、映画の世界を身近なものと捉える感覚を与えてもいるだろう。

五、「修羅八荒」に見る読者と映画の接近

続いて、『大阪朝日』『東京朝日』に一九二五年十月から翌年八月まで約九カ月間連載された、行友李風作の「修羅八荒」について見ていきたい。作品の内容は、京都二条城で奪われた四千両と不審な二つの遺体について、大盗詮議の隠密役を命じられた二条城の番史小頭・朝香恵之助が、盗賊の一味陣場弥十郎らを追及していく姿を描いた剣戟作品である。日活、松竹、マキノの三社によって製作され、神戸では一九二六年二月十五日に一斉に上映された。この作品も、「人間」と同じく映画スチールが展覧会で展示され、さらに映画製作サイドと読者との、積極的な交流を示す記事が見られるようになっていく。

『神戸版』(一九二六・五・三)に、「「映画と演芸」の展覧会開かる」との見出しで、映画と演芸に関する展覧会の開催が報じられている。先に東京、大阪などの都市で開催されて人気を集めた「本社の『映画と演芸』展覧会」が、「神戸元町小橋屋呉服店四階において開催」されることとなり、「米国名優、我国劇壇の消息、内外映画名映画原画、修羅八荒のスチールその他二百点余」が展示されると報じている。ここでも、本紙連載中の「修羅八荒」の映画スチール写真が展示され、東亜キネマ男女優団が見物に来ることが予告されている。開催前日の記事では、ブロマイドを販売し希望者には俳優が会場で署名することが記されている(『神戸版』一九二六・五・五)。この

ように、新聞社主催の映画展覧会が、俳優と観覧者との接触の場となっているのである。また、当日の模様は、「『映画と演芸』支局主催展覧会」（『神戸版』一九二六・五・七）という記事で確認できる。歌舞伎俳優の舞台姿の写真とともに、「新らしいものでは日活映画「修羅八荒」のスチールが人目をひいてゐた」とあり、「修羅八荒」の映画スチールが注目されていたことが取り上げられている。さらに、大阪で催された同様のタイトルの展覧会、「『映画と演芸』写真展」の記事を確認すると、マキノの「修羅八荒」に出演したマキノ輝子や月形龍之助らが会場に来観したとあり、ここでも「修羅八荒」が大きな目玉となっている（『大阪朝日』一九二六・二・十八）。『東京朝日』（一九二六・一・十九）にも、「『映画と演芸』写真展覧会」の記事が見られる。ここでは、歌舞伎や帝劇、築地小劇場など演劇関連の写真と、「欧米各国の映画俳優の素顔、舞台写真等が百五十有余点列ぶ」とあるように、海外の映画や国内の演劇が中心で、記事の中には「修羅八荒」の文字は見られない。「修羅八荒」の映画スチールの展示有無を確認することは出来ない

「映畫と演藝」の
展覧會開かる

東京、大阪その他の都市で開催し素晴らしい人氣を集めた、本社の「映畫と演藝」展覧會をいよいよ來る六日から五日間神戸元町小橋屋呉服店四階において開催することになつた、展覧するものは米國名優、我國劇壇の消息、内外映畫名映畫原畫、修羅八荒のスチールその他三百點餘である、殊に演藝の部では劇壇の一部俳優が演じた最近評判の芝居が四十餘點などありわが國獨自の古典的藝術と劇壇の趨勢を示したもので同好者の興味をひくもの多大であらう、なほ第一日には東亞キネマ男女俳優團が同展覧會場へ見物に來るはずである

『神戸版』1926年5月3日

が、『東京朝日』と比して『神戸版』や『大阪朝日』では、映画化された朝日連載小説「修羅八荒」が強調されていることが分かる。

続いて、読者と映画製作側が、より一層接近していく様を報じた記事を取り上げていきたい。『神戸版』(一九二六・四・二十七)に「出演女優も混つて修羅八荒の研究会」との見出しで、「常設館に上映中である映画を題材に会員相互」が討論し合う企画が、四月二十五日の夜、「神戸湊川新開地日の出ビルデイング七階」を会場に催されたことが報じられている。この催しは、「全国関西日活クラブ」によるもので、当日の模様が写真付きで紹介されている。この会の「会長は神戸図書館の橋本氏」が務めており、「日活の人気俳優河部五郎、梅村蓉子」らが挨拶に来るので、会場は早くから男女のファンで賑わったという。さらに「討論主題は目下錦座で上映中の「修羅八荒」で、「出席の俳優たちがちやうどこの映画に出演してゐることとてもつて来いの研究資料といはんばかりに熱心なフワンによつて可成り面白い討論の花が遅くまで咲いた。」とある。二カ月前に封切りされた「修羅八荒」を主題に、神戸の地で討論会が行われ、出演した俳優たちとファンが対面して語り合っているのである。ここから、ファンが単なる映画観賞者の枠を超えて、俳優たちに自身の見解を投げかける特権的な立場となっている様が確認できよう。

この日活倶楽部については、前年九月の『神戸版』に、「日活倶楽部例会」(一九二五・九・十五)の見出しで、神戸の映画ファンが「神戸日活倶楽部」を主宰し、日活の監督や女優など製作者側と交流する様子が報じられている。「在神キネマファンの団体たる神戸日活倶楽部は今回全関西日活倶楽部と改称し役員（会長橋本正一、副会長猪口敬夫、幹事長宮島義郎ほか幹事十名）も決定した」ことを示し、新開地日の出ビルにて、日活京都撮影所から鈴木謙作監督や岡田嘉子、梅村蓉子らが参加し、共に映画鑑賞することを報じている。この二つの記事から、神戸で生まれた「日活倶楽部」が全関西を代表する名称へと変化した様が確認できる。また、一九二六年三月十九日の『神戸版』には、「日活倶楽部親睦会」の見出しで、「全関西日活倶楽部は久しぶりの親睦会を来る日曜日午後五時から元町デパート六階に開き橋本会長その他会員の演説あり、当日は京都スタヂオから辻吉郎、市川市丸両監督も出席すると正会員以外は会費三十銭を要す」ことを報じている。全関西日活倶楽部の親睦会が元町で行われ、京都から監督二名を招いているのである。このように、日活映画の愛好者の集まりが神戸で結成され、神戸図書館の職員が会長となり、映画俳優や監督を招いて対話しているところに、単に娯楽として映画を享受する側に留まらず、映画を研究しようとする読者の主体的な受容が確認できる。

日活ファンの集まりから少し遅れて、一九二六年十一月には東亜キネマの関西倶楽部が成立されたことが、同年十一月二十四日の『神戸版』で報じている。「映画が大衆文芸としてすつかり民衆の心に喰ひ入つてゐる今日各地では色々と名目をつけた各撮影所や俳優の後援会が組織されてゐるが神戸にも去る二十一日の夜湊川新開地紅葉亭で「東亜キネマ関西倶楽部」の発会式があつた」ことを述べ、「甲陽撮影所を控への神戸にたつた一つの東亜キネマに対する後援会がないのは甚だ東亜ファンにとつては物淋しいといふのが設立の趣旨で遅まきながら生れたものである」とある。この記事に示されているとおり、阪神間に撮影所を有する東亜キネマを後援し、盛り立てていくことを企図して結成されたのであろう。

このような、特定の映画会社を後援する集まりを示す記事として、早い段階では、一九二三年五月二十六日の『神戸附録』に、「愛活家の集り　パラマウント会生る」の見出しがあり、アメリカの映画会社パラマウント社の映画愛好者の集まり「パラマウント会」の結成を報じたものが見受けられる。

以上、『大阪朝日』の連載小説が映画化され、さまざまな記事で盛り上がりを見せていく中、『神戸版』が読者参加型の広報や、展覧会などの催しを報じ、読者に主体的な受容を促していく過程を見てきた。こうした状況の中、日活倶楽部や東亜キネマ関西倶楽部など、各映画会社に特化した会が神戸で結成されていくという、一九二〇年代半ばの神戸における映画受容の様相を跡付けた。

（註1）「全国映画常設館所在地系統経営者氏名名簿」（石井文作編『日本映画事業総覧　大正十五年版』国際映画通信社、一九二六・一、一四四―一四五頁。引用は、岩本憲児・牧野守監修『映画年鑑　昭和編Ⅰ①大正十五年版』日本図書センター、一九九四・四）新開地の映画館として、キネマ倶楽部、朝日館、菊水館、グランドキネマ、錦座、二葉館、有楽館、湊座、松竹館の名が連なっている。また、当時の

新開地の映画館については、山本欣司・大橋毅彦との共同研究「［調査報告］一九二三年の『大阪朝日新聞 神戸附録』その一」（『武庫川女子大学紀要 人文・社会科学編』六一巻、二〇一四・三、一一―二一頁）での筆者担当部分「二、映画に関する動向」で触れている。

（註2）田中純一郎「第六章 無声映画の黄金期」（『日本映画発達史Ⅰ』中央公論社、一九五七・一、四六七頁）に、震災時、日本にはアメリカ映画会社の支社が三社あり、そのうちの二社、パラマウント支社が震災で新橋際の事務所を焼かれて神戸市明石町の商船ビルに移り、ユナイテッド・アーティスツ支社が関西市場を追って神戸市京町のクレセントビルに移ったとある。さらに支社の開設準備をしていたフォックス社が、神戸市江戸町の江戸ビルに極東支社を開設した。

（註3）註2に同じ。三八七―三八八頁

（註4）森杉夫「三 大正一二年の帝キネ」（『帝国キネマの興亡（一）』東大阪市史紀要 第二号、一九八八・三）三二頁

（註5）北崎豊二「一、帝国キネマの内紛」（『大正末期の帝国キネマ―帝国キネマの興亡（二）―』東大阪市史紀要 第一三号、一九九三・一）一―一三頁

（註6）註2に同じ。三九六頁

（註7）「Ⅵ本山の新聞商品主義」（『毎日新聞百年史一八七二―一九七二』毎日新聞社、一九七二・二）三七一頁

（註8）「映画」（『毎日年鑑 一九二七』大阪毎日新聞社編纂、一九二六・十）六八五頁

（註9）岡部龍「日本映画人物年表」（竹中労『傾向映画の時代』白川書院、一九七六・十一、二三一―二四頁）では、一九二五年の競作映画として、「大地は微笑む」と「落花の舞」を挙げ、一九二六年は「京子と倭子」（東朝・大朝連載／聯合映画、松竹、日活）「孔雀の光」（大毎連載／マキノ、日活、帝キネ、松竹）「修羅八荒」（東朝・大朝連載／松竹、マキノ、日活）「日輪」（東日・大毎連載／聯合映画、日活）「悲恋心中ヶ丘」（サンデー毎日／日活、松竹、東亜、帝キネ）「鳴門秘帖」（大毎連載／日活、マキノ、東亜）「照る日くもる日」（大朝連載／松竹、日活、マキノ）を挙げている。なお、連載紙については一部誤りがあり、適宜修正を施した。

（註10）「大地は微笑む」と「人間」はフィルムが現存せず、「修羅八荒」は東京国立近代美術館フィルムセンターが一部を所蔵している。「大地は微笑む」「人間」は初出、「修羅八荒」は『修羅八荒』前・中・後編（朝日新聞社、一九二六・三（前編）、同・五（中編）、同・九（後編））を参照した。また、それぞれの新聞連載と映画化に関する情報を挙げておく。新聞連載については、「七．連載小説一覧」（『朝日新聞社史　資料篇』朝日新聞社、一九九五・一、二二九―二五五頁）を参照し、神戸での上映については、『神戸版』の記事から日付を抽出した。

「大地は微笑む」吉田百助原作

〔連載〕大阪朝日・東京朝日（朝刊）一九二五・一・一～四・三十（一一九回）

〔映画〕日活（全三篇）監督：溝口健二等、出演：中野英治・岡田嘉子、錦座（一九二五・四・十）

松竹（全三篇）監督：牛原虚彦等、出演：井上正夫・栗島すみ子、菊水館（一九二五・四・十）

東亜キネマ（前後篇）監督：阪田重則、出演：高田稔・根津新、有楽館・三宮倶楽部（一九二五・四・十）

「人間」鈴木善太郎原作

（連載）大阪朝日・東京朝日（朝刊）一九二五・十一・五〜十二・三十一（五七回）

（映画）日活（前後篇）監督：溝口健二、出演：中野英治・岡田嘉子、錦座（一九二五・十二・一）

「修羅八荒」行友李風作

（連載）大阪朝日・東京朝日（夕刊）一九二五・十・二十七〜一九二六・八・十三（二五〇回）

（映画）日活（全六篇）監督：辻吉郎等、出演：河部五郎・酒井米子、錦座（一九二六・二・十五）

松竹（全四篇）監督：大久保忠素、出演：森野五郎・川田芳子、菊水館（一九二六・二・十五）

マキノ（全四篇）監督：マキノ省三等、出演：月形龍之助・マキノ輝子、二葉館（一九二六・二・十五）

（註11）『神戸版』一九二五年四月二十日の「雑草園」で、「『大地は微笑む』を脚色して」と題し、芝居で「大地は微笑む」の脚色を担当した松竹座付作者の服部秀が、作品に描かれた雄大な構造や頻出する事件の葛藤に驚いたと述べ、原作を賞賛している。また、埼玉や名古屋では「大地は微笑む」の上映禁止があり、名古屋については、小林貞弘『新聞に見る初期日本映画史―名古屋という地域性をめぐって―』（学術出版会、二〇一三・七）で論じられている。

（註12）田中眞澄「文学と映画―映画劇『大地は微笑む』顚末記」（『国文学―解釈と教材の研究』四六巻六号、二〇〇一・五）五八―六五頁

（註13）註12に同じ。なお、『大阪朝日』「スクリーン」欄の読者による映画化希望については、梁仁實「一九二〇年代視覚メディアの一断面―『大地は微笑む』と「朝鮮」―」（『立命館産業社会論集』四三巻一号、二〇〇七・六、三五―五七頁）で論じられている。

（註14）石井迷花「日本映画界の現在及び将来に就て」（前掲『日本映画事業総覧　大正十五年版』）一〇頁

（註15）『大阪朝日』（一九二五・四・六）では、「スタヂオの春3『天国』をすて丶『大地』に立つ井上のカフヱー浸り」との見出しで、大学生の役作りのために銀座のカフェに通う井上の姿を報じている。

（註16）註12に同じ。

（註17）山本緑葉「大根は微笑む」（「主要映画批評」『キネマ旬報』一九九号、一九二五・七・十一）二八頁

（註18）前田曙山「落花の舞」（『東京朝日』夕刊、一九二四・十・二十五～一九二五・五・八連載）

（註19）「大正一三年の活動写真界」（『毎日年鑑　大正一四年』大阪毎日新聞社編纂、一九二四・十）五七〇―五七一頁

（註20）このような映画に関する展覧会は、いつ頃から開催されたのだろうか。早い時期では、一九二一年十一月二十日から十日間、東京お茶の水の教育博物館で「活動写真展覧会」が催されたとの記述が『東京朝日』（同年・十・一）にある。この展覧会は、今回取り上げたような特定の映画を紹介するものではなく、文部省による開催で、映画撮影の模擬演習や歴史的フィルムを紹介するものだった。時代が下り、新聞社の主催で連載小説や映画の紹介といった広報的な活動へと展開していった。

【付記】本研究はＪＳＰＳ科研費１５Ｋ０２２８１の助成を受けたものです。

ロケーションへのまなざし——神戸一九二〇年代文学の背景・前衛芸術と郷土芸術の交差地点

島村健司

はじめに

「エキゾチックな神戸、ハイカラな神戸。——住民にも来街者にも一貫するその鮮烈なイメージ」[1]。神戸生まれの西秋生は、こうしたイメージが醸成されるに至る契機を探る。神戸は海港都市であるがゆえに、海外文化を摂取する窓口、さらに居留地であったことから、このような「神戸モダニズム」を育んだ。そして、そのような「異国情緒あふれるお洒落な街・神戸を演出するものの原型」に、まず稲垣足穂、竹中郁を挙げる。文学方面から「神戸モダニズム」に迫るときのオーソドックスなとらえ方といえるだろう。本論考は、このようなとらえ方の背後に、神戸というロケーションへのまなざしが、前衛芸術と郷土芸術が交差する地点で形づくられることを、『大阪朝日新聞神戸附録』（以下『神戸附録』とする）を手掛りに検討する試みである。[2] このような試みは、のちに「神戸モダニズム」といわれる内実をあらためて問うことになるという点で、「異なる関西」を前景化することにもつながるはずである。

「神戸モダニズム」の「原型」を稲垣足穂や竹中郁に見出すこと。たしかに、たとえば、稲垣足穂の小説「星を売る店」（『中央公論』一九二三・七）の表現は、それに相応しい。「私」なる人物が、とある店でのいざこざのクライマックス、そこに至る顚末を神戸の情景を交えて描いていく稲垣足穂が神戸を舞台背景とする小説のうちの代表作の一つである。[3] 冒頭、夕方になると「私」は新しいワイシャツに着替え、蝶ネクタイをして、神戸の街を散策する。そして、トアホテルまでやってきて、いまで言うトアロードを下っていく。まず、街並みの店々が少々過剰とも思えるほど描かれていく。そこに行き交う人々の特徴が雑多に重ねられる。人々は即物的にとらえられたり、当時としてはモダンな表徴をともなって描き合されたりする。このあと、次のように交雑する情景が描かれる。

> 坂の下の方は、自動車や電車や人ごみが、ゴタ〳〵ともつれて、いかにも、いろんな国の色彩と音とが騒然とからまつた貿易港のたそがれ気分を織り出してゐる。その上の方に、ちやうど、この坂の中途から視線を水平にのばした真正面に当るところに、どこかの倉庫か、それとも建てかけたコンクリートビルデングか、いづれとも判別しかねる、灰色の長方形と三角形のつみ重なりが見えて、その高いところへ、山の間からさすらしい夕日が、桃色にあたつてゐる。いづこも青ばんでゐる景色のなかで、その一区画だけが、キネオラマの舞台のやうにくつきりと浮き出し、奇妙な幾何模様に見える影と形とが、キー《（ママ）》ユビズムの製作に接し

たやうなエフエクトを造り出してゐる。その向ふには林のやうな碇船船のマストがならび、赤や黒の船体や、黄や青色の煙突が乱雑にひつかゝつてゐる。「これや面白いぞ、何か画が描けさうだぞ……」私はそんなことを思ひながら歩いてゐた（傍線・論者）

人や事物が行き交い、国際的な性質を帯びた色や音の喧騒が貿易港の情景をつくりあげる。ここから生じる「たそがれ気分」を目的語に据えて、「織り出してゐる」という述語で規定する、その異化を促すような表現は、「キーユビズムの製作に接したやうなエフエクトを造り出してゐる」というように焦点化される後続のセンテンスへとつながる。さらに、異化を促す「煙突が乱雑にひつかゝつてゐる」に連なる。このようにとらえられる情景は、傍線部にある「私」の内面に収束されていく。収束する地点に前衛的な絵画へのまなざしがある。[4]

ここで、先の試みに照らして二つの問いを設定してみる。一つは、「星を売る店」引用部のような表現の背後に控えるものとは何か。当時の神戸において、前衛芸術が浸透する状況を捕捉するまなざしがある。また、「星を売る店」のこのような小説表現には、そもそも神戸というロケーションに向けるまなざしがある。日常的に身の回りを見渡す視線では、日常を異化するような見方は生じがたい。もう一つは、いわば非日常的なまなざしをどのように誘発し得たのかということである。最後に、これらの問いを検討し明らかになることに向き合うことの問題を提起しておきたい。

1．前衛芸術と郷土芸術の交差地点

まず、神戸において前衛芸術が認識されていった状況をみておく。そして、前衛芸術への認識が郷土芸術と交差していくありようへと分け入る。[5] 一九二〇年以前、神戸でも前衛芸術に触れ得た動向が確認できる。しかし、前衛芸術を知らしめる導火線になったのは、ロシア未来派の父といわれたダヴィド・ブルリュークが来神したことである。[6] その後、前衛芸術への認識が広がりをみせる。とくに注目できるのは、一九二三年に開かれた第八回神戸美術展覧会である。『神戸附録』でも重ね重ね取り上げられる。これらの記事では、「普門暁氏の未来派作品などが人気を呼んでゐる」（「神展の仏国名画」『神戸附録』一九二三・五・二十七）、「未来派を日本画で行ったもの」（「神展日本画部合評（上）」『神戸附録』一九二三・六・五）、「洋画の印象派と表現派を一緒にしたやうな処がある」（同前）など、前衛芸術をあらわす術語を用いた批評が散見される。現在ここに取り上げられている作品は喪失し、実際にみることはかなわない。確認したいのは、これらの記事はどういったものが前衛芸術なのか、その内実を新聞読者に対して促す意味を持ち合わせていたということである。さらに、この展覧会の来観者の入りは好調で、開期が延長されるほど人気を博していたようすがうかがえる（「神展日延べ」『神戸附録』一九二三・五・二十八）。『神戸附録』で前衛芸術に関する術語を用いた評言は、この一九二三年からはじまったわけではない。しかし、大衆的な理解を促進させたのは、この展覧会だったといえるだろう。

「神展日延べ」の記事には、「神戸美術展覧会（洋画部）は郷土芸術家の殆ど総てを網羅して」いることも記されていた。つまり、神戸美術展覧会は郷土芸術家を取り上げ、彼らを網羅し、披露する意味を持ち合わせていたことがうかがえる。郷土芸術を志向するのは、神戸を冠する美術展覧会である以上、当然といえる。当然であることをあえてこのように記したと考えるなら、この背景には前年に立ち上げられた神戸美術協会の誕生がかかわっているかもしれない。

当時の兵庫県知事・有吉忠一（任期・一九一九―一九二二）は、「神戸は造船所や鉄工所のエンヂンの響き（、）ハンマーの轟きによつて物質文明を造り出された、凡てが慌たゞしく凡てが荒削りで、粗野で上辷りでチツトモ暖か味や懐し味がない（。）結局人間に与へられた高尚なる情緒の満足を得るには余り興醒めた土地柄である」（「神戸美術協会の誕生」『神戸附録』一九二二・三・二十四）と、当時の神戸のありようを否定的にとらえていた。記事には「何うかして神戸の文化を向上せしめたい、神戸の市民をして人間生活の真の味を知らしめたいとは有吉知事赴任以来の宿願」であり、「爾来三年知事は種々研究の結果（、）郷土芸術の振興に着眼―県下の画家（西洋、日本）彫刻家を網羅して『神戸美術協会』を組織する腹案」を立てたとある。そうして、有吉を会長にして誕生したのが「神戸美術協会」である。このとき、有吉がどのような芸術を想定して郷土芸術を形づくろうとしていたのか。その動機は読み取れるものの、具体的な郷土芸術の内実は判然としない。ただ、動機の前提である「土地柄」にまつわるとらえ方は、こうしたところにこそ芸術的価値を見出していく前衛芸術の志向とは相反する。

一九二二年十一月、神戸美術協会第一回展覧会が開かれる。ここで目立った傾向とはどのようなものだったのか。「見たまゝ記」というリポート記事では、実作に関して「日本画を見て感じたのは如何に今の若い人が新境地を見出さうとしてゐる努力の跡が窺はれる。或は洋画の境地に侵入しやうとしたり、画題に技巧に苦しんでゐるかを知ることが出来る」（「神戸美術協会 第一回展覧会開かる」『神戸附録』一九二二・十一・十六）と、新しい表現に挑んでいる形跡を画に読み込んで注目している。続けて、「水越松南のお弟子サン達が南画精神の新らし《（マヽ）》試みを見せてゐるのが眼立つた」としている。

ここに名前の挙がっている水越松南は、先述した第八回神戸美術展覧会で「洋画の印象派と表現派を一緒にしたやうな処がある」（前出）と批評されていた画家である。松南一派は、この一九二二年時点から翌年の第八回神戸美術展覧会に至って、前衛芸術に接近していく傾向を具体化していった経緯がみえてくる。その意味では、洋画に関しても「見たまゝ記」の「田中香苗氏の『涅槃之図』は未来派の行き方として成功したものだと思つた」という記述とも響き合う。つまり、「郷土芸術の振興」をめざす神戸美術協会の第一回展覧会において、新しさが注目され、その一つの現われとして、前衛芸術のあり方に視線が注がれていたとみることができる。

神戸美術協会に具体的な郷土芸術のビジョンがあったわけではない。「郷土芸術の振興」という目的のなかで、神戸における郷土芸術のあり方の一つとして、前衛芸術への接近やその表現に

【図1】「コルボー同人」(『神戸附録』1924・1・6) 左列前より、今井朝路、福井市郎、小川太郎、田中香苗。後列左より、進藤吾一、角野判治郎。

言及する批評記事が、郷土芸術と前衛芸術を包摂するような、当然、全面的なものではないが、そうした一面をもたらしたといえるのではないか。

ところで、「見たまゝ記」でも触れられていた田中香苗が、当時属していたコルボーという洋画団体に視線を移して、郷土芸術と前衛芸術とのかかわりを改めてとらえ直しておこう。コルボー(CORBEAUX)とはフランス語で鴉という意味で、【図1】はその名にちなんで黒っぽいスーツ姿で撮られた当時の写真である。神戸で暮らすこの六人の画家によって結成され、先述した第八回神戸美術展覧会が開かれる三か月前に、第一回展覧会を催していた。一九二二年の第一回神戸美術協会展で「未来派の行き方として成功したもの」(前出)と評されていた田中香苗は、コルボーの第一回展でも「田中君のものでは「活動写真のはねた時」が小唄のやうな、又は春ふる雪のやうな、或ひは公園に吹く花のやうな、なつかしい情調を示し（一）こゝでは立体派的の手法が決して我々の生活に縁遠いものではなきことを物語つてゐる」（「コルボー画評」『神戸附録』一九二三・三・二十三）と、「立体派」との関連が言及される前衛芸術の志向を打ち出していた画家であった。また、この記事で「立体派がゝつた田中君と作者自身の感情の表現を主とした今井君」というように、田中香苗とともに取り上げられている今井朝路も前衛的な考え方の持ち主であった。コルボーの集合写真（【図1】左）で、ひとり横顔に左手を添えてポーズをとっている今井は、赤マントをひるがえして神戸の街を闊歩していたこともある変わり者で、「新感覚派」に属することになる今東光とも交流を持っていた。このことは後に言及する。

今井朝路や田中香苗たちがこの当時、結成した洋画団体「コルボー」自体については、次の記事が成立状況を伝えている。

神戸の洋画界は、その人物の上から見ても運動から見ても久しい間『茫漠』の二字の中に進んでゐた。神展にしろ美術協会展覧会にしろ、この『茫漠』の中から何ものかを生み出す可く努めてゐたがそれは無名作家をあるレヴエルにまで引上げる機関にはなつたけれども、一歩進んで其人々の郷土芸術家としては自覚と意義ある運動への勇気とを起させるチヤンスにはならなかつた。／コルボーは、かうした雰囲気の中からどの画団よりも早く、自然に生れて来た、一つの形をとゝのへたる洋画団体である。（「芸術に生きる人々の群［五］ 鴉の超越味を持つコルボー」『神戸附録』一九二四・一・六）

ここで「神展」と記されるのは神戸美術展覧会のことである。また、「美術協会展覧会」は有吉が立ち上げた神戸美術協会の展覧会である。ともに先述したものだが、これらは神戸の美術界において、ある程度の役割は果たしたものの、もう少し踏み込んだ「郷土芸術家としては自覚と意義ある運動への勇気とを起させるチヤンスにはならなかつた。」と、コルボーの画家たちは考えていたことがわかる。このコルボーが成立するのは一九二二年の春ころ、つまり、神戸美術協会が誕生したころに相当する。さらに、ここから読み取れるのはコルボーの志向が郷土芸術家としての運動へ定着させていくことであり、それは「郷土芸術の振興」を目的とした神戸美術協会や、第八回神戸美術展覧会で「郷土芸術家の殆ど総てを網羅」していると報じられていたことと共鳴しているということである。そして、このメンバーのなかに前衛芸術を志向する田中香苗や今井朝路などがいたのである。

2．割拠する芸術団体

コルボーの成立は、神戸におけるさまざまな芸術活動グループを活性化させる起爆剤にもなっただろう。『神戸附録』はそうしたグループの動向を具《つぶさ》に伝えている。たとえば、「神戸を中心とする若い洋画家の間にまたも一つの団体が組織された（。）名づけて「ブラノアル」と謂ふ（。）仏蘭西のブラン（白）とノアール（黒）とを打つて一丸とした」（「『ブラノアル』新洋画団生る」『神戸附録』一九二三・十二・十）とされるこの九人による団体のなかには、とくに銅版画で神戸モダニズムを見出したとされる神原浩もいた。[7]「またも一つの団体が組織された」という表現からも、このような動向の活性化しているようすがうかがえる。

あるいは、「「関西学院で絵の生活をしてゐた者の集まり」と銘打」った六人によって結成された月徒会は、「特殊の技能とせず、飽まで自己表現、生活表現の一つとして洋画、木版画をものし一般に展観せしめたことは最も意識の深い、面白い、適切な企て」（「月徒社画展〔上〕」『神戸附録』一九二三・五・十一）と評言されている。月徒会には、のちに川西英[8]らとともに三紅会をつくる北村今三も参加していた。「表現主義的な木版画を作成したが、まさに日本にいながらドイツ表現主義に近い場所に生き、共鳴していた」[9]のが北村である。この北村も含めた月徒会は、自分たちの作品を「兵庫県会議事堂」で「一般に展観」し、「適切な企て」と評されるように、一般に対して閉じた活動ではなく、地元に開かれ、供されていく。

このような動きは絵画や版画だけでなく、詩や音楽、演劇といった芸術ジャンルを横断する形で展開されていく。たとえば、神戸芸術文化連盟は、芸術ジャンル横断をそのまま誌名とする『詩と音楽と美術』という名の機関誌を出す。この模様を伝える記事には「この会誌が号を重ねてゆくうちに郷土の芸術雑誌としても或る権威を持ちうる」（「詩と音楽と美術」『神戸附録』一九二三・六・四）という抱負も取り上げられている。[10]

ほかにも、鳴鐘社主催「『劇と詩』の会」の催しが、県会議事堂（「『劇と詩』の会」『神戸附録』一九二三・五・七）や三宮カフェーガス楼上（「『劇と詩』の会」『神戸附録』一九二四・九・十三）の場を借りて行われるというようなイベント紹介の記事にも事欠かない。演劇や詩の朗読などが混交したプログラム構成で、前述の三宮カフェーガス楼上で行われる際には、コルボーの今井朝路による「色彩詩について」という演題もみられる。また、稲垣足穂も詩画展を催す「D・G・S倶楽部」のメンバーに名を連ね、こうした動向の只中にいたのである（「D・G・S詩画展」『神戸附録』一九二四・十二・十）。

このように割拠する芸術団体の動きは、各団体の個性や各人の志向を雑多に抱え、混交させながらも、神戸の芸術的側面を活性化させていったことはまちがいない。この潮流は前衛芸術を主成分に郷土芸術を担って、それを披歴していく。ここでうかがえるのは、郷土芸術なるものが神戸の伝統と結びついた確固たる内実を欠くがゆえに、郷土芸術と呼べるものを形づくろうとする神戸を地元とする者たちの共振である。新たに郷土芸術をつくり出そうとする試みは、先述の美術展などで注目されていった新興の前衛芸術と親和性を持っていたといえるかもしれない。そのような郷土芸術を神戸という固有性を抱え持ったものとして考えたとき、これを担おうとする者の視線は神戸という景観へも注がれるだろう。これは二つ目の問いとして設定した神戸というロケーションに向けるまなざしを誘発する契機といえるが、これだけでは不十分だろう。次にそのあたりを考えてみる。

3．神戸というロケーションへのまなざし

『神戸附録』の「雑草園」という記事の枠は、神戸通信局独自に設けられていた。「雑草園」では読者からの投稿も受けつける。この欄から読者との交流を一つの目的とした集まりが、紙面を越えて野外で集う「スケッチの会」に発展した。もともと「雑草園三月の会として素人許りのスケッチの会」を実施する告知があり（「雑草園」『神戸附録』一九二三・三・五）、併せて「作品は紙上に発表するかも知れません。是非展覧会を催して関西美術界に一新時期を画したい考へで居ります。」と、読者に美術への関心を促して誘引する付言も行っている。実際に芦屋川あたりで催されたときには「この会を雑草園から離れて独立した永続的の会とする」話がまとまり、決定事項も『神戸附録』で報じられる（「雑草園スケッチの会を独立した永続的なものに」『神戸附録』一九二三・三・十九）。決定事項のなかには「暫時専門の画家を招いて話を聴くこと」という項目も含まれていた。後述するようにコルボーの面々が苦楽園一帯で催された第二回目の「スケッチの会」に参加することにもつながるが、ここで留意したいのは、『神戸附録』の読者が神戸支局員によって仕掛けられた企画に誘われつつも、参加者たち自らが独自に続けていこうとする姿勢で

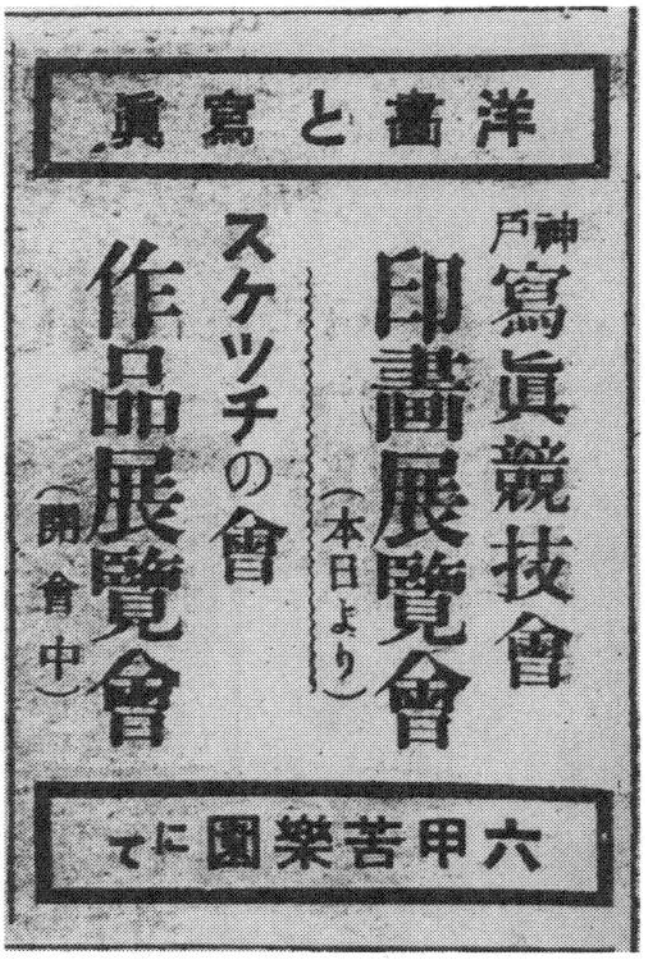

【図2】展覧会広告
（『神戸附録』1923・6・3）

ある。絵画で描くという方法で身近な場所をあらためてとらえ直す、そうしたロケーションへのまなざしを主体的に培っていく契機といえるだろう。

また、第二回目の「スケッチの会」の作品は「第一回作品展覧会」を催す運びとなる（「スケッチの会第一回作品展」『神戸附録』一九二三・六・四）。六甲苦楽園ホテルで開催された作品展は、開期日延べの告知もあり（「スケッチの会」『神戸附録』一九二三・六・九）、それだけ鑑賞者を集めていたと察せられる。作者のみならず鑑賞者にも神戸というロケーションへのまなざしを喚起し共有する場を提供することにもなっただろう。[11]

さらに、この展覧会は【図2】の広告からもわかるように、六甲苦楽園主催、神戸支局後援「阪神写真競技大会」での作品を展観した「神戸写真競技会印画展覧会」と抱き合わせで相互干渉するように催されていた。「スケッチの会」は例示に過ぎない。写真の分野でも似たような動きを確認することができる。概括してみると、熊沢麿二の神戸光波会（一九二一年創立）や淵上白陽の日本光画芸術協会（一九二二年創立）などがつくられたり、同時にアマチュアを対象とした写真競技会が催されたりする。一九二三年に湊川遊園地で催された神戸写真材料商組合主催による「第一回写真競技大会」には、雨にもかかわらず五〇〇人に及ぶ参加者が集っていた（「雨の街に競ふ／五百のカメラ党」『神戸附録』一九二三・十一・十九）。「スケッチの会」の展覧会が「写真競技会」の「印画展覧会」と抱き合わせで行われたのも同時並行的な動きを察知してのことだったとわかる。ロケーションへのまなざしは、その大部分が郷土を、あるいは一時期にせよ、この地に身を置いている人々が、絵画で描くという方法で、または写真で撮るという方法で、身近な場所をとらえ直す行為である。何も芸術家として身を立てている者のみが特権的に郷土芸術を担うわけではない。

「コルボー」の結成をきっかけに、さまざまな芸術分野での横断的な活動が多発していく、その同時期に「スケッチの会」や「写真競技会」のような読者をいざない、ロケーションへのまなざしを促す催しも行われていく。しかし、たとえば、「スケッチの会」に参加した人々がどのように前衛芸術の志向に触れ得たのか。それはコルボーのメンバーが「スケッチの会」に参加していたことにも認められるだろう。

「スケッチの会」第二回の模様を伝える記事には、「コルボウ会の人々――小川、福井、田中、今井の諸君も見えた。（中略）コルボウ会の人々の有益なる話があつた。その話は別の機会に発表するが今井あさぢ氏から画家の使命と云つたやうな話を聞くことが出来たのは当日第一の収穫であつた」（「カンバスを肩にして すけつちの会」『神戸附録』一九二三・五・十四）とある。「その話は別の機会に発表する」とあるが、これに見合う記事は管見のかぎり見当らない。先に引用した

「芸術に生きる人々の群（五）鴉の超越味を持つコルボー」に結実したのかもしれないが定かではない。また、今井朝路による「画家の使命」の話が「第一の収穫であつた」と記されているが、今井がどのようなことを語ったのか、その内容も記されていないために判然としない。しかし、「スケッチの会」の「第一回作品展覧会」を報じる記事には、「今井朝路氏の「夏来る」「ロンテニス」及び福井市郎氏の「ベランダ」等とコルボー会の会員の作品がとり分けこの中で異彩を放つてゐる」と記されている。[12]「スケッチの会」当日に参加した者は今井が語ったことを、そしてこの展覧会の鑑賞者はコルボーのメンバーが描いた絵画を、実際に耳にし目にする機会があったということである。それはロケーションへのまなざしを促された者たちが前衛芸術に触れる機会であった。その痕跡らしきことは今東光の自伝的小説『悪太郎』（中央公論社、一九五九・十二）からうかがい知ることができる。

今東光は関西学院在学中のころに交友していた今井朝路を、『悪太郎』のなかに実名で登場させている。[13]今自身をモデルとする紺野と今井とが「西灘の酒蔵が並んでいる海を背景とした景色の前でキャンパスを立て」、各々洋画を描く場面である。今井は紺野の絵を「死ぬほど退屈なコンポジションや」とこき下ろす。続けて、藤島武二を引き合いに出して、「あきらかに印象派の影響や。いや影響やない。あれはエピゴオネンちゅうもんや。模倣や。真似や。」と言ってのける。さらに「吾々は今日の絵描きやで。今日の絵描きというもんは、昨日までの芸術をみんな否定するところから出発してるんや。」と前衛的な姿勢で紺野を諭す。いま引用した部分以外にも、セザンヌの先を見据えた今井の言動が描かれたり、地の文でピカソなどの名を挙げて語り込まれたりしていくところにも、今井の前衛的な考え方の表れがみてとれる。

そして、「君は外的なものしか見いへん。それではあかん。風景を描くかて、そこに置かれたものを見るだけやったら、赤ん坊と同じこっちゃ。不連続的な自然の観念をそれに加えてみたまえ。もっと違った見方が出来るようになるやろ」と、風景を描く価値観の変更を迫り、「もっと違った見方」を強要する。この言述は先の引用部分を受けて展開する。その脈絡からすれば、ロケーションに向けるまなざしを前衛的に刷新する提言といえるだろう。

彼のような仕事ならば何も神戸の郊外までキャンバスや絵具を荷って来なくても、画室で出来るような気がする。しかしながら彼はそれを絶対に承知しないのだ。紺野をわざわざ誘っても、あちらこちらと写生して歩き、そこで彼の硝子玉みたいな眼を通して、自然を歪め、風景の色彩を塗り変えると満足したのだ。

今井は室内で描かない。写生を全うして、紺野が思う「自然を歪め」たもの、「風景の色彩を塗り変えた」ものに「満足」する。まずは、写生対象との実測的な対峙を尊重する。そのようにロケーションに臨む今井の姿が描かれている。

このような二人のやり取りは、「スケッチの会」での今井朝路を彷彿とさせる。もちろん、この小説「悪太郎」が発表されたのは一九五九年なので、この場面のモチーフになっていることが実際にどうだったのかということはわからない。それでもなお、前衛的な志向を持っていた今井朝路の軌跡のイメージを、このように刻印していることに注目してよいだろう。それはやはり「スケッチの会」の今井朝路のイメージともつながるように思われる。神戸というロケーションをスケッチし、絵画を描く意味を前衛芸術の見方から説く、そのようなイメージである。

おわりに

一九二〇年代はじめの神戸において前衛芸術が浸透していった側面、それが新たにめざされた郷土芸術の振興と折り重なり、一面的であるにせよ、接点を持ち得たことを提示した。さらに、郷土芸術を振興させていく催しのなかで、神戸というロケーションへのまなざしを喚起・誘発していくような痕跡がみてとれるところにも前衛芸術の息吹は流れ込んでいた。のちに「神戸モダニズム」と概括される内実には、神戸という場所を独自のものとする動き（＝郷土芸術）と一九二〇年代の神戸でも浸透した狭義のモダニズム（＝前衛芸術）とが織りなす営為をみてとることができるだろう。

このような経緯を考えていく際に、『神戸附録』を手掛りとしたことは限定的な性質がつきまとう。しかし、ここで明らかになることは、「神戸モダニズム」といわれるような様態を、その淵源として爆発的に現象させた事態ともいえるのではないだろうか。

とかく均質化していく都市モダニズムの只中にあって、新たに郷土芸術を盛り立てていこうとする動きは、神戸という特定の場所に向けるまなざしによって形象されることで、固有なものを考えさせる可能性を秘めている。このようなことを背景として稲垣足穂の「星を売る店」をとらえ直してみれば、神戸というロケーションを先の引用のように形象したこの小説表現の固有性にもつながるだろう。たとえ「星を売る店」のような試みが拡散して一般化・均質化したとしても、特定の場所が描き込まれていることに目を向けるかぎり、その固有性は見出される。そのような意味では読み込む側のあり方に帰する問題となる。

（註1）西秋生『ハイカラ神戸幻視行　コスモポリタンと美少女の都へ』（神戸新聞総合出版センター、二〇〇九・七）

（註2）神戸近代文化研究会が『大阪朝日新聞神戸附録』で神戸の文化を調査する際にまず拠りどころとしたのは、神戸を地盤とする『神戸新聞』、『神戸又新日報』などを対象に、一九二三年の時期にかんして予備調査を行ったところ、文化的な事柄について最も幅広く詳細な記事が拾えたからである。本論考もこの調査を土台としている。

（註3）「星を売る店」は、中村武羅夫の「神戸などにはかういふことがあり得ないやうに思へるのに、

場所をはつきりさせて、現実的に描いてゐるのがいけない」（「創作合評」『新潮』一九二三・八）という同時代評でも感知されていたように、「山本通り」（異人館通り）、「湊川」、「聚楽館」、「三宮神社」、「中山手通り」、「トアーホテル」、「元町」、「支那街」（南京町）など、神戸の街の具体的な地名・固有名が盛り込まれている。このようなところに稲垣足穂の神戸を舞台とした代表作に「星を売る店」があげられる所以があるのだろう。神戸の街の具体的な地名・固有名が盛り込まれることには、本論考で後述する神戸というロケーションへのまなざしともかかわる。

（註4）本論で考察する視点とは別に、稲垣足穂自身に目を向けると、足穂は木下秀一郎・普門暁らによって結成された未来派美術協会の第二回展（一九二一・十）に絵画「月の散文詩」を出品して入選し、さらに、この協会が三科インディペンデントに改称された翌年の展覧会にも絵画「カイネ博士に依って語られしもの」を出品していた。このように絵画における前衛芸術にも実作をもって関心を示していた。それが小説「星を売る店」の引用部のような表現の背景ともなっている。

（註5）前衛芸術の用語は、未来派や立体派、表現派などを主としたヨーロッパ発の芸術が、一九二〇年前後に日本で受容されていった芸術を総体的にとらえる形で使用している。「前衛的」と表現したときも前衛芸術の性質を帯びたものという意味で用いている。郷土芸術という用語は、本稿で取り上げる時期の神戸で散見される言葉である。椋棒哲也「郷土芸術・田園・地方色（ローカルカラー）」（『日本近代文学』二〇〇六・五）が農民文学との関連で、作家の郷土（故郷）や都会に対する田園・地方色という文脈で郷土芸術にもたらされた意味を明らかにしており、こうした流れと神戸での郷土

芸術への視線があながち無関係ではないと思われる。また一九二〇年代に入って、たとえば中村星湖は「大正十一年の文芸評論の一番大きな題目は何と言つても『階級芸術』であり（一）それに次いで目立つたのは『郷土芸術』であつた」（「新年の創作（二）」『読売新聞』一九二三・一・一）と言及していたり、片山孤村が「自然主義、新浪漫主義、象徴主義、郷土芸術、新古典主義、表現主義……その他主義の名を□ひら□ざる□々の傾向や流行の著るしきものゝみを数へ立てれば限りもない。」（「文芸と人種問題」『東京朝日新聞』一九二三・一・二十四、□は判読不明）と記していたり、中澤静雄が「郷土芸術の期待」と題した文章を「上」「中」「下」と三回にわたる記事（『東京朝日新聞』一九二四・三・四—六）を掲載していたりと、郷土芸術が俎上にのぼることも多かったことがわかる。このような同時代の動向との影響関係もあるだろう。

（註6）拙稿「「新感覚派」誕生直前期の神戸——稲垣足穂と今井朝路の軌跡を参照軸として——」（『横光利一研究』二〇一四・三）では、ブルリュークの来神前後の時期も含めて前衛芸術の動向を検討している。

（註7）たとえば、『関西学院の美術家たち～知られざる神戸モダニズム』（金井紀子編、神戸市立小磯記念美術館、二〇一三・七）では「エキゾチックな建物と樹木の柔らかな描写が魅力的な神戸女学院風景は、神原が見出した神戸モダニズムである。」と評されている。神原もまた川西英らの三紅会に参加している。

（註8）金井紀子は「川西英と三紅会」（『特別展　川西英と神戸の版画—三紅会に集った人々—』神戸市立

小磯記念美術館、一九九九・十）で、川西英について「都市風景や異国趣味の静物画など、繰り返し板刻された主題からもわかるように、神戸という街のハイカラな部分を良い意味で誇張し、エキゾチックなイメージ作りに寄与した版画家」と記している。

（註9）前掲、（註7）参照。

（註10）大橋毅彦は「〈調査報告〉1923年の『大阪朝日新聞　神戸附録』その1」（山本欣司、大橋毅彦、永井敦子『武庫川女子大紀要（人文・社会科学）』二〇一四・三）「1.「雑草園」に関する動向」のなかで、「〈郷土〉前景化の試み」について述べ、神戸芸術文化連盟にも言及している。

（註11）「スケッチの会」は芦屋川や苦楽園一帯で実施され、第二回「スケッチの会」とともに催された「写真競技会」などは苦楽園あたりで行われたが、このあたりは「阪神間モダニズム」として取り上げられる場でもある。当然ながら「阪神間モダニズム」は神戸と大阪に挟まれた阪神間の場だけで自足していたわけではない。とかく大阪との関係やこの地域独特の展開がクローズアップされて論じられることもあるが、「スケッチの会」や「写真競技会」は神戸側からアプローチする事例であり、交雑する場であったことがあらためて確かめられる。

（註12）福井市郎は版画制作も行って、川西英、北村今三らの三紅会に参加している。本文中でも取り上げた「神戸美術協会　第一回展覧会開かる」の記事に福井市郎の画について「先日林間個展で見た作品」という記述がみえる。芦屋で露天の林間洋画展覧会を行ったことを指しており、このようなことを挙行する面でも前衛的な美術活動を行っていたといえる。また、ロケーションを活用した

個展の事例である。

（註13）今東光の関西学院在学時期について、矢野隆司「今東光—関西学院と東光の生涯—」（『関西学院史紀要』二〇〇五・三）によれば、一九二一年四月十五日に関西学院普通学部（一九一五年に中学部と改称）に入学とある。一九一五年、四年の一学期で諭旨退学となり、九月に兵庫県立豊岡中学校に転校、第三学年に編入した。しかし、その年の暮れには豊岡中学校を退校処分となり、神戸に戻っていたようである。その後、上京し小石川区にあった川端画塾で絵を学び、一九一六年には神戸の今家に戻っている。そして、この年の十月には今井朝路らと「アブサン画会」を結成して、神戸の元町で洋画展を開催している。今は関西学院時代に今井と交友しはじめ、退学となって以降も絵画への関心を持ち、神戸に戻ったときには今井らと交流していたことがわかる。

【付記】本研究はＪＳＰＳ科研費１５Ｋ０２２８１の助成を受けたものです。

【コラム】

関西のメディア人・北尾鐐之助

荒井真理亜

北尾鐐之助（一八八四〜一九七〇）は紀行文学家、写真評論家として知られる。創元社より刊行された北尾の『近畿景観』全九編（一九二九・十二〜一九四二・四）は有名である。その推薦文で、薄田泣菫は北尾が「めぼしい近畿景観は一木一石の在所《ありか》までちやんと知り抜いてゐて、その上にまた風景に対する深い愛を持つてゐるので、この書が多くの類書のなかに伍して、際立つて異彩を放つてゐるのに少しも無理はない」[1]と評した。さらに荻原井泉水が『近畿景観』の特長として表現の明るさ、描写の細かさ、記述の正しさの三点を挙げ[2]、谷崎潤一郎も「丹念に、精密に——踏査し、低徊し、懐古し、詠嘆し、観察し、描写してゐる」[3]と述べたように、『近畿景観』には同時代の近畿各所の風景が写真と文によって鮮明に写し出されている。

北尾鐐之助は名古屋に生まれた。東京高等商業学校を中退し、名古屋新聞社勤務を経て、一九一二年に大阪毎日新聞社に入社した。仕事の傍ら、各所を訪れ、紀行文を執筆。一九一八年刊行の名家紀行文撰会編『名家紀行文』（精華堂書店）には、田山花袋や大町桂月らと並び、北尾の文章が四編収録されている。一九一九年には『山岳巡礼』（梅津書店）、翌二〇年には『山岳夜話』（梅津書店）を刊行している。

新聞社では、一九二一年三月、皇太子が渡欧の途中に沖縄県を視察するらしいという情報が入り、北尾が奄美大島への極秘出張を命ぜられた。北尾は、御上陸は奄美大島ではなく、那覇だと考え、独断で那覇へ向かう。北尾の予想は的中し、『大阪毎日新聞』は皇太子の沖縄視察を写真号外で独占スクープした。[4]

この時、北尾は福岡通信部に勤務していた。天神にあった自宅が炭鉱王・伊藤伝右衛門の別宅の近所だったため、その妻で歌人の柳原白蓮こと伊藤燁子と交流があった。一九二一年十月、所謂「白蓮事件」が起こる。燁子が東京で出奔し、社会運動家の宮崎龍介と駆け落ちしたのである。事件の前日に燁子と電話で話した北尾は何も聞かされていなかったため、社内で事件は虚偽だと主張した。結果、事件の第一報において『毎日新聞』は『朝日新聞』に遅れを取った。この時は責任を感じて辞職も考えたという。[5]

【図1】『サンデー毎日』創刊号
（関西大学図書館蔵）

【図2】『ホーム・ライフ』創刊号
（関西大学図書館蔵）

一九二二年四月、大阪毎日新聞本社新築記念事業の一つとして、『サンデー毎日』が創刊した。発刊時の方針は「編集局の人も、営業局の人も各自の趣味があり、色々学問をしている人もある。職務以外の趣味・芸術に関する意見を時々サンデー毎日に寄書して署名して載せる」[6]というものであった。北尾も編集同人となり「山岳縦談」[7]をはじめ、日本の温泉や観光名所の紹介、写真や映画に関する記事を書いている。一九二三年六月、北尾は海外視察員として中国に行く。一九二三年十二月から翌二四年七月まで国立公園視察のために渡米した。その印象を記した「ヨセミテとグランドキヤニヨン」を『サンデー毎日』（一九二四・五・十一）に発表している。帰国後、北尾は薄田泣菫、深江彦一に続く三代目『サンデー毎日』編集課長になった。一九二六年に『サンデー毎日』が始めた「千五百円懸賞　大衆文芸募集」は北尾の発案による。[8]千葉亀雄が選にあたり、同賞は大衆文芸の登竜門となった。

北尾は創刊号から『サンデー毎日』の表紙を担当した。表紙写真に掲載するモデル探しには苦労したらしい。阪急電車で見かけた美しい娘を尾行して、派出所に通報されたこともあった。しかし、この表紙写真が「いつの間にか私を写真の方へ深入りさせてしまつた」[9]という。さらに、一九二八年四月から八月まで文化映画の作成、写真旅行で南洋方面に出張している。

　一九三五年八月、大阪毎日新聞社が写真雑誌『ホームライフ』を創刊する。北尾はその編集長を務める。『ホームライフ』は一九四〇年十二月まで発行されたが、すべての号の「編輯後記」を北尾が執筆した。[10]「創刊号の編輯を終わつて」では、「家庭生活の趣味的・科学的なものを取上げて来てこれを示すことは今日の写真文化によることが最も早い」と語っている。北尾の写真に関する知識と技術が遺憾なく発揮されたのが、『ホームライフ』なのである。

　北尾鐐之助は一九四四年に定年退職するまで、三十四年間、大阪毎日新聞社に勤めた。『近畿景観第三篇　近代大阪』の「序」で北尾は「大正四、五年のころ、大阪毎日新聞紙上に「街上通信」といふものを連載したことがあつた」[11]と回想している。「現代の大阪」について新聞記事を書いたことが『近畿景観　第三篇　近代大阪』の執筆につながったのである。また、北尾は『ホームライフ』（一九三六・七）の「編輯後記」でも、「大新聞の機構があればこそ、はじめてこういふ雑誌の計画・発行が出来る」と述べている。北尾鐐之助の活躍は新聞社時代を抜きには語れない。北尾の多彩な才能は新聞というメディアを土壌に開花していったのである。

（註1）薄田泣菫「近畿景観を読む」（北尾鐐之助『近畿景観　第二篇　大和・河内』創元社一九三二・一　一―五頁）

（註2）荻原井泉水「明るさ、細かさ、正しさ」（北尾鐐之助『近畿景観　第二篇　大和・河内』前掲　六―九頁）

（註3）谷崎潤一郎「『近畿景観』と私」（『大阪毎日新聞』一九三六・四・二十一）

（註4）『毎日新聞七十年』（毎日新聞社一九五二・二　一九二―一九五頁）

（註5）北尾鐐之助「その後の白蓮女史」（『婦人公論』七年二号　一九二二・二　九―二七頁）なお、北尾鐐之助はその後すぐに伊藤伝右衛門に取材し、夫側の主張として「絶縁状を読みて燁子に与ふ」（『大阪毎日新聞』一九二一・十・二十四〜二十七）を書いている。

（註6）『毎日の3世紀―新聞が見つめた激流130年』別巻（毎日新聞社　二〇〇二・二　二〇四頁）

（註7）北尾鐐之助「山岳縦談」（『サンデー毎日』一巻一三〜一四号　一九二二・六・二十五〜七・十六）

（註8）北尾鐐之助「黎明時代―本誌創刊十五周年を迎へて」（『サンデー毎日』一六巻一七号　一九三七・四　一二頁）

（註9）註8に同じ。なお、『毎日新聞七十年』（前掲）によると、北尾鐐之助が使用していたカメラは、

「大正十五年中にアンゴー（中判）からミニマムパルモス（9×12センチ）に切換えられ、レンズもF6・8からF4・5と明るくなったので、撮影操作は非常に機敏にできるようになった」（二六六頁）という。

（註10）津金澤聰廣「『ホームライフ』の編集と北尾鐐之助」（『ホームライフ【復刻版】解説』柏書房二〇〇八・一）

（註11）北尾鐐之助『近畿景観　第三篇　近代大阪』（創元社　一九三二・十二　一—三頁）

第四章　散種されるモダニズム

「理想住宅」と「煌ける城」——一九二〇年代・阪神間の建築表象をめぐって

高木　彬

はじめに

一九二〇年一月一日付『大阪朝日新聞神戸附録』（以下、『神戸附録』）の第一面、欧米視察から帰国したばかりの元兵庫県知事・服部一三《いちぞう》[1]は「もう凡てが世界的になつちよるわい」と言い放った。「欧羅巴は欧羅巴だ、日本は日本だといふ風に別物に治まつちよる時代ぢやないモウ（ママ）凡てが一緒になつちよる」。

そんなはずはない。未だ「別物」でなければ、あえて「一緒になつちよる」と言う必要もないからだ。ただ、服部の発言を下支えしていたものがある。神戸だ。「世界的」と言ってすぐ、彼は「倫敦のテームズ河と神戸港」とを並べた。

旧外国人居留地と貿易港とを擁するエキゾチックでハイカラな国際海港都市——こうした神戸のイメージは、グローバル化が進んだ現在でもしばしば耳にする。そのイメージの散布には、赤レンガの洋館や舶来品が存在するだけでは足らない。服部風の放言が必要とされる。

西秋生[2]は、こうした「ハイカラ神戸」のイメージ形成と普及を先導した言説として、たとえば稲垣足穂《イナガキタルホ》の『一千一秒物語』（一九二三）を挙げている。「ここに見出される精神こそまさしく、異国情緒あふれるお洒落な街・神戸を演出するものの原型に他ならない」。西によれば、それは東京のモダニズムとは異質な、「神戸モダニズム」とでも呼ぶべきものだったという。

たしかに、足穂の一九二〇年代のテクストが「ハイカラ神戸」を「演出」した側面もあるだろう。だが、「戦前の詩壇・文壇における〈神戸モダニズム〉のシンボル」として足穂をフレーミングしてしまうと、テクストの固有性は見えにくくなる。たとえば同時期の足穂には、阪神間の郊外住宅を批評的にモチーフにしたと思しきテクストがある。

阪神間。地理的にはそこは、六甲山の南麓、大阪と神戸との間を指す、ローカルな一帯である。しかし、同時代のグローバルな田園都市運動の潮流をほぼリアルタイムで引き受けていた。赤レンガの「ハイカラ神戸」とはやや位相の異なる「理想住宅」を培養していた。

本稿では、まず阪神間の住宅地形成過程を概観する。次に、そこが一九二〇年代においてどのようにイメージされていたのかを『神戸附録』を手がかりに検討する。最後に、足穂のテクストにおける阪神間の建築表象が、同時代においてどのような批評性を有していたのかを瞥見する。それは、「神戸モダニズム」とは別の側面から足穂のテクストに光を当てることにもなるだろう。

一　阪神間の住宅地形成

阪神間に住宅地が形成された発端は、大阪における大気汚染と住宅難にあった。大阪は、紡績業を中心とした工業の発展によって、日清戦争期から〝東洋のマンチェスター〟と称されていた。また、関東大震災（一九二三・九）による関東からの人口流入によって市域を拡張し、〝大大阪〟時代を迎えていた。その大阪を拠点とする経営者や資本家が煤煙と過密から脱出するために、阪神間に移住しはじめたのである。たとえば、朝日新聞社社長の村山龍平は一九〇〇年、当時まだ山林だった御影に土地を取得して自邸を建設し、住宅地を開いた。一九〇三年ごろから地元の有力者・阿部元太郎《もとたろう》も、住吉村を開発しはじめる。

こうした個人地主による宅地開発に続いたのが、私鉄会社だった[3]。一九〇五年、阪神電気鉄道は、大阪（出入橋）―神戸（三宮）間の営業運転を開始。大阪で働くサラリーマン層をターゲットに職住分離のライフスタイルを提案し、沿線を郊外住宅地として開発していく。一九〇九年には西宮停留所前に三十二戸、一九一〇年には武庫郡鳴尾村に六十四戸を建設する。

宅地開発と同時に阪神の高田兼吉は、医学的見地から郊外移住をプロモートするための講演会を大阪の医師連を動員して開催している。『市外居住のすゝめ』[4]（一九〇八・一）はその講演録。大阪府立医学校（現・大阪大学医学部）の佐多愛彦《あいひこ》を中心とする医師十四名が阪神間を「健康地」

として定義し、移住を「すゝめ」た。

そこで佐多[5]はこう断言した。「最近十数年来大阪市の（…）工業の発達は殆ど日本に冠絶し、英吉利のマンチェスターをも凌がうといふ有様で、所謂煙突林立煤煙天に漲り、我々の呼吸する限りの空気といふ空気は煤と埃との固りである」（傍点原文）と。呼吸器病での年間死亡者数が「全死亡者の四分の一」に上り、肺結核での死亡者が「全死亡者数の六分の一以上に当つて」いることを佐多は強調した。

> 今日の如く漸次市外交通機関が発達いたしまして数十分乃至数時間程の所に愉快なる田園があることゝなりました以上は、何を苦んで此煤煙多き都会の地に永住の愚を敢てするの必要があらうか。私は断る単純なる理由からしても、諸君に事情の許す限りは田園生活に付かれたい。勤務時間の外は成るだけ早く此塵埃多き空気より遠かられたいといふことを切に勧告したいのである。

当時、肺結核は社会問題だった。内務省は省令「肺結核予防ニ関スル件」（一九〇四）を制定、大阪でも府令「肺結核予防細則」および「告諭第一号」（一九〇四）を発した。そうしたなか、医師が医学的見地から「勧告」した大阪脱出と「田園生活」は、大阪府民に相当な訴求力を持っていただろう。

そして、その「煤煙多き都会」からの脱出先、「市外交通機関」で「数十分乃至数時間程の所」にある「愉快なる田園」として喧伝されたのが、阪神間だった。大阪長谷川病院院長・長谷川清治は「阪神付近の健康地」[6]と題して「住吉魚崎辺より西宮迄は山の手、海浜共に宜しい」とお墨付きを与えている。「空気は固より清新で、土質も海浜は砂白く水清く山の手は砂又は赤土で飲料水も多く善良である」。長谷川は、大気の清浄さに加え、土質・水質の良好さにおいて阪神間を評価している。河川沿いの傾斜地という、住宅の立地条件においてはかならずしも良好とは言えない土地を、「健康地」という観点から評価した。

さらに同書は、そうした「健康地」の開発者として阪神電鉄を指定した。緒方銈次《けいじ》郎《ろう》は[7]、「休日毎に電鉄を利用して此処［住吉］に遊」び、その住吉を「自ら以て衛生上の最適地と信じ」ると述べた上で、「阪神電気鉄道会社にて市外居住を勧めらるゝ以上は一層奮つて此付近の健康地を購ひ、市内に通勤する人士の為に衛生に適したる家屋を建設し、之を相当なる価格を以て貸与する方法を建てられたならば如何であるか」と提言した。これを承けるかたちで翌年以降に竣工したのが、先に触れた、《西宮停留所前住宅地》（一九〇九）や《武庫郡鳴尾村住宅地》（一九一〇）だった。

このようにして、「煤煙多き」大阪から阪神間の「健康地」への脱出、という阪神電鉄が敷いたストーリーは、自ら阪神間に遊ぶ大阪の医師連によってオーソライズされた。阪神間は、「田園生活」のための住宅地として発見されたのである。

ただし、当初阪神電鉄が建設したのは賃貸住宅だった。一方、一九一〇年に梅田―宝塚間の営業運転を開始した箕面有馬電気軌道（のちの阪神急行電鉄＝阪急）は、宅地開発では阪神電鉄に一歩遅れたものの、《池田室町住宅地》（一九一〇）の販売において月賦分譲というシステムを確立した。それは、その後の阪神間の住宅地経営のモデルとなり、中産階級以上のサラリーマンのライフスタイルをかたちづくった。阪急の池田室町の翌年には、阪神も分譲住宅の販売を御影で開始している（一九一一）。いわゆる阪神と阪急の開発競争は、ここから始まった。

阪急のプロモーション戦略は、おおむね阪神のそれに準ずるものだった。経営者の小林一三《いちぞう》は、池田室町開発前の一九〇八年、阪神の『市外居住のすゝめ』より数ヶ月遅れて、『最も有望なる電車』[8]（一九〇八・十）という広報誌を作成した。大阪の資本家を中心に一万部を頒布している。「阪神線の沿道」が「飲料水の清澄なること、冬は山を北に背にして暖かく、夏は大阪湾を見下ろして吹き来る汐風の涼しく、春は花、秋は紅葉と申分のないこと」をアピールしている。また翌年には『住宅地御案内』[9]（一九〇九・十二）という冊子を出版し、「空暗き煙の都に住む不幸なる我が大阪市民諸君よ！」と阪神間への移住を訴えた。やはり阪神と同じ衛生的観点から売り込んでいる。「出産率十人に対し死亡率十一人強に当る、大阪市民の衛生状態に注意する諸君は、慄然として都会生活の心細気を感じ給ふべし、同時に田園趣味に富める楽しき郊外生活を懐《おも》ふの念や切なるべし」。小林が理想としたのも、「晨《あした》に後庭の鶏鳴に目覚め、夕《ゆうべ》に前栽の虫声を楽し」むような「田園的趣味在る生活」だった。それを実現する住宅を、彼は「理想的住宅」と呼んだ。

二 「田園都市《ガーデン・シティ》」と「田園郊外《ガーデン・サバーブ》」

このように阪神・阪急の住宅地開発過程を概観すると、「健康地」とセットで「田園」というコンセプトが現われていることがわかる。阪神の佐多医師は「愉快なる田園」や「田園生活」を推奨し、阪急の小林は「田園的趣味在る生活」を説いていた。彼らの「田園」というコンセプトを再考するために、ここで同時代の欧米の「田園都市」(Garden-City)構想に目を向けてみよう。

一八九四年、イギリスの社会改良家エベネザー・ハワード(Ebenezer Howard)は、『明日――真の改革への平和な道』(To-morrow: A Peaceful Path of Real Reform、一八九四)を刊行した。産業革命がイギリスの工業都市にもたらした住環境の悪化、およびその改良策を提案した。八年後に出版した改訂版『明日の田園都市』(Garden Cities of To-morrow、一九〇二)は、「田園都市」というコンセプトを世界的に普及させた。

「田園都市」とはその名のとおり、「田園」と「都市」、双方の性質を併せ持つ空間である。ハワード[10]によれば、「田園」には、美しい自然と新鮮な水や空気がある。だが、インフラや職場がない。いっぽう「都市」には、社交や雇用の機会があり、巨大建築や歓楽街がある。だが、自然から遠く、水や空気は汚染されている。こうした「田園」と「都市」の両者の長所を兼ね備え、欠点を補い合うものとして、「田園都市」は構想された。そこには美しい自然と社会的な機会があ

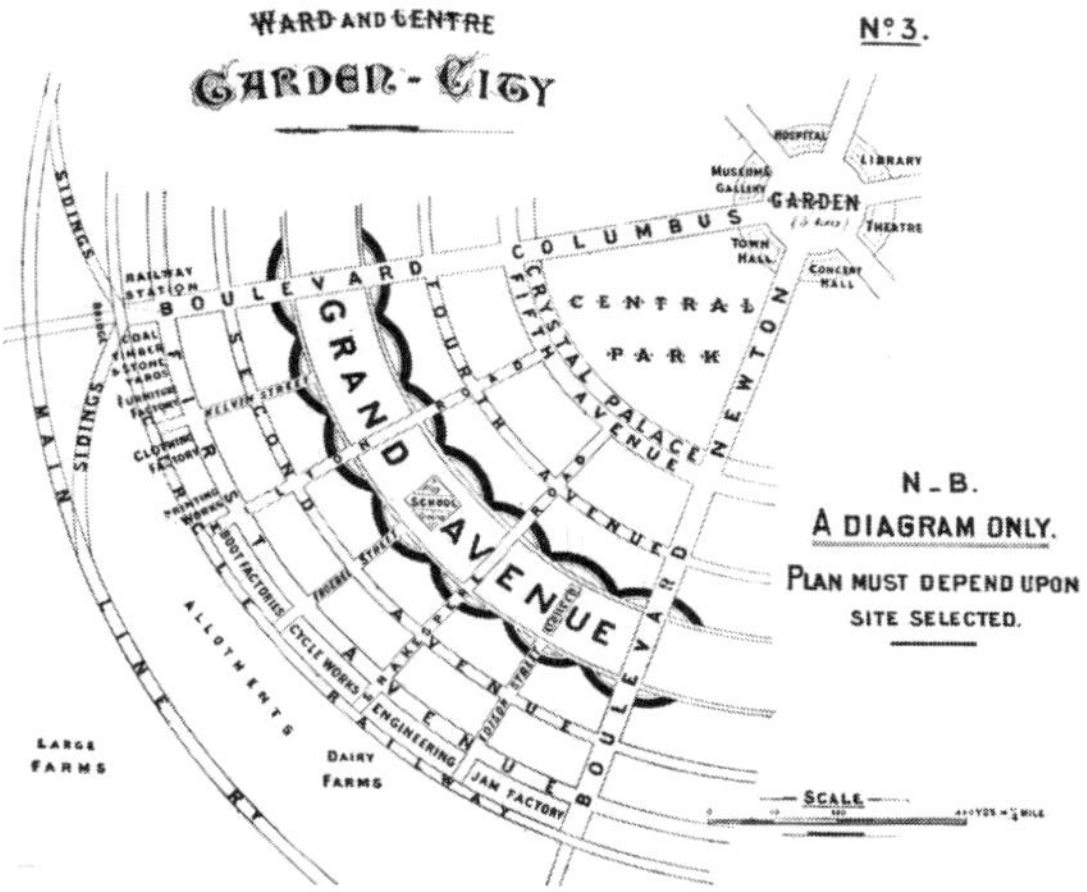

エベネザー・ハワード《田園都市（計画図）》、1902（出典：Ebenezer Howard, Garden Cities of To-morrow, London : Swan Sonnenschein & Co., Ltd., 1902）

る。新鮮な水や空気とインフラがある。

敷地は、大都市から鉄道で接続可能な郊外に設定された。面積は約四〇〇ヘクタール。六本の放射状のブールヴァールを都市軸として、中心から同心円状に公園、公共建築、住宅地を配し、その周囲に工場、倉庫、市場が層をなす。さらにその外周には約二〇〇〇ヘクタールの農場を巡らせる。不動産の個人所有は禁じられ、すべて賃貸借される。賃料は組合を介して都市の建設資金へと供される。「地代収入は公共、つまりは市のものとなり、その相当部分は永続的な改良に費やされる」[11]。このように「田園都市」は、敷地内で生産（職）と消費生活（住）が完結する、大都市から社会的・経済的に自律した自給自足の都市である。いわゆるベッドタウン、職住分離の田園郊外《ガーデン・サバーブ》住宅地ではない。ハワードは「田園都市」を、ロンドンやマンチェスターといった工業都市のオルタナティヴとして構想したのである。

一方、阪急が開発した住宅地には、都市インフラが整備されていたものの、工場・農場（職場）はない。大阪への電車通勤を想定したベッドタウンだった。ゆえにそれは「田園都市」とは呼べない。「外国の電鉄会社が盛んにやつて居る住宅経営」に倣ったと小林[12]も述べているように、それは居住専用のガーデン・サバーブに等しい。先行する阪神の住宅地も同様である。芦屋に別荘を持ち、ロンドンへの留学経験もある医師・高安道成[13]は、『市外居住のすゝめ』で阪神間の「健康地」を「所謂英語のサバーブなる場所」と呼んでいる。鈴木博之[14]は、ロンドン北郊に建設された世界初のガーデン・サバーブ《ハムステッド田園郊外住宅地》(Hampstead Garden Suburb、一九〇六）が、阪神の住宅地開発において「参考にされたことは疑いない」と述べている。ロンドンで「この時期に開発される地下鉄沿線の住宅地は、「健康な住宅地」であることを重要な宣伝文句にして」おり、それは『市外居住のすゝめ』で阪神が採ったプロモーション戦略とほぼ同じである。

しかし、そもそもガーデン・サバーブのコンセプトも、やはりハワードの「田園都市」を引き継いだものだった。『明日の田園都市』刊行の翌年、ハワードは「（第一次）田園都市株式会社」（(First) Garden City Ltd.、一九〇三）を設立し、ロンドン北郊の《レッチワース》(Letchworth)に自身が提唱した「田園都市」を建設する。その実施設計に携わった建築家レイモンド・アンウィンとバリー・パーカーこそ、《ハムステッド》の設計者でもあるのだ。中川理[15]によれば、「ハワ

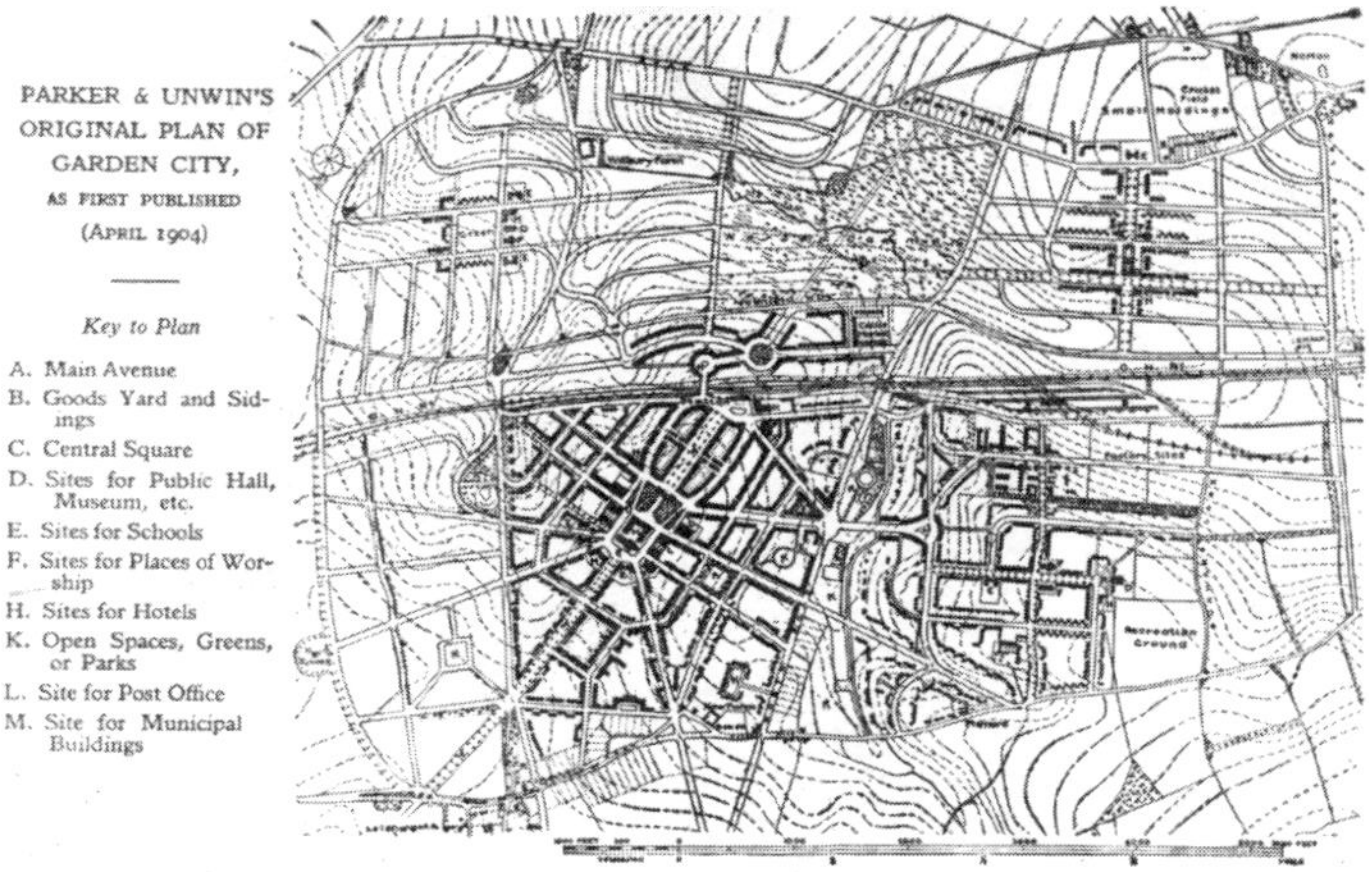

レイモンド・アンウィン＋バリー・パーカー《レッチワース（計画図）》、1904（出典：Cornell University Library Digital Collections, https://digital. library. edu/ catalog/ ss : 575323）

ードの田園都市と、ガーデン・サバーブは、その都市デザインの考え方においては大きな差はなかった」という。

阪神・阪急の住宅地も、やはりハワードの「田園都市」を目指すものだったのではないか。鹿島茂[16]は、「箕面電車［阪急］の建売住宅の販売の際、小林が各市街に、購買組合と倶楽部（社交クラブ）を設けたことは、彼の理想が欧米型の田園都市計画にあることをよく物語ってい」ると指摘している。「小林は池田室町の中心地点に倶楽部を造り、同時にそこに購買組合を設けて、住民自身で生活用品を仕入れ配分するようなシステムを作った」。倶楽部も購買組合も日本の実情と合わず長続きしなかったものの、大都市（大阪）から自律した社会性と経済システムとを小林が導入しようとしていたことは、彼にとっての「理想」がやはり「田園都市」にあったことを裏付けている。

ハワードの「田園都市」を日本で最初に紹介したのは、一九〇六年十二月、内務省官僚・井上友一が中央報徳会の機関誌『斯民』に寄せた「花園都市と花園農村」[17]（一九〇六・十二）だろう。そこで井上は、「エベネゼル、ハワードと云ふ一種の大企業家」の「花園都市《ガーズン・シチー》」を紹介している。次いで、井上の部下にあたる内務省地方局有志が一九〇七年十二月に『田園都市』[18]を編纂・出版する。しかし、阪神の高田が『市外居住のすゝめ』を出版したのはこの翌月（一九〇八・一）である。竹村民郎[19]が指摘するように、「同書は一四人の大阪を代表する名医による数回の講演会をもとに刊行されたとすると、『田園都市』の直接的な影響で製作された可能性は考えられない」。井上の「花園都市」を参照した可能性は残るものの、すくなくとも阪神は『田園都市』を経由していなかった。また『田園都市』は、大都市からの自律を目指したハワードの「田園都市」を、大都市への通勤を念頭に置いた「田園郊外住宅地」へと「意図的な誤訳」[20]を与えながら紹介していた。一方で、阪急の小林による住宅地はあくまでも「田園都市」を「理想」とするものであり、『田園都市』とは正反対のベクトルを有していたことがわかる。このように阪神や阪急は、内務省主導の地方政策とは半ば独立したかたちで住宅地開発をおこなっていたと言える。ロンドンやマンチェスターが《レッチワース》や《ハムステッド》を必要としたのと同じように、工業都市・大阪が、阪神間の「田園」を「理想」としていたのだ。

三　「田園都市」における「理想」

では、その「理想」には、歴史的にどのような性格が与えられていたのだろうか。長くなるが、さらに源流へ遡っておきたい。大都市から自律した自給自足の都市は、ハワード以前から構想されていた。たとえば、クロード・ニコラ・ルドゥの《ショーの理想都市》（Cité idéale de Chaux、一八〇四）やシャルル・フーリエの《社会宮》（Phalanstère、一八〇八）、ロバート・オーウェンの《ニュー・ハーモニー》（The New Harmony Community of Equality、一八二六）などである。それらは、工場と住宅とを兼ね備えた「理想都市」だった。だが、そのほとんどは実現に至らなかった。

ハワードの「田園都市」も、こうした「理想都市」の系譜を受け継いだものと言える。直接的には、社会主義的ユートピアを描いたエドワード・ベラミーの『顧みれば』（Looking Backward: 2000-1887、一八八八）から着想を得たという。一八八七年、催眠剤で眠りに落ちたジュリアン・ウェストが、社会主義化が実現した二〇〇〇年のボストンを目の当たりにし、そこから一八八七年の都市問題を顧みる、という筋立ての空想社会主義小説である。ハワードは「そこに描かれているユートピアを実際につくってゆこうと考え、田園都市という概念にたどり着[21]」いた。従来の社会主義的都市計画と同じく、ハワードの「田園都市」も、出発点はフィクショナルなユートピアにあった。

ただし従来と異なったのは、先に触れた《レッチワース》のように、ハワードの「田園都市」が実際に建設されたということである。よく知られた関東大震災後の帝都復興計画の段階的縮小[22]のみならず、あらゆる都市計画はその実施時に、外圧との駆け引きによって大小の修正を余儀なくされる。細部まで精巧に設計された社会主義的な「理想都市」においては、そうした修正や妥協は致命的であり許されない。先行する都市計画が紙上のユートピアにとどまったのは、そのリジッドなプランが実際的な修正に耐えられなかったからだろう。

しかしハワードは、ルドゥらのように、計画した都市をそのまま建設しようとしたわけではなかった。ウィリアム・モリスのアーツ・アンド・クラフツ運動のように、ヴァナキュラーな民家を評価した。また、地形、樹木、河川など既存の自然環境をそのまま活用した。たとえば《レッチワース》では、既存の入会地《コモンズ》はそのまま残され、「一本の木も切り倒さない」というコンセプトのもとに自生の樹木は保存された。「丘陵の稜線に沿って」街路は敷設され、「中心部を流れる河川に沿って、帯状の公園が設けられ[23]」た。実現した《レッチワース》は、当初の「田園都市」の同心円状プランとは大幅に異なるものだった。

しかし、ハワードにとってそうした設計変更・修正は織り込み済みだった。というか、そうした修正のなかで自然環境と有機的に織り合わせられることにこそ「田園」と「都市」との「調和」の理念が実現するとハワードは考えた。先述の同心円状プランの余白には「A DIAGRAM ONLY」（図式のみ）とあった。「PLAN MUST DEPEND UPON SITE SELECTED」（平面図は実際の敷地に応じて変えること）[24]と明記されていた。

このように、ハワードの「田園都市」は、先行する社会主義ユートピアが「理想」としたものをゆるやかに継承しつつも、その設計思想においては一線を画していたと言える。「この計画、というかもし読者がお望みであれば、この計画の不在と言ってもいい」[25]——ハワードの「田園都市」は、計画の修正それ自体を計画に内包するという戦略によって、その「理想」がそのまま地上に実現しうる論理を示したのである。

阪神・阪急による住宅地がハワードの「田園都市」と通底するものだったとすれば、小林一三のいう「理想的住宅」もまた、阪神間という土地に建築された「理想」だったと言える。先述のとおり、「田園都市」は、大都市から鉄道でアクセス可能で、一定量の自然を有する土地であれば、原理的にはどこでも敷地としえた。土地の固有性は障害ではなく、むしろ「理想」を実現するための不可欠の要素だからだ。逆説的にそれは、土地の固有性を計画に組み込むことで、固有の土地に縛られない汎用性を獲得した。事実、ハワードの「理想」は、世界各地に散布された。阪神間にもまた、少なくとも理論的にはその純度を落とすことなくローカライズされたのである。

四　一九二〇年代の「理想住宅」

このように阪神間の住宅地は、それを設計し経営する側にとっては、地上に現れた「理想」と

《松本寅次郎邸（芦屋）》
（出典：『大阪朝日新聞神戸附録』1923・1・4、1面）

しての側面を持っていた。ただしその「理想」は、別の角度からまなざす側にとっては、さまざまな色合いを帯びることになる。

阪神と阪急の「理想的住宅」の開発競争は、一九二〇年代に激化する。とくに後発の阪急は急速に追い上げた。阪神は甲子園（一九二八）の開発のみだが、阪急は、一九二〇年七月に十三―神戸間を開通して以降、岡本（一九二二）、西宮・甲東園（一九二三）、西宮・仁川（一九二四）、伊丹・稲野（一九二六）、西宮北口・甲風園（一九二九）と、ほぼ隔年で住宅地を開いた。

そんななか、地元紙の『神戸附録』は、「過渡期にある阪神間の理想住宅」（一九二三・一・四―六）と題す[26]る記事を一面で連載している。初日の四日の記事は、「阪神沿道で大きな建物と云えば」と語り出し、大谷光瑞の《二楽荘》（一九〇八）と久原財閥の《久原房之助邸》（一九〇八）を筆頭に挙げている。次いで、岩井商店の《岩井勝次郎邸》（一九〇六）、野村財閥の《野村徳七邸》（一九二二）、摩耶鋼索鉄道の《長谷川銈《けい》五《ご》郎《ろう》邸》（一九一八）、藤澤商店の《藤澤友吉邸》（一九二二）などを並べていく。いずれも、住吉、御影、芦屋の大邸宅である。

ただし記事は、「僅か三四十坪の瀟洒な洋館小住宅が其間を点綴して此頃一段の色彩を添へて来たのは嬉しいこと」として、上記の大邸宅の間に散らばった、敷地面積が比較的狭い「小住宅」へも目を転じる。

> 其中にはバンガローありコッテージありコロニアルタイプのものありあめりか屋のものあり、和洋折衷のもの日本家屋に洋館を喰附けたものなどとり〴〵様々、文化生活の理想が思ひ〳〵の形象と色彩を生んでパノラマのやうに赤、青、白の稜どりを織りなしてゐるのは美しい一つの画であり又住宅改良に憂身を窶す過渡時代の繁雑と混乱とでもある

この記事のうち「コッテージ」とは、イギリスのガーデン・サバーブに多く見られる、ヴァナキュラーな民家を模した住宅建築様式のことである。ハワード由来の「田園都市」とも親和性が高い。ただしこの記事は、当時日本に移入されつつあった他の欧米住宅様式をも列挙していく。

たとえば「コロニアルタイプ」とは、まずは開拓時代以来アメリカで普及しているアメリカン・コロニアルと呼ばれる木造住宅のこと。スレート葺き腰折屋根と屋根窓《ドーマー・ウインドウ》が特徴である。あるいはそれは、アメリカ南部でリバイバルされていたスペイン統治期の様式、赤瓦と白壁のスパニッシュ・コロニアルの可能性もある。これら二つのコロニアル・スタイルが、アメリカ出身の

《伊藤九平邸（芦屋浜）》
（出典：『大阪朝日新聞神戸附録』1923·1·4、1面）

建築家ウィリアム・メレル・ヴォーリズによって、阪神間に普及しつつあった。

　また「バンガロー」とは、当時カリフォルニアで流行していたベランダ付きの木造平屋建てのこと。それを日本へ持ち込み普及させたのが、この記事にも名前がある「あめりか屋」だった。一九〇九年に発足した、東京と大阪を拠点とする住宅専門の設計事務所である。代表の橋口信助は「住宅改良会」（一九一六）の設立に関与し、大正期の住宅改良運動を牽引した。橋口がアメリカから持ち帰ったバンガロー・スタイルは日本の風土にも適し、和式住宅の洋風化（和洋折衷）を目指す住宅改良運動のアイコンとなった。おそらくこの記事はそうした文脈を踏まえている。「住宅改良」という言葉も見えるし、旧来の「日本家屋に洋館を喰附けたもの」（和館・洋館並立形式）と「和洋折衷」とを区別しているからだ。

　翌五日の同記事[27]は「接客本位から家族本位へ」と小見出しに掲げ、この住宅改良運動にクローズアップしている。「従来第一に考慮された床の間が次第に影を潜め居間兼応接間と云つた簡単な洋風に変つて行き堂々たる門構が小さくなるやうである」。床の間の廃止と玄関の簡素化は住宅改良運動の基本方針である。この記事ではその代表例として、西村伊作が設計し御影に竣工した大阪尚美堂主人の《江藤嘉吉邸》（一九二二）の間取りを詳説している。

西村伊作は、あめりか屋と並んで住宅改良運動を推進した建築家である。一九二一年、御影に建築設計事務所を構えた。同年出版した『田園小住家』[28]（一九二一・九）では、自身が設計した「バンガロー」や「コッテージ」を解説している。冒頭で、「この書は田園都市に建つ可き小さな住家の設計略図と其の説明を集めたもの」（傍点引用者）と述べている。自らが設計した住宅建築の敷地として、伊作はハワード由来の「田園都市」を想定していたことがわかる。翌年に御影に建てた《江藤嘉吉邸》は、「田園都市に建つ」「小さな住家」という伊作の「理想」が具現化したものだったのである。『神戸附録』の記事でも、この《江藤嘉吉邸》を「所謂「理想住宅」」と呼んでいる。

西村伊作《江藤嘉吉邸（御影）》
（出典：『大阪朝日新聞神戸附録』1923･1･5、1面）

「バンガロー」、「コッテージ」、「コロニアルタイプ」。いずれも欧米の中流階級の住宅様式

過渡期にある
阪神間の理想住宅
文化生活の理想からとり〴〵の形象と色彩を生む
貧民黨は初夢にでも描け

茂九公「阪神間の理想住宅（上）」
（『大阪朝日新聞神戸附録』1923・1・4、1面）

である。それら「文化生活の理想が思ひ〳〵の形象と色彩を生んでパノラマのやうに赤、青、白の稜どりをなしてゐる」。「過渡期にある阪神間の理想住宅」という連載記事を読めば、阪神間という「田園」の上に欧米の種々の建築様式が移植されている様子が、まるで「一つの画」のように俯瞰できる。紙面に併載された建築写真はそれを視覚的に補っている。

新春三日間にわたって一面に連載されたこの記事は、これから阪神間に移住しようとする中流階級にとっては、「理想住宅」のカタログのように見えただろう。

ただし、別の角度から見ればこの記事は、種々の目新しい建築様式を矢継ぎ早に羅列することで、「理想住宅」を「パノラマ」のように表層的に眺めることを読者に促してもいる。個別的な由来を持つ建築様式を「住宅改良に憂身を窶す過渡時代の繁雑と混乱」として一括し、揶揄している。和館・洋館並立形式と和洋折衷とを区別するなど建築の専門的知識を持つであろうこの記事の筆者は、にもかかわらず後段で「専門的知識を持たぬ者」とあえて自称することで、『神戸附録』の過半の読者のまなざしに寄り添っているのである。

四日の記事の小見出しは、「文化生活の理想からとりぐ〳〵の形象と色彩を生む」とした後に、活字のポイントを上げて「貧民党は初夢にでも描け」と続けていた。また六日の小見出しも「山の手に発展するは人間の優越根性から」としていた。たしかにこの記事は中流階級に「文化生活の理想」を与えたかもしれない。それは、阪神や阪急のプロモーターたちが素朴に描いた「理想」とも近い。だがここには、それとは異質な視線も共存しているのである。庶民（「貧民党」）にとって「理想住宅」はあくまでも「初夢」のようなものでしかない。その距離は、私鉄会社が敷いたレールでは縮めることができないものだ。

こうした視線は他の記事にも見出せる。一九二〇年の元旦から連載された記事「十年後の阪神沿道」[29]（一九二〇・一・一―十七）は、こうした阪神間における私鉄沿道の宅地開発をさらに冷ややかに眺めている。たとえば第二回の記事[30]では、過去十年間（一九一〇―一九一九）の「阪神沿道から尼崎以東を切離した武庫郡」における宅地面積の急激な拡大と田畑山林の減少を、数値データに基きつつ指摘している。「特に急激に宅地の殖えて行くのは精道村の十四割強」と「住吉村の十三割強」であり、「其他西灘村の七割、魚崎の六割四分、御影町、本庄村の各五割二分、西宮町の四割二分」と続けている。そしてこのように結論する。「今後は既往よりも更に一層急激なる宅地の増加率を示すに違ひない」から「十年後の阪神沿道は真にところぐ〳〵にしか田園の風致を残存する箇所はなくなつて仕舞ふであらう」。すなわち、宅地開発をすればするほど「田園」の面積は減少し、結局そこは「田園都市」ではなくなっていくということである。この記事は、ハワードや私鉄のプロモーターたちが信奉する「理想」の自己破産を、一九二〇年代の幕開けとともに黙示している。

このように、『神戸附録』が阪神間の「理想住宅」に向けるまなざしは屈折している。そもそも、公共建築でもないプライベートな建築型である住宅を、新聞紙上で扱うことは稀である。本稿で取り上げたのも、いずれも年頭の特別な連載記事だった。それだけに、その印象的なヘッドラインや建築写真は、年初の「理想」を中流階級に植えつけるには効果的だっただろう。しかし同時に、おそらく多くの「貧民党」は、まるで本土の西洋建築を遠望するように、その「理想住宅」を夢想したことだろう。『神戸附録』は、「理想住宅」を手の届かないもの、やがて瓦解するものとしてアイロニカルに表象してもいた。阪神間という現実の土地を得た「理想」の紹介に紙面を割きつつ、そうした「理想」との距離や断層をも示していたのである。

五　「理想住宅」と「煌ける城」

さて、こうした「理想住宅」へのアイロニカルな視線という観点から、同時代の阪神間を表象した文学テクストを見直せばどうなるか。冒頭でも触れたように、たとえば稲垣足穂は、元町や三ノ宮、旧居留地といった神戸の市街地を物語の舞台とすることが多く、それゆえ「神戸モダニズム」の作家の一人に数えられてきた。しかし、「煌ける城」[31]（一九二五・一）という短編を例にとれば、その舞台は阪神間一帯であり、「神戸モダニズム」という枠組みには必ずしも収まらないことがわかる。最後に一瞥しておこう。

稲垣足穂を想起させる「タルホ」と、足穂の関西学院中等部時代の同級生・石野重道《しげみち》を想わせる「石野」。この二人が、「象牙の塔」となりうる住宅を、阪神間で探す物語が、「煌ける城」である。後年の足穂の自註[32]によれば、「家探しの顚末は事実そのまま」だという。実際、二人が探し歩く土地はほぼ実名で登場する。

まず二人が「家」を見つけるのは「平野」(後年のリライト版[33]では「奥平野」)。神戸の山の手に位置する、足穂や石野ら「奥平野グループ」(「蝙蝠倶楽部」[34])のテリトリーである。その「家」は、「庭がひろいし噴水があるし、白孔雀がゐる」。おそらくこの特徴は、当時の阪神間の読者には、住吉の《久原房之助邸》(一九〇四〜)を連想させただろう。住吉川東岸の一万坪を超える広大な回遊式庭園に孔雀を飼っていたというエピソードは、当時よく知られていたようだ[35]。先述の『神戸附録』の記事[36]の冒頭にも、「阪神沿道で大きな建物と云へば二楽荘と久原の別荘が群を抜き(…)能く目に立つやうである」とあった。いわば「阪神間の理想住宅」のアイコンだったと言える。とはいえ重要なのは、作中の二人が見つけた「家」が実際に《久原房之助邸》をモデルとしていたかどうかではない。二人にとって住宅の「理想」が、阪神間の大邸宅に典型的な、広大な庭園を持つ洋風住宅にあったということである。それゆえ、次に間借りの候補として挙がる「再度山のお寺」は、即座に「古い」と却下される。

その後も二人は、「塩谷《（ママ）》の西洋人の家」（「塩谷」は塩屋の誤植か。リライト版[37]では「塩屋」）や、「六甲村の牧場のそばにある西洋館」などを候補として挙げていく。塩屋の《グッゲンハイム邸》（一九一二）や《ジョネス邸》（一九一九）、それからアーサー・ヘスケス・グルームが開いた六甲山上の外国人住宅地（一八九五）が、その「西洋館」として想定できる。

このように「タルホ」と「石野」は、先述の『神戸附録』の記事[38]さながら、「思ひ〱の形象と色彩」を持つ「文化生活の理想」を経めぐる。記事の読者がパラパラと建築写真を眺めていくように、作中の彼らも「阪神間の理想住宅」を「パノラマ」のように展覧していくのである。

最終的に二人は、「緑ケ丘」という高台の林中にある住宅に辿り着く。それは、「白い壁」と「赤い屋根のオモチヤのやうな西洋館」である。白壁と赤屋根は、ヴォーリズらが阪神間に持ち込みつつあったスパニッシュ・コロニアル様式の典型的特徴にほかならない[39]。また、外壁の窓から室内を覗くシーンには、「赤いマントを着た白髯のおじいさんが二三世紀もまへの金貨をかぞへてゐさうだ」とある。やはり「赤」と「白」のコントラストが映えるこの一文は、足穂によれば、「「内部の雰囲気」をどう表現すればよいか？　と佐藤〔春夫〕先生に訊ねて、答えられた所を使った[40]」のだという。なぜ佐藤春夫から内部空間のイメージを借りたのか。春夫が足穂の師だったからだけではなく、「西班牙《スペイン》犬の家」（一九一七・一）の作者でもあったからだろう。「煌ける城」で二人が行き着く「西洋館」は、「西班牙犬の家」でやはり郊外の高台の林中で発見される「西洋風」の「家」と近似している。しかも加藤百合[41]によれば、その「西班牙犬の家」の執筆において「佐藤春夫に建築上の知識（ディテール）を与えていたのが［春夫と個人的に親交のあった］西村伊作であったことは疑いない」。既述のように西村伊作は「田園都市に建つ可き」「バンガロー」や「コッテージ」の設計者であった。——「タルホ」と「石野」が「緑ケ丘」に探し当てたこの「西洋館」は、同時代の阪神間に「点綴」していた数々の「理想住宅」のイメージの輻輳の上に建築されている。

しかしこのテクストは、そうした「家」＝「理想」探しの先にあるものをも描いている。どういうことか。その後の顚末を追おう。

「赤い屋根」の「西洋館」を見つけた二人は、その二階の「窓」から景色を眺める。それは実際には「六甲と摩耶山とのさかひ目」でしかない。にもかかわらず、その「窓」から見た時だけ、「遠眼鏡で見たどこかの見知らぬ国」に見える。すなわち、ここでは「窓」が「遠眼鏡」のようにはたらいて、「見知らぬ国」をこの阪神間に映し出し、重ね合わせているのである。この「西洋館」が当時の「理想住宅」イメージの集合体であるとすれば、それが阪神間に持ち込む「見知らぬ国」とは、たとえばハワードの「田園都市」を想わせるだろう。事実、これ以降に二人が見るのは、外国から移入された景色である。「家」を離れた二人は「青谷の方へのぼつて行」き、足を伸ばして「布引まで来て」、そして「水源地まで行つた」[42]。道すがら眺める眼下の「街」は、やはり「神戸のやうな気がしない。昔、夢にどこかの高い岩の上から見下した都会のやうだ」。布引の「水源地」から見えるのも「外国エハガキにある夕景だ」。見上げれば、「濃い緑色の山とその右にあるもう一つの山との間」にそびえる「岩山」の上に、色とりどりに「煌ける城」が遠望される。タイトルともなっている「煌ける城」は、「窓」が映し込んだ「見知らぬ国」の「城」として現れるのである。それは、「阪神間の理想住宅」の最も見やすいカリカチュアだろう。その内部には、「きれいな光を放つたローソクが銀の燭台の上に、何千本とも数知れずにともつてゐる」「大広間」がある。

結末では、その突き当たりの「黒い夜のやうな色をしたドアー」を開けようと体当たりする。「ぶつゝかると、二人のからだはフワツと宙に浮いた、――果して（！）つまりそこは黒い夜だつたのだ、がまあ何とした理窟によるのかあの緑ケ丘のアトリエの二階の窓から落ちたのである――」。そこには「煌ける城」もない。「見知らぬ国」もない。「西洋館」の二階の「窓」が映す「見知らぬ国」を見て以来、二人が辿ってきた道のりは、すべて彼らの空想だった「窓」の向こうに落ちてしまえば、「煌ける城」も消えてなくなる。

阪神や阪急の開発者たちは、その純度を落とすことなくハワードの「田園都市」を阪神間へと持ち込んでいた。しかし「煌ける城」というテクストは、そこに散らばった「理想住宅」を探し歩くという点で阪神や阪急が中流階級にプロモートしたストーリーと同型の展開を見せつつも、『神戸附録』の記事と同様、その探求の先には「理想」がただの空想へと転落する可能性があることをも示唆していた。「煌ける城」というタイトルには、そうした「理想住宅」への憧憬とアイロニーが刻印されていたのである。

（註1）服部一三（談）「英米佛白の視察より帰りて（一）」（『大阪朝日新聞神戸附録』一九二〇・一・一）

（註2）西秋生『ハイカラ神戸幻視行　コスモポリタンと美少女の都へ』（神戸新聞総合出版センター、二〇〇九・七）

（註3）私鉄沿線の宅地開発に関する以下の記述は、鈴木博之『都市へ』（中央公論新社、一九九九・二）、竹村民郎「公衆衛生と「花苑都市」の形成――近代大阪における結核予防に関連して」（『日本研究』二〇〇八・三）を参照した。

（註4）高田兼吉編『市外居住のすゝめ』（阪神電気鉄道株式会社、一九〇八・一）。引用は、内田青蔵編『住宅建築文献集成　第八巻　市外居住のすゝめ』（柏書房、二〇一〇・七）

（註5）佐多愛彦「都市と田園　附市外生活の幸福」（『市外居住のすゝめ』前掲）

（註6）長谷川清治「阪神付近の健康地」（『市外居住のすゝめ』前掲）

（註7）緒方銈次郎「住居撰定の条件」（『市外居住のすゝめ』前掲）

（註8）小林一三『最も有望なる電車』（阪神急行電気鉄道株式会社、一九〇八・十）。引用は、小林一三『逸翁自叙伝』（産業経済新聞社、一九五三・一）

（註9）小林一三『住宅地御案内』（阪神急行電気鉄道株式会社、一九〇九・十二）。引用は、小林一三『逸翁自叙伝』前掲

（註10）エベネザー・ハワード『明日の田園都市』（山形浩生訳、鹿島出版会、二〇一六・十）

（註11）エベネザー・ハワード『明日の田園都市』前掲
（註12）小林一三『住宅地御案内』前掲
（註13）高安道成「市外居住の利益」（『市外居住のすゝめ』前掲）
（註14）鈴木博之『都市へ』前掲
（註15）中川理「都市の近代的再編—都市改造と都市計画—」（石田潤一郎・中川理編『近代建築史』昭和堂、一九九八・五）
（註16）鹿島茂「解説」（小林一三『逸翁自叙伝　阪急創業者・小林一三の回想』講談社、二〇一六・四）
（註17）井上友一「花園都市と花園農村」（『斯民』、一九〇六・十二）
（註18）内務省地方局有志『田園都市』（博文館、一九〇七・十二）
（註19）竹村民郎「公衆衛生と「花苑都市」の形成——近代大阪における結核予防に関連して」前掲
（註20）鈴木博之『都市へ』前掲
（註21）鈴木博之『都市へ』前掲
（註22）越澤明『東京都市計画物語』（日本経済評論社、一九九一・十一）
（註23）佐藤健正『近代ニュータウンの系譜—理想都市像の変遷—』（市浦ハウジング&プランニング叢書、二〇一五・七）
（註24）山形浩生訳（前掲、エベネザー・ハワード『明日の田園都市』二〇一六・十）による。なおこの但し書きは、初版『明日——真の改革への平和な道』（一八九四）の同図にはない。

（註25）エベネザー・ハワード『明日の田園都市』前掲
（註26）茂九公「過渡期にある阪神間の理想住宅（上）」（『大阪朝日新聞神戸附録』一九二三・一・四）

（註27）茂九公「過渡期にある阪神間の理想住宅（中）」（『大阪朝日新聞神戸附録』一九二三・一・五）

（註28）西村伊作『田園小住家』（警醒社、一九二一・九）

（註29）洗劍生「十年後の阪神沿道」（『大阪朝日新聞神戸附録』一九二〇・一・一—十七）

（註30）洗劍生「十年後の阪神沿道（二）」（『大阪朝日新聞神戸附録』一九二〇・一・二）

（註31）稲垣足穂「煌ける城」（『新潮』一九二五・一）

（註32）稲垣足穂「『キタ・マキニカリス』註解」（『作家』一九六七・二）

（註33）稲垣足穂「煌ける城」（『キタ・マキニカリス』一九四八・五）

（註34）稲垣足穂「鉛の銃弾」（『文学界』一九七二・三）

（註35）西秋生『ハイカラ神戸幻視行　紀行篇　夢の名残り』（神戸新聞総合出版センター、二〇一六・九）

（註36）茂九公「過渡期にある阪神間の理想住宅（上）」前掲
（註37）稲垣足穂「煌ける城」（『キタ・マキニカリス』前掲）

（註38）茂九公「過渡期にある阪神間の理想住宅（上）」前掲
（註39）「最大の特徴は外壁と屋根にあって、外壁は白や淡いクリーム色などの明るい色に塗られ、屋根は赤やオレンジ色で、スパニッシュ瓦やS型瓦といった独特の丸みを帯びた瓦が葺かれる。（…）日本では屋根と外壁の二つの条件がそろっていれば、ほぼスパニッシュと考えてよい。」（丸山もとこ「ス

パニッシュ・スタイルの邸宅」『阪神間モダニズム』淡交社、一九九七・十）
（註40）稲垣足穂「『キタ・マキニカリス』註解」（『稲垣足穂全集第二巻』二〇〇〇・十一）
（註41）加藤百合『大正の夢の設計家　西村伊作と文化学院』（朝日新聞社、一九九〇・一）
（註42）このルートによれば、起点となる「緑ケ丘」は、神戸北西部にある緑ヶ丘とは位置的に一致しない。「青谷の方へのぼつて行」く手前の、「六甲と摩耶山とのさかひ目」が見える高台とは、足穂が通った旧関西学院・原田の森キャンパスの辺りだろうか。足穂の「花月ファンタジア」（『作家』一九六二・六）によれば、「煌ける城」の着想源の一つは、「神戸の東外れの原田の森にあった旧関西学院の普通部校舎」の「北側教室」の「窓」から眺めた「摩耶山の一角」の「悪魔の城」にあったという。それは「双方から相寄った天鵞絨《ビロード》のような曲面」の「向うに覗いている鳶色の岩かどの上」にあった。ちなみに、ヴォーリズ設計の《関西学院》の校舎は、やはり赤屋根のスパニッシュ・ミッション・スタイルである。住宅様式としてのスパニッシュ・コロニアルと同時期に主にヴォーリズによって移入された。《関西学院》と「緑ケ丘」の「家」は、たしかに外観が似ている。

複数の神戸を遊歩すること——横溝正史『路傍の人』のモダニズム

山口直孝

（横溝正史『赤屋敷の記録』『路傍の人』の真相に触れています。未読の方は、ご注意ください）

一、モダニズムの中の地域性——「曲率」の描出

近代における資本主義は、地域性を超える現象として展開していった。ヨーロッパで生まれた新しい生産様式は、市場開拓の名目で世界中に広がっていく。廉価な労働力や資源が偏在している事情があったとは言え、拡大再生産の目的のためにすべての人と物とが流動化を余儀なくされていったことは、いずこの地でも変わらない。大量生産・大量輸送を可能にした技術革新が諸地域を結びつけ、生活様式を均質化する。生活水準が押し上げられ、個人の享楽に身をやつすことが可能な、資本主義国の中流階級以上の層で、同質のふるまいがまず見られた。都市を彷徨する「遊民」の暮らしぶりは一つの典型であり、芸術家たちの創造的な営みも同じように受け止める

ことができる。世界的同時性を指摘される、第一次世界大戦後の前衛芸術運動の各国での台頭は、資本の自己増殖が強いる価値観の変容と一元化とに対する応接であった。

技術革新の恩恵の下で、消費生活を謳歌する、あるいは、失われていく伝統に対する危機感から物質文明を警戒する――、均質化を促す潮流に対して、さまざまな反応がありえた。受容と反撥という、対極的な二様の表象実験のいずれもが、広義には「モダニズム」と呼ばれる時代思潮に包含することができる。[1] 立場がさまざまに異なっていても、近代化された場において思考し、表現したことでは、担い手たちは同じであった。事後的に体制順応的であったか、革命的であったかを整理することはたやすいが、事態が進行する中で主体的であり続けることは困難であったろう。創造の試みを史的に評価する際には、同時代的な視座から作品が持ちえた可能性をすくい取ることも重要であろう。

探偵小説は、モダニズムが生んだ新しい小説の分野である。流動化によって匿名的な存在となった人や物が惹き起こす謎を、「遊民」である富裕な独身男性が、最新の科学的な知見を利用しながら解き明かす。特権的な地位にある者のみがそれに与るとは言え、合理的に世界が理解可能であることを示すことにおいて、探偵小説は、人々を迷妄から解き放つ役割を担った。一方で綻びの生じた社会秩序を回復させる探偵の活躍は、定式化されることによってジャンルとして確立すると同時に、国家権力の補完物ともなったのであった。探偵小説の持つ啓蒙性と反動性とは、モダニズムの両義性を端的に表している。

後進資本主義国である日本における探偵小説は、先行する欧米の創作を規範として意識せざるをえない状況から始まった。型を踏まえつつ、独自色を加えなければならない工夫が、作り手には課せられていた。真相が明かされた後に、なお別個の解が付加されることで作品世界が不安定な様相を呈するようになる――、江戸川乱歩が初期の『二銭銅貨』（『新青年』第四巻第五号、一九二三年四月一日）や『一枚の切符』（『新青年』第四巻第八号、同年七月一日）から見せたはぐらかしは、乱歩の趣味だけでなく、遅れての出発を余儀なくされた地域の作家が選択した新しさでもあった。先行作を意識しながら、自作にメタ的な仕掛けを施していく傾向は、乱歩だけではなく、横溝正史にも見出すことができる。乱歩のデビュー前に発表された『恐ろしきエイプリル・フール』（『新青年』第二巻第四号、一九二一年四月一日）は、作者が学んだ第二神戸中学校と思しい「M中学校」を舞台に学生がエイプリル・フールで互いをだましあうことを扱った掌編である。立場を同じくする者同士が裏をかこうと競う構図は、探偵の単独性を否定するものであり、正史の出発点を象徴している。

技術革新に支えられた資本主義は、世界を均質化していく。政治体制はブルジョワ民主主義に移行し、生活習慣は西洋風に改まり、個人主義の意識が浸透する。不可逆の事態の進行は地域を問わないものであったが、微視的には、近代化の定着に際して、各地で固有の状況が出来していた。それは、場所が持つ地理的・歴史的特性が新しい制度の受け入れに対して抵抗を示すためである。日本において資本主義への移行の過程で現われた独自の状況を説明するために、内田隆三は「曲率」[2]という語を用いている。制度の新旧、普遍性と地域性との衝突の中で起こる屈折をとらえる上で、「曲率」は有効な概念であろう。

文学者の役割の一つには、「曲率」が生じる場に臨み、できごとを精細に把握しながら、そこに主体を関わらせていく、ということがあった。モダニズム文芸は、その代表例となるべきものであるが、商品としての西洋文化の消費に追われた書き手においては、「曲率」が見落とされがちであった。モダニズムは、総体としては時代の徒花でしかなく、没主体的な現象であったがゆえに、今日でも商業や観光の宣伝材料になっている。モダニズム文芸全般の弱さは否定できないが、部分的に潜勢力が存在しなかったわけではない。本稿では、横溝正史と神戸との関わりを、特に『路傍の人』という作品を中心にして論じる。探偵小説家である正史が、生まれ育った街にどのように向き合ったのかを分析することを通じて、モダニズムにおける「曲率」の描出、すなわち地域性を露出させていく一つの実例を検証してみたい。

二、横溝正史と神戸との隔たり――初期作品の傾向

横溝正史は、一九〇二年五月二十四日、父横溝宜一郎、母波摩の三男として、神戸市東川崎町三丁目に生まれた。正史は、古稀を過ぎてからの自伝的回想「続・書かでもの記」[3]で幼少期のことを詳細に語っている。宜一郎は、岡山県浅口郡船穂村柳内原の出身であり、一八九六年に妻と

なる波摩と連れ立って神戸に赴く。湊川の下流に位置し、神戸停留所からほど近い東川崎町は、一八八一年に設立された川崎兵庫造船所（後の川崎造船所）の事業拡大に伴い、工場労働者の居住地として急速に発展した地域であった。流入者の一人であった宜一郎は、当地で町工場伊勢鉄工所の支配人を務め、また、自宅で生薬屋を営んだ。横溝家は、東川崎町内で二度転居しており、二度目は正史が小学四年の時に七丁目十番地の七軒長屋に移っている。新居は、川崎造船所の本社と繁華街湊川新開地を結ぶ道に面して人通りも多く、生薬屋は繁盛した。一九〇七年に波摩を病で喪い、翌年継母浅恵を迎えた正史は、一九〇九年に東川崎尋常小学校に入学、一九一五年には兵庫県立第二神戸中学校に進学している。第二神戸中学校は、東川崎町から北西の長田山のふもとにあり、中学卒業までの生活空間、通学空間は、広いものではなかったと言える。

「神戸市から湊川や山陽本線、神戸駅の広い機関庫によって隔離された、陸の孤島のようなかたち」[4]と、正史は、東川崎町の印象を語っている。しかし、一九〇五年十一月、氾濫を繰り返す湊川の改修工事が始まったことで、状況は大きく変化する。湊川は埋め立てられ、跡地にさまざまな興業施設が進出してくることによって、湊川新開地という神戸最大の繁華街が形成されていくのである。改修工事は、湊川によって分断されていた「東の神戸と、西の兵庫」[5]との境界を解消し、大都市神戸の形成に寄与するものであった。

東川崎町は、「荒っぽい男臭い町」、「貧しくて柄が悪く、殺伐な町」[6]であり、湊川の埋め立て後も「依然として神戸のほかの町々からは隔離され、疎外された町」であったと正史は振り返っている。とは言え、身近なところに大商業地ができたことで、芝居や映画に親しむことができ、古本屋での買い物も容易になったことは確かである。湊川新開地の誕生は、正史の教養形成の上でも見逃せない。

伊勢鉄工所の支配人の伊勢市太郎の息子と親しかった正史は、伊勢宅に所蔵されていたお伽噺を借り受けて耽読し、想像力を育んでいく。三津木春影の翻案・翻訳もので探偵小説の魅力に触れた彼は、一九一七年一月、中学二年の時に西田徳重と運命的な出会いをする。同好の士を得た正史は、探偵小説の魅力について語り合い、また、生田神社から三ノ宮のあたりで営業していた古本屋に出かけ、外国船の船員が処分した探偵小説雑誌を買い漁った。一八五八年の日米修好通商条約において条約港となって以来、国際貿易港として栄え、外国人居留地も設けられていた神戸は、西洋文化の最先端と触れうる条件を備えた土地であり、探偵小説家横溝正史の誕生に寄与するところも大きかったと言える。

少年雑誌への投稿の常連であった正史は、一九二〇年創刊の『新青年』の懸賞小説にも積極的に応募し、一九二一年四月の『恐ろしきエイプリル・フール』で一席を得、その後もしばしば選に入る活躍を見せる。家業の手伝いなどの事情で三年ほど作品の発表が途絶えるが、一九二五年に入ると江戸川乱歩との交流が刺激となって創作が再開される。一九二六年六月には乱歩の勧めで上京して博文館[7]に入社、編集者として働きながら、精力的に執筆活動を続けた。

正史の初期作品には、神戸を舞台とするものが相当数含まれる。しかし、断片的な情報で場所が神戸であろうことが推察される程度の、漠然とした設定のものが多い。第一作『恐ろしきエイプリル・フール』と『化学教室の怪火』（『中学世界』第二五巻第二号、一九二二年二月一日）とは、中学校での騒動を扱う。正史の体験が踏まえられていると推察されるが、地域性を感じさせる要素は皆無に近い。わずかに後者において、被差別部落に対する不当な差別が放火事件の背景にあったことが描かれているだけである。『丘の三軒家』（『苦楽』第四巻第四号、一九二五年十月一日）は題名通り、丘の上に建つ、元々は一軒の屋敷であった住宅で起こる惨劇を扱う。三軒の内の一軒は赤い屋根の洋館であり、国産スレート板「ロッコー瓦」[8]を想起させる「六甲瓦」で葺いた「赤屋根」が神戸を想起させるが、舞台は周囲から隔絶された空間である。一風変わった趣向の酒屋を紹介する笑話『キャン・シャック酒場《バー》』（『映画と探偵』一九二六年一月〈未見〉）には、「元町×丁目」の喫茶店を出た「私」が「六甲颪」の冷たさに震える場面があるものの、それ以上に神戸を表す記述は登場しない。

　神戸の物語であることが明示されている場合、舞台は総じて山の手になる。『深紅の秘密』（『新青年』第二巻第九号、一九二二年八月十日）では、会社社長の令息で「神戸の山下通りの、小さいながらも、きちんとした西洋館に住んでゐた「僕」江馬庄司が、国際的な諜報事件に遭遇する。「下山手」にあるクラブを出て、「夜の山手通りの静けさ寂しさ」の中を歩き、「女学院の抑えつけるやうな真つ暗な建物の前を通り過ぎて、そこの角を下手に回」って自宅にたどり着くとあるように、「僕」の足取りの記述は具体的である。[9]「K学院神学部」出身の郵便配達夫が配達区域「山本通り」にある医院の「女学院出身」の令嬢に懸想する『悲しき郵便屋――The Tale of Love and Cipher』（『新青年』第七巻第七号、一九二六年七月一日）の舞台は、おそらく『深紅の秘密』と重なろう。[10]

初期作品の神戸は、西洋的な雰囲気を強く帯びた空間である。むろん、異国情緒の要素を掲げることが現実と異なっているわけではない。ただし、西洋的な空間は神戸の一部に過ぎず、同時期の他の大都市の特定地域にも見出せるものである。少なくとも、正史の描く神戸が、彼の住まう神戸とは切り離されたものであることは疑いえない。この時期の正史において、「見るもいぶせき陋屋」[11]と意識されていた生家の周辺は、探偵小説の舞台に適しているとはみなされていなかったのかもしれない。

西洋発祥の探偵小説を西洋的な風景の中で展開することは、正史の創作における最初の原理であった。「伝奇的な意味」（『丘の三軒家』の語り手「私」）を探ろうとしたり、「非常にロマン的な事柄を好」んだり（『悲しき郵便屋』の主人公伊山省吾）する登場人物の、非日常的な志向に即しても、山の手や洋館は恰好の題材であったと言える。それらの表象が指示する神戸は、上中流階級の人間が暮らす空間であり、正史の生活圏内とは隔たっている。作を重ねるごとに記述が詳細になっていく一方で、正史の描く神戸は、均質で閉じているという限界を抱えていた。

『赤屋敷の記録』（『広告人形』〈聚英館、一九二六年六月二十五日〉所収）の神戸も、また山の手である。第一創作集のために書き下ろされた本作は、「その港町の山の手は、秋はことに空気が澄んでゐて、気分も至つて朗らかだつた。山に近いので、いつも草つぽい匂ひがそこはかとなく漂ひ、小溝を流れる水にしても、下町とは違つて、いつも清冽なせせらぎを作つてゐた。」という書き出しが示しているように、情景描写が精細であるという特徴を持つ。語り手の「私」は、そこからの「港の景色」や「山の手の一画」にある「異人街《ゐじんまち》」のたたずまいを紹介した上で、おもむろに「異人街」のすぐそばにある廃墟となった建物、通称「赤屋敷」にまつわる話に移っていく。『赤屋敷の記録』の梗概を記すと、以下のようになる。

「私」は、赤瓦で張りつめられた中世の城のような建物の偉観に小学校時代から憧れていた。二年前、火災によって「赤屋敷」は消失するが、「私」は廃墟と化した場所に愛着を感じ、日参していた。ある日、「私」は一人の青年が焼跡を掘り返し、金属の箱の中から本のようなものを取り出すのを目撃する。青年は「私」に後日会う約束になっている人に本を渡すことを依頼し、突然ピストル自殺を遂げる。「私」に託された本には、青年の手記が綴られていた。青年の名前は速水五郎、「赤屋敷」の当主であった速水源左衛門が愛人との間に設けた雨二郎の息子である。雨二郎は、源左衛門と正妻との間の子品太郎と共に「赤屋敷」で育てられた。雨二郎はやがて妙子という女性をめぐって品太郎と争うが、その最中に失踪してしまう。雨二郎の失踪後、娼婦綾瀬ルリ子が赤ん坊を「赤屋敷」に連れて来る。綾瀬は赤ん坊の五郎が雨二郎と自分との間に生まれた子であると主張し、源左衛門に引き取らせる。品太郎と結婚した妙子は娘迪子を設けるが、成長した迪子と五郎との関係を深まることを妨げようとする夫の様子に、雨二郎を殺した疑惑を深めていく。家人の厳しい追及に対して品太郎は生きた雨二郎と引き合わせることを約束する。みなの前に姿を現した雨二郎は、ハンセン病の進行が進んだ状態であった。[12] 衝撃を受けた五郎は、思わず「赤屋敷」に放火し、その場を逃げ出してしまう。中国の船での苦役を経た末に当地に戻ってきた五郎は、絶望から逃れられず、自死を選んだのであった。後日、「××丸」の同僚であったという遠藤庄市郎に約束通り本を渡した「私」は、遠藤から自分こそが五郎の真の父親であるという告白を聞く。遠藤は、五郎が真相を知っていれば自死を免れたはずと考えるが、「私」は、別の絶望に駆られるだけではなかったかという感慨を抱く。

粗雑な要約であるが、額縁物語（語り手「私」が五郎の手記を紹介する）の体裁が採られていること、速水家三代の愛憎劇であることなどは理解されよう。複雑な血縁関係が葛藤を作り出していることや、対称的かつ対照的な二人の男性の対立が基軸となっていることからすれば、本作で横溝正史文芸の骨格が形成されたと評価することが可能である。綾瀬ルリ子が船員と同棲しながら山の手の家の息子とも通じていたという事情を自然なものと感じさせるために、神戸の空間特性（港と高級住宅街との近接性）が活かされている。ただし、作品内の現在に登場する場所は、「赤屋敷」の廃墟だけである。五郎と言葉を交わした時、「私」は、「此の近所に住んでゐる者ぢやありません。然し、此のへんを散歩するのが、私の日課になつているのです。」と挨拶しているが、「私」の住む所は明記されず、散歩の経路も示されない。五郎が「赤屋敷」から逃げ出し、船員になる経緯も不明である。「赤屋敷」のある一画以外があたかも存在しないかのような省筆は、

『赤屋敷の記録』が本節で検討してきた諸作品と同質であることをうかがわせるものであろう。

三、『路傍の人』の時空——「私達」の越境

初期の横溝正史における神戸形象の異質さで注目されるのは、『路傍の人』(『広告人形』所収)である。作品集のためにやはり書き下ろされたと思われる本作と『赤屋敷の記録』との執筆の前後関係が分からないため、神戸の描かれ方の違いを深化や発展と断ずることはできない。しかし、同じ作品集に並んでいることが不思議なほど、二作の隔たりははなはだしい。

『路傍の人』は、以下のような話である。毎日午後になると街を散策する癖のあった「私」は、行く先々で同じ男に会うことに気づく。相手の素性に興味を持った「私」は、映画館で隣り合ったことを機に話をするようになる。百貨店の食堂に入ろうとした時、店から出た女に気を引かれた男は、「私」に尾行を提案し、二人は売り場で女が万引きをするのを目撃する。男は自分に不思議な直観力が備わっていることを明かし、もう一度実証しようと「私」を誘う。男は、盛り場を徘徊する老いた「乞食女」に注意を促す。「乞食女」の後を追い、住処にたどり着いた「私達」は、本物の「乞食女」が殺されているのを発見する。「乞食女」に成りすましていた女をさらに追跡した「私達」は、彼女が青野子爵の令嬢芳子であることを突き止める。三度の離婚を経て独身でいる彼女は、満たされない欲望を満たすために、しばしば「乞食女」に身をやつしていたの

であった。芳子の自白を引き出した男は、好奇心を周期的に満たさずにはおれない性分を「病気」と自嘲する。男の名は、石田徳太郎と言った。

「乞食女」の追跡が主軸となっている『路傍の人』は、移動の物語である。無聊を紛らわせようとして街をさまよう「私」の行動範囲は、次のように説明されている。

私の散歩の範囲と言ふのは、実に種々雑多な方面にわたつてゐるので、秋の空よりも其の気まぐれは甚だしいのである。今日は元町を歩くかと思へば、明日は山手の方を歩く、次の日には新開地、其の次は突堤の出端でぼんやりと海と船を見て時間を消す、其の又次の日には山へ登つて峠の茶屋で紅茶を飲む、（此の事は東京や大阪のやうな広い都会に住んでゐる人達には分らないだらうが、山に近い神戸には僅か二時間か三時間の散歩に、眺向《あつらへむき》の自然山があるのだ、そこから六甲山や摩耶山の方へも連なつてゐるので、足を延ばさうと思へばそれも自由だし、時間がないと思へば三十分位で切上げて来ることも出来る。是れは神戸市民に与へられてゐる一番大きな天恵なのだ。）と云ふ風に、自分では随分突飛な方面へ散歩をしてゐる心算《つもり》だのに、（略）（一）

さまざまな場所へ出向くことは、「私達」においても変わらない。『路傍の人』には、ある日の午後から深夜の十一時過ぎまでのできごとが綴られているが、半日の間に二人は、新開地→湊川公園↓荒田町↓平野↓三ノ宮↓須磨寺↓新開地という、目まぐるしい移動を行っている。新興歓楽地、細民街、都心部、郊外と、「私達」の活動領域は広く、「私」の散歩範囲と合わせれば、当時の神戸市のほぼ全域に及ぶものである。不連続で異質な地域をめぐっていく彼らの活動は、越境とみなすことができ、複数の地名が刻印されているところに『路傍の人』の独自性が認められる。

「私」の語りは、地名にのみ関心を寄せているのではない。立ち寄った店の名が具体的に挙げられ、「空地の中は相変らず、種《いろ》んな香具師《やし》たちで盛んに賑つてゐた。フエノール・ナフタレンを酸やアルカリで赤くしたり青くしたりして、××丸の効能と面白く饒舌《しやべ》つてゐる者、ニコチン中毒の表を大きく書いた紙を敷物にして、其の上で怪しげな水薬を売つてゐる者、豊臣秀吉や徳川家康や、或ひは犬養木堂や加藤高明を引張り出して、姓名判断に就いて見識ぶつた説明をしてゐる者、焼継薬《やきつぎやく》を売る者、ホローメン金屋、活花の師匠、山椒魚の干したのを粉にして売つてゐる山伏姿の男、実に種々雑多な香具師たちが、ほこりつぽい其の空地の中に、ごみ〳〵とした一種の気分を作出してゐた。」(三)といった土地の描写も微視的で生彩に富む。個別の状況に対する積極的な興味は、自ずと特定の歴史的時間を作品に引き寄せずにはいない。いつのできごとか断られてはいないものの、言及されているものから時期を絞ることが可能である。

「私」が石田と初めて話をしたのは、「女性の敵」という映画を観終わった時であった。「女性の敵」は、スペインの作家イバニェス原作のアメリカ映画で、一九二三年に製作されている。「自己の歓楽には総てを顧みぬ冷酷無情の」[13]ロシア貴族ルビモフの回心を描いた本作は、ライオネル・バリモアやアルマ・ルーベンスらスターが出演する大作として話題を呼んでいた。神戸では、新開地の第一朝日座で公開され、期間は一九二四年の十月十五日から二十二日までであった。[14]「恰度《ちやうど》其の日が其の興業の終りといふ日だつた」(二) という記述に重ねるならば、『路傍の人』の現在時は、一九二四年十月二十日となる。

映画館を出た二人は、白木屋の五階の食堂で紅茶を飲む。白木屋の神戸出張店が福原町八十九番地の神戸実業銀行湊川支店のビルの二階から六階に出店したのは、一九二三年五月十五日であり、一九二七年三月十三日まで営業が続けられた。[15]五階に食堂が開設されたのは、一九二六年九月十六日のことであるため、現実と若干の齟齬が生じているが、一九二〇年代中頃の設定であることは動かないであろう。作中には、トア・ロードに一九一二年に営業を始めた「パウリスタ」[16]や元町三丁目で一九二五年頃に開店した「エスペロ」[17]など実在の喫茶店が登場する。「喫茶店と云へば此の二三年に急に殖えたやうだ」という「私」の感慨も、当時の状況に見合うものである。

固有の時空に展開する『路傍の人』は、横溝正史が初めて神戸の諸相をとらえた作品である。むろん、作品の価値は、単に舞台の多様さにのみ求められるのではない。「私達」の遊歩によって、神戸という空間が孕む階級間格差が剥き出しになること、また、謎の解明の過程で遊歩の意味が問い直されていくところに『路傍の人』の魅力はあろう。老いた「乞食女」の正体が貴族の令嬢であったという顛末は、富裕層の消費生活を描くに止まる物語の埒外に属するものであり、都市の住民の多層性と貧富の開きとを読者に感得させるものである。「郊外電車」（七）で「近年富豪の邸宅紳士の別館など高楼大廈東西に連り少しく眺望ある地所は分限者の占有に帰し世に別荘地の名を博するに至れる」[18]須磨に出向き、青野芳子と対決する「私達」の行動は、かつて神戸を二分していた湊川（跡地）を越境していくことにおいて、象徴的な意味を帯びていると言えよう。彼らの遊歩によって、複数の神戸が立ち現われてくるのである。

冒頭「私」は、当てのない散策について、夏目漱石『三四郎』を引き合いに出し、「ロマンチツク・アイロニー」に通じる行為であると説明している（一）。「自己否定と自己創造の絶えざる交代」[19]の意味を街歩きに見出そうとする「私」は、一九〇〇年代の青年を模倣しようとする存在である。また、遊民である「私」と石田とが喫茶店で時間をつぶす様子は、宇野浩二や久米正雄が諸作で取り上げ、江戸川乱歩が『D坂の殺人事件』（『新青年』第六巻第二号、一九二四年一月十日）で描いた場面の反復である一面を持っている。しかし、『路傍の人』は、青年の感性や探偵小説の趣向をそのままなぞるわけではない。「私」の散歩の無目的性は、石田の「人一倍激しい好奇心」（八）によって翻弄され、変容を余儀なくされる。名探偵のようなふるまいを見せる石田であるが、犯罪者を見抜く彼の能力は、知識や観察力によって裏づけられたものではない。石田は、人間の推理力が直感的なものであり、シャーロック・ホームズよりアルセーヌ・リュパンの推理に真実味があると力説する。[20]リュパンを模範として、自らの能力を「超推理力」と呼ぶ石田の言動には、探偵小説の定型から逸脱していこうとする志向が読み取れる。説明が省略されているため、石田の能力が非現実的なものに見えてしまう難が生じているものの、新しい型の探偵、探偵小説を創造しようとする意欲によって、西洋化していく過程における神戸の地域性が小説として記録された功績は評価に値する。「曲率」を記録しえた『路傍の人』は、モダニズム文芸の達成と呼ぶにふさわしい。

四、神戸の消失──結びに代えて

『路傍の人』の「私」は「二十七」(二)歳で、無帽で散歩することが趣味であり、服装を構わない。また、活動写真を鑑賞することを好み、探偵小説を読む。無名の「私」であるが、語られる嗜好は横溝正史本人のそれと等しい。「私」を作者と仮に結びつけるならば、同い年の石田徳太郎は、中学の同窓であった西田徳重と対応することになろう。[21] 徳重は、一九二〇年に病で既にこの世を去っていた。『路傍の人』は、徳重との友情が現在も続いていたらどのような交流がありえたのかを想像的に追求した小説と解釈することもできる。

季村敏夫は、由来のはっきりしない「神戸モダニズム」という言葉が流通することで神戸の理解が一面的なものに傾いたことを振り返り、「神戸にまつわる外観をひと皮剥けば、近代化への劇の性急な記憶の生臭さが渦巻いており、表層とのズレに気づいていたのは少数であった。」「お洒落でモダンというようなレッテルを外側から貼られることを、住民自身も半ば肯定してきたが、モダン、モダニズム、近代、近代主義、近代化とは何であるのかという問いにきっちりと応答しないまま今日を迎えているのではあるまいか。」と綴っている。[22]亡き友人の記憶を梃子として生み出された『路傍の人』は、複数の神戸を遊歩する物語として、あるべき「神戸モダニズム」を体現していると言えるのではないか。それは、神戸の前衛詩人たちの活動とは別の場所で生まれた、また山本禾太郎・酒井嘉七・戸田巽ら神戸探偵倶楽部に集う後進の探偵小説家たちの創作に先行する、孤独な成果でもあった。

『路傍の人』のように神戸の諸相を描出する試みを、正史はその後行っていない。「是れが私と、「路傍の人」石田徳太郎とのそも〳〵のなれそめである。」(八)という締め括りは、連作を期待させるものであるが、続編が発表されることはなかった。[23]華僑の社会に材を求めた『劉夫人の腕環』(『サンデー毎日』一九二八年三月特別号〔未見〕)や谷崎潤一郎『秘密』を想起させる『ある女装冒険者の話』(『文学時代』第二巻第一一号、一九三〇年十一月一日)など、神戸が登場する作品は以後も散見されるが、異国情緒を醸し出す舞台装置として用いられている印象が強い。アジア太平洋戦争敗戦後、金田一耕助を探偵役とした本格探偵小説において地域性が追求されたのは、例えば岡山であった。神戸は正史の関心の対象から外れ、消失していったと解するのが妥当であろう。生誕地である東川崎町が取り上げられることは遂になかった。神戸に対する正史の向き合い方には、限界があったかもしれない。しかし、あるいは、であるからこそ、『路傍の人』における神戸の一回的な現出は、横溝正史文芸のありえた可能性として銘記される必要がある。

（註1）レイモンド・ウィリアムズは、モダニズムの両義性について、「モダニズムのイメジャリに同質性があるとしても、一元的に考察したり理解したりすることはできない。このように定義されるモダニズムは政治的にもそれ自体においても分裂しているし、しかも分裂は個々の運動と運動のあいだにあるだけでなく個々の運動の内部にもあるからである。」と述べている（レイモンド・ウィリアムズ、加藤洋介訳『モダニズムの政治学――新順応主義者たちへの対抗』〔九州大学出版会、二〇一〇年三月三十一日〕「1　モダニズムはいつだったか」）

（註2）内田隆三『国土論』（筑摩書房、二〇〇二年十一月二十五日）

（註3）『幻影城』第二巻第九号、一九七六年八月一日〜第三巻第一一号、一九七七年十一月一日。のち、新保博久編『横溝正史自伝的随筆集』（角川書店、二〇〇二年五月二十五日）所収。

（註4）横溝正史「わが町・わが本」（『日本読書新聞』第一八一〇号、一九七五年四月三日）

（註5）のじぎく文庫編『神戸新開地物語』（のじぎく文庫、一九七三年十二月十日）。正史は、「続・書かでもの記」執筆の際に本書を参照している。

（註6）註3に同じ。

（註7）一九三三年一月一日の『面影双紙』（『新青年』第一四巻第一号）で耽美派への転換を図るまでの時期を、本稿では初期として扱う。一般にこの時期は、「トリッキーな奇譚や、モダン・ボーイの周辺

での出来事を描いたユーモアとペーソスの溢れたものが多い。」（権田萬治・新保博久監修『日本ミステリー事典』〔新潮選書、二〇〇〇年二月二十日〕「横溝正史」の項。執筆者浜田知明）と説明されている。

（註8）「株式会社ノザワ」ホームページ「企業情報／ノザワグループの歴史」（http://www.nozawa-kobe.co.jp/corporate/corporate_05.html　二〇一七年六月一日参照）。一八九七年に創業した野澤幸三郎商店は、スレート板の国産化を図って、一九一三年に日本石綿盤製造株式会社を設立し、現在の神戸市東灘区の工場でロッコー瓦を製造した。

（註9）「女学院」は、当時神戸区〔現中央区〕山本通にあった神戸女学院が踏まえられていよう。

（註10）「K学院神学部」は、当時葺合区〔現灘区〕原田にあった関西学院が踏まえられていよう。

（註11）註2に同じ。

（註12）ハンセン病は、むろん遺伝ではなく細菌感染による病である。ハンセン病患者の病状を、過剰に恐怖を煽るように描写している点は、時代的制約を考慮してもなお問題が残ると言えよう。

（註13）編集部「各社近着外国映画紹介」〔『キネマ旬報』第一七三号、一九二四年十月一日〕

（註14）『神戸又新日報』掲載の広告に拠る。

（註15）『白木屋三百年史』（白木屋、一九五七年三月十八日）。神戸実業支店の住所は、『神戸新聞』一九二三年五月十五日の新築落成広告に拠る。なお、神戸出張所は、百貨店で初めて客の土足入場を認めた店であった。

（註16）長谷川泰三『日本で最初の喫茶店「ブラジル移民の父」がはじめた――カフエーパウリスタ物語』

（文園社、二〇〇八年十一月十七日）

（註17）「神戸元町商店街」ホームページ「元町マガジン／昔の元町通り／第三六話　続・元町喫茶史――四軒のカフェー」（http://www.kobe-motomachi.or.jp/motomachi-magazine/motomachidori/Motomachidori36.html。二〇一七年六月一日参照）

（註18）『須磨名勝誌』（坂井次永、一九二二年三月七日）

（註19）紅野謙介・吉田熈生・宗像和重「注解」（『定本漱石全集　第五巻』〔岩波書店、二〇一七年四月七日〕所収。「浪漫的《ロマンチツク》アイロニー」の項）

（註20）「リュパンはよく直覚といふやうな事を言ひます。」（三）という石田の発言は、「此の冒険は、犯罪発見に就いては、事実の検索、観察、演繹、判断などよりも尚ほ外に優れたものゝある事を証拠立てゝゐるよ。即ち直覚だ。」（『日光の手品』〔別邦題『太陽の戯れ』〕）などを踏まえたものであろう（リュパンと記述者「私」とが対話する構図は、『路傍の人』と類似する）。『路傍の人』には、「リュパンの話に案山子を種にしたのがありませう。」（五）のように、『見えざる捕虜』（別邦題『麦藁の軸』）についての言及も見られる。『路傍の人』執筆前に正史が読むことのできた日本語訳として、『日光の手品』は、保篠龍緒訳『アルセーヌ・ルパン叢書　第七篇　真紅の肩掛』（金剛社、一九二二年五月二十日初版〔未見〕、五月二十二日再版）所収のもの、『見えざる捕虜』は、『新青年』第五巻第一二号、一九二四年十月一日の巨勢洵訳のものがある。

（註21）浜田知明氏の教示に拠る。

（註22）季村敏夫『山上の蜘蛛――神戸モダニズムと海港都市ノート』（みずのわ出版、二〇〇九年九月二十五日）一一二ページ。

（註23）倉西聡は、創作集『広告人形』所収の八編を正史における語りの方法の模索としてとらえ、「第一次的な一人称の語り手が、他者を中心とした物語を語る」型の発展を試みながら、十分な成果を得られなかった作品として『路傍の人』を位置づけている（倉西聡「横溝正史・処女作品集『広告人形』の戦略――宇野浩二の影響から」（『国文学研究』第一五三・一五四集合併号）二〇〇八年三月十五日）。

※横溝正史の小説本文の引用は、初出に拠る。

昭和初期・神戸の文学青年、及川英雄——文学における中央と地方

大東和重

はじめに——「神戸文壇の新進」

神戸の生田神社付近に住み、関西《かんせい》学院中学部に通う文学少年だった足立巻一《けんいち》(一九一三―八五)は、一九三〇年ごろ『神戸新聞』の投稿欄「神戸文藝」を通して、萩沢紫影なる二十歳ほどの文学青年と知り合う。この世に「同人雑誌」なるものが存在することを教えられた足立少年は、「神戸文壇の新進」、五歳上の及川英雄(一九〇七―七五)の存在を耳にした。

紫影はウサギのようなやさしい目をし、カン高い声を脳天から発しては、玉井紘二とか吉沢独陽とか及川英雄とかいう聞いたこともない名を連発し、かれらがいま神戸文壇の新進であることを説明し、それからどれも薄っぺらな雑誌を何種類もならべて見せる。[1]

足立と同世代で、関西学院専門部英文科に学び、神戸新聞記者だった青木重雄（一九一一―）は、五歳上の義兄、九鬼一爾（一九〇七？―三九）から感化を受けて、文学少年となった。県立神戸商業出身の九鬼は、逓信省《ていしん》に勤めながら『OMEGA の妄想』（一九二六年創刊）などの同人雑誌を出す、芸術至上主義の文学青年だった。

大正末期から昭和初期へかけては、神戸の文学熱はなかなかさかんだった。これは一つには谷崎や佐藤が関西へ顔を出すようになった影響もあろうし、時代的に新感覚派やモダニズムの文学が、新勢力としてたくましく迎えられ出した時期だったからだが、同人雑誌が相ついで出現した。[2]

青木が数多く列挙する同人雑誌の中に、及川が関わった『玄魚』『龍騎兵』『文藝直線』の名が見え、及川の名前にも言及している。

足立巻一が「神戸文壇の新進」として名を聞いた三名は、その後神戸の文学史においてはともかく、日本近代文学史に名を残すような存在とはならなかった。しかし彼らの前後、関西の港街神戸は、中央文壇でも活躍する作家を輩出していた。

少し上の世代には、十一谷義三郎《じゅういちやぎさぶろう》（一八九七―一九三七）、今東光《こんとうこう》（一八九八―一九七七）、稲垣足穂（一九〇〇―七七）らがいる。少し下の世代には、田宮虎彦（一九一一―八八）、青山光二

（一九一三―二〇〇八）、島尾敏雄（一九一七―八六）らがいる。

一方、及川英雄は、神戸を中心に大阪・阪神間で、職業を持ちながら文学活動をつづけた。及川の活動を繙くと、一九二〇年代から三〇年代にかけての神戸に、中央文壇とは異なる形で「文学」が存在したことがわかる。本論文では、及川の活動の輪郭を描きつつ、地方都市にあって創作することの意味を考えてみたい。

昭和初期の神戸の文学については、林喜芳《きよし》『神戸文芸雑兵物語』（冬鵲房、一九八六・四）や足立巻一『親友記』（新潮社、一九八四・二）など、当事者の回想がある。また、宮崎修二朗の『神戸文学史夜話』（天秤発行所、一九六四・十一）など数々の労作、高橋輝次の『関西古本探検　知られざる著者・出版社との出会い』（右文書院、二〇〇六・五）、さらに詩人の季村敏夫による『山上の蜘蛛　神戸モダニズムと海港都市ノート』（みずのわ出版、二〇〇九・九）がある。これらの書物に導かれつつ、昭和初期・神戸の文学の一端を、及川を通して眺めてみたい。

第一章　中央文壇への足がかり――『文藝市場』『文党』『文藝春秋』

まず及川英雄の戦前における創作の経歴を紹介する。

及川の生誕地は赤穂だが、明石を経て、幼時に神戸へ移住した。西灘尋常高等小学校を卒業し、関西学院神学部で学ぶが、一九二四年中退した。同年から兵庫県衛生課の勤務を開始し、県庁に約四十年間務めた。[3]

及川が文学にのめり込むようになったきっかけは、『小説倶楽部』の懸賞小説欄に投稿した短篇が選ばれて以来だという。[4]『小説倶楽部』は大正後半に刊行された文芸雑誌で、小林多喜二（一九〇三――三三）の投稿で知られる。もし及川の作がこの前後に掲載されていたとすれば、北の港街小樽の文学青年・小林よりも四歳若い、神戸の早熟な文学少年の文壇登場だったことになるが、今のところ掲載の有無を確認できていない。

まだ十代だった及川の、初期の文学活動が確認できるのは、『文藝市場』『文党』『文藝春秋』『サンデー毎日』においてである。及川が『文藝市場』に関わったのは、アナーキストの友人を通して、和田信義（一八九二―一九四三）と知り合い、紹介を受けて同人に加わったという。[5]これと同時期に、及川は神戸の先輩作家、今東光が中心となった『文党』にも関わった。また『文藝市場』で菊池寛にかみついたことを縁に、及川は『文藝春秋』に「文芸家と代議士」なる短文を寄せ（第四年第三号、一九二六・三）、三年後には本名の森英雄を用いて、実話「私設刑吏の話」を発表した（第七年第三号、一九二九・三）。地元、大阪毎日新聞社の『サンデー毎日』にも、及川は記事を書いた。第六巻第三十七号（一九二七・八・二十一）に「兵隊幽霊ばなし」が、第六巻第四十九号（同・十一・六）には「馬琴雑史」が掲載されているのを確認できる。

関東大震災前後のプロレタリアやモダニズム文学が勃興する文壇では、神戸出身の新人作家たちが活躍していた。『文藝時代』では、伊藤貴麿《たかまろ》（一八九三―一九六七）、十一谷義三郎、今東光、稲垣足穂などの著名作家以外に、関学出身で足穂とも親しかった石野重道（一九〇〇―?）、衣巻《きぬまき》省三《せいぞう》（一九〇一―七八）らも作品を発表していた。早大卒・中退の伊藤や浅見淵《ふかし》（一八九九―一九七三）、衣巻らは『早稲田文学』でも活躍した。

当時の神戸の文学を考える際には、教育機関と新聞について確認しておく必要がある。当時の神戸は、高等教育機関こそ乏しかったものの、中等教育機関は比較的充実していた。中学校では、県立神戸一中（一八九六年開校）、二中（一九〇八年開校）、三中（一九二一年開校）、県立神戸商業（一八七八年開校）、私立関西学院中学部（一八八九年「普通学部」として開校、一九一五年「中学部」へ改称）などがあった。新聞では、『神戸又新《ゆうしん》日報』、『神戸新聞』、『大阪朝日新聞』の「神戸附録」などがあった。[6]

また、文学の成立に欠かせないインフラの一つとして、有名無名の文学・芸術青年たちが集う場所としての、喫茶店・カフェ・バーの存在は抜かせない。及川によれば、「元一の本庄から元六の「三星堂」に至るまでの数軒の喫茶店には、それぞれのアーチスト仲間の巣が出来ていて、その店に行くと必ず仲間の誰かが居るわけで、連絡が取れた」という。[7] 神戸という近代都市の発展とともに、これらインフラの成熟が、神戸出身の新進作家の輩出という現象をもたらした。

神戸出身の新人の中でも、稲垣足穂は文学青年たちのあこがれの的だった。「当時イナガキ・タルホは「星を売る店」で彗星の如く文壇に出現した最もユニークな存在で、私たち文学青年の一つの驚異であった」と及川は述べている。[8] 青木重雄は回想で、「当時の彼らを引きずったアイドルは、何よりもイナガキ・タルホ」で、義兄が一九三七年上京した理由について、「九鬼の頭の中には、かつての稲垣の颯爽たる新人振りがまだ目の中に焼きついていたことは事実だろう。イナガキブームと竹中郁の「象牙海岸」の花やかな登場は、おそらく九鬼だけでなく、昭和初年期のすべての神戸の文学青年たちの胸をゆすぶっていた」と語る。[9]

及川と同じく神戸で文学の魔力にとり憑かれた九鬼一爾は、一九三七年になって上京したが、肺結核におかされ、三九年、「まだ何も書いていないので死にきれない」という言葉を残して、三十三歳で窮死した。[10] それだけ昭和初期の神戸では、いったんとり憑かれるとその毒や愉悦を忘れられないものとして「文学」が輝いていた。足立巻一による文学仲間・九鬼次郎への鎮魂の書、『鏡　詩人九鬼次郎の青春と歌稿』（理論社、一九七〇・九）を読めばわかるように、貧しく、苦しみばかりの人生の中で、文学は生きる喜び、生きるようすが、ときには人生のすべてでもあった。

【写真１】若き日の及川英雄
（高見秀史氏提供）

十代で中央文壇に、小文とはいえ原稿が掲載され、小さな足がかりを得た及川だったが、稲垣ら神戸の先輩たちと異なり、役所勤務を捨てて文学の道を志し上京することはなかった。及川にとって執筆時間は睡眠を削ってのものだった。戦後についての回想だが、執筆は「毎日忙しい勤めをして、疲れて帰ってからの仕事」だった。一日五時間睡眠で充分だった及川は、帰宅後九時ごろから夜中の二、三時まで宵寝をし、起きてから原稿に取り組み、早朝六時になると向かいの銭湯で朝風呂を使い、役所へ出勤したという。[11] 職業作家への道を志すことこそなかったが、及川が文学を捨てたわけではない。どころか、文学への愛着、一生に一度傑作を書くのだという希望を、及川は死を迎える直前まで抱きつづけた。

第二章　神戸の同人雑誌——無名の文学青年たち

一九二〇年代後半、及川は二十歳前後の、役所に勤めながら創作に励む文学青年だった。その文学活動は、神戸の同人雑誌において本格的に開始された。

最初に出した同人雑誌は、一九二五年創刊の『玄魚』だと思われる。つづいて能登秀夫（一九〇七—八一）らと「新興芸術連盟」を結成し、『龍騎兵』を創刊した。つづいて関西学院文藝聯盟が一九二八年に創刊した同人雑誌『文藝直線』に関わる。

及川の文学修業が本格化するのは、中央の同人雑誌に加わる、一九三〇年代前半である。中山議秀（義秀、一九〇〇—六九）らの『芸術共和国』に加わった。二十代半ばの及川には、文学への野心が満ちていた。創刊号（一九三一・三）に掲載された同人の自己紹介で、神戸に住むでゐる僕が同人の末席を汚してトコロテンの夢を見てゐると云ふことになります。甦○〔一文字解読不能〕の意気潑剌たる東京の諸先輩と、クツワを並べて褐色の大道へと乗り出さんとする僕、と云ふよりもスバラシイ勢で走り出す麒麟のキンタマに喰ついた蚤ですネ。

と記している。同人による紹介では、「「文藝市場」の若い党士だつた彼は、今新しい婦人雑誌の編輯局にその鋭才を駆使してゐる」、「マルクスを語り、芸術派を語り、超現実主義を語る、彼の智識欲は将た映画にまで及ぶ」とある(S生「住民スナツプ・シヨツト(住民録)」、第一巻第二号、一九三一・四)。つづいて『新早稲田文学』の同人にもなった。

一九三〇年前後の文学青年は、関東大震災前後以降の文学潮流の影響を受けて、親近感を抱く対象が、モダニズム文学、プロレタリア文学、広くリアリズムの文学にわかれていた。神戸文学の先輩にあたる今東光や稲垣足穂、衣巻省三らは、モダニズム文学へ、井上増吉(生没年不詳)や山田初男(生没年不詳)、原理充雄《みちお》(一九〇七—三二)らは、プロレタリア文学へ、若杉慧《けい》(一九〇三—八七)や白川渥《あつし》(一九〇七—八六)らは、芸術派の作家だった。

及川が親近感を抱いていたのは、プロレタリア文学である。盟友能登秀夫のプロレタリア詩集『街の性格』(主観社、一九二九・十二)に、及川は「跋」を寄せている。

万国旗の有《も》つ夢をめぐる、エキゾチツクなこの海港市街に、私は既に幾人かの優れた詩人を知つてゐる。だが彼の如く烈々たる詩魂を有ち、無産市民の等しき人間苦の韻律を斯《か》くまで深刻にその詩の行間に描きたる詩人を他に幾たりか指すことが出来やう。居留地風景の幻想曲を、かずかずのタバコに遠い国々の夢を見、山に海に街に、美しいこの海港市街を歌ふ、数多い火あそびの仲間にあつて、彼こそ神戸の産める若くして輝けるプロレタリア詩人である。

能登の「小市民」的な混迷と苦悩を鞭打ちながら、その詩を讃えるこの「跋」は、及川自身の「没落過程にある中産階級の環境に生れたインテリゲンチア共通の悩み」を表明するもので、思想的彷徨の表現となっている。

当時の及川の短篇小説のうち、自身の生活に取材したと思しき「悲しき喜劇的 episode」(『芸術共和国』第六号、一九三一・八)は読みごたえがある。しかし中山義秀が、「及川氏は力作を寄せられ、あれだけの事件を見事に書きのけられたが、肝心の力が分散して成功してゐるとは云ひ難い。一人の人間なり一つの事件なりを、真摯に執拗に追及さるべきであつたらう」と論じたように、焦点が絞られず散漫な印象を与える。

左翼の時代の終焉とともに、及川の作風も徐々に変化を来した。

思想的な煩悶から無産者芸術運動に参加し、筈見《はずみ》恒夫たちと初めて神戸にプロキノ支部を設置したりしたが遂に敗れ、数年にして思想的にも一敗地にまみれた生活の中に、自らの敗北者の嘆きを、少女小説、あるいは大衆文芸の世界に逃避して、文学的に空白時代を経過したのである。[12]

地元神戸及び大阪の同人雑誌としては、他に『新芸術』、『年輪』に加わった。及川は関西の同人雑誌のみならず、東京の同人雑誌にも関わる。『大衆演劇』、『朱印』、『小説界』、『鷲』、『青年作家』、『小説文化』などに関わったという。

作品を一つ挙げてみると、『小説文化』第一巻第十号（一九四二年十一月）掲載の「世話」は、京都を舞台に、零落し妻子にも別居された老舗の一人息子の生活を、世相も交えて淡々と描き、落ち着いた筆致でしっとりと読ませる。

東京の文学者とのつながりでいえば、長崎謙二郎（一九〇三―六八）とは多くの同人雑誌で活動をともにした。『新早稲田文学』以降の同人雑誌に誘ってくれたのは長崎で、及川は「長崎謙二郎と中山義秀の二人は、常に師表として心に刻んできた」とする。[13]

長崎謙二郎との交友は戦後まで続いた。長崎の妻で作家の田村さえ（一九一四―？）が、夫との「火の車」の家計に責められ、思い余って原稿料の取り立てや借金の依頼に各地を放浪した経験に取材した、『火の車』（朱雀社、一九五八・十二）では、訪問先の一つに及川が登場する。旧友の妻を歓迎した及川は、県庁の文学グループを引き連れてバーへ繰り出し、さらに割烹料理屋で昼食をご馳走した。「及川は附録つきのこの歓待に、恐らく数千円を費しているだろう。しかし、いま、信子が切実に欲しいのは、一家が起死回生の金、留守宅の生活費、そして旅の費用だ。この数千円を歓迎代りに貸して貰えたら、どれほど助かるかしれない」という田村の内心の声は届かず、糖尿病の及川は旧友の妻を精一杯もてなし、職場に戻る。[14]このエピソードからは、及川の人柄や当時の社会的・経済的地位がよくわかる。一方及川は、『火の車』を読んだ感想を、「人の気持も知らないでただ遠来の友を懐かしみ、お酒などを飲みにつれ廻った気のいゝ男として扱われている」とした上で、「筆一本で食って行く事がどんなにきびしい事か、初めて納得出来た」としている。[15]

確かに及川には、「筆一本」で食べていくだけの覚悟や野心が欠けていた。晩年の談話では、役人の給料の少なさを嘆きながら、原稿収入は潤沢だったことを語っている。文学仲間の白川渥から、「及川、もうそろそろ足を洗おうやないか」と誘われ、白川自身は実際文筆活動に入ったが、「私はフンギリがつかずに、小役人の終点まで来てしまった」[16]。役所勤め、原稿による副収入のおかげで、周囲の貧しい文学愛好者の小さなパトロン役を務めた。しかしそれゆえに筆一本の覚悟を持てず、文学生涯を代表する作品を残せなかったことは、本人も充分に自覚していた。

第三章　昭和初期神戸文壇の回想――「暗い青春」

及川英雄の文学活動で、現在も一冊にまとめるだけの貴重な価値があるのは、戦前・昭和初期の、神戸の文学芸術運動に関する回想かもしれない。及川は、長いつきあいの友人たちに回想を書くよう慫慂《しょうよう》したが、及川自身の回想は、交際の広い人物だっただけに、実感のこもった精彩あるものとなっている。

神戸の文学の思い出ばなしを書けということなんだが、私が此の地に育って今もなおこの神戸から一歩も出ないで、細ぼそながら文筆の仕事に携わっていることからして、神戸の古い文学運動の回想は、私自身の夢多き青春の日の思い出でもあって、些か少年じみた感慨がないでもない。[17]

【写真２】文学青年時代の及川英雄
（高見秀文氏提供）

文学に対する情熱に溢れ、世話好きだった及川の周りには、数多くの、同じく文学や芸術を愛好する神戸の人々の姿があった。詩人の詩村映二（一九〇〇―六〇）は、及川の横顔を次のように描く。

及川氏ほど年中他人の世話をしている人は少い。亡くなった菊池寛もそうだったが氏も亦関西では、丁度菊池寛の位置にあるような人だ。他人の世話と一と口に云うが、出来る立場にあってもしないのが人情でこれはなかなか生易しいことではない。神戸の文化人仲間で、所謂文化ボスと呼ばれる所以のものは、多分にこの辺に原因があるのだろう。

丸い童顔にふちの太い眼鏡、論たまたま興に入ればしっきりなしに煙草を吹かし、タチマチ天衣無縫、あのオチョボ口から得意のお洒落と饒舌とを撒き散らして快笑を誘う。[18]

磊落《らいらく》で世話好きな及川は、含羞《がんしゆう》の人でもあった。及川家に出入りしづらくなった友人に代わって、油絵を売りつけにきた詩村に対し、苦言を呈した帰り道、「わずかな金のことで年長の友に説教じみたことをいった自分が何んだかつまらん人間のように思われて恥ずかしかった」と後悔するような人柄こそ、「ボス」と呼ばれながら愛されたゆえんだろう。[19]

及川の回想の多くは資料等を参照せずに書かれ、残念ながら記憶違いや誤記が非常に多くある。しかしその点に留意しつつ、裏づけをとりながら読み進めれば、及川の神戸文学回想は、当時の文学を再現する上で絶好の資料となりえる。主要な回想を挙げておく。

「酒のみの話　酒友悠遠」(『半どん』第十一号、一九五九・一。のち『俗談義』みるめ書房、一九五九・十一所収)

「青春回想　そのころの神戸文学界について」(『半どん』第十二号、一九五九・五。のち『俗談義』所収)
「書き流し神戸」其一―五(『半どん』第二十六―二十八・三十・三十一号、一九六四・十一―六五・四・十二、六六・四)
「暗い青春　昭和初年の神戸プロ文学活動」(『半どん』第四十一号、一九六九・五。のち『灯叢書・第二十七篇　暗い青春』豆本〝灯〟の会、一九八七・七)
「失われた独特のもの」「鈴蘭灯回想」(池本貞雄編『聞き書き「神戸と文学」』神戸「人とまち」編集室、一九七九・三)

文学と酒を愛し、孤独を内に秘めながらも人づきあいのよかった及川は、神戸や関西はもちろん、東京にも数多くの知友がいた。「青春回想」「書き流し神戸」「暗い青春」には、無数の有名無名の神戸と関わる文学者や芸術家が登場する。「下町の詩人」だった林喜芳(一九〇八―九四)の回想『神戸文芸雑兵物語』も極めて貴重な証言だが、及川のそれは広さにおいて勝る。またプロ文・モダニズム・大衆文学・映画と目配りのバランスよく、惜しむらくはボリュームの面で野口冨士男(一九一一―九三)の名著『感触的昭和文壇史』(文藝春秋、一九八六・七)に比すべくもないとはいえ、小さいながら大正末から昭和初期の「感触的神戸昭和文壇史」たりえている。

文学関係では、上の世代の稲垣足穂や竹中郁(一九〇四―八二)、同世代の代表的な文人はもちろん、関西学院や神戸の主要な同人雑誌に関わった。戦後は阪本勝（一八九九―一九七五）や朝倉斯道《しどう》（一八九三―一九七九）・桐山宗吉・白川渥・富田砕花《さいか》（一八九〇―一九八四）・竹中郁らと「阪神ペンクラブ」を作り、『神港夕刊』に関わり、半どんの会に至る。下の世代の作家たちとも親しく、『ヴァイキング』の富士正晴（一九一三―八七）や島尾敏雄と交流があった。ことに島尾は近所に住んでいたため親しくし、『単独旅行者』（眞善美社、一九四八・十）の出版記念会で司会をしたという。[20]

また純文学のみならず大衆文学にも手を染めた及川は、いずれの文壇にも知友や飲み仲間がいた。同人雑誌のつながりでは、大阪にいた長谷川幸延《こうえん》（一九〇四―七七）や源氏鶏太（一九一二―八五）、東京で出ていた同人雑誌では、中山義秀や長崎謙二郎が仲間だった。

東京方面から同人雑誌の仲間が西下した際には、酒をともにした。純文学では、一九三五年井上友一郎（一九〇九―九七）、田村泰次郎（一九一一―八三）や十返肇《とがえりはじめ》（一九一四―六三）、神戸出身の小松清（一九〇〇―六二）らが大阪で講演後に来神、数日間滞在したのを歓迎した。思い出深かったようで、及川はもちろん、田村も『わが文壇青春記』で、若気の至りを含む行状を懐かしみ、竹中郁や及川英雄と知り合ったと記し、また十返肇も『文壇放浪記』で大阪・神戸行を回想している。[21] 大衆文学では梶野悳三《とくぞう》（千万騎《ちまき》、一九〇一―八四）、赤川武助（一九〇六―五四）、山岡荘八（一九〇七―七八）らを歓待したという。[22]

及川にとって文学と酒は切り離せない。「青年客気《かっき》の赴くところ、通常の社会生活の規範外にこそわれわれ文学青年独自の世界があるのだという、思いあがった考えのもとに、荒飲粗酒《こういんそしゅ》の巷《ちまた》に夜を徹して文学を語り合った」という。[23] 役所勤めと深夜の執筆の過労、及び過度の飲酒は、及川の身体を蝕んだと思われ、糖尿病を長く患い、県庁を定年になる直前には満身創痍となっていた。

神戸では、文学仲間のみならず、他にも多くの映画評論家や洋画家、新聞記者、アナーキストと交流があった。及川によれば、「神戸文化というのは、開港都市としての、植民地的な気風と、兵庫のまちの伝統がいりまじっ」たもので、「昭和初期には、洋画、映画、推理小説とどれをとっても、いかにも神戸的で、ユニークな活動が見られた」という。[24] この文化を一身に浴びながら及川は神戸で活動したわけで、及川の回想には昭和初期・神戸の文学芸術が刻み込まれているのである。

おわりに

晩年の及川英雄は、長年の無理がたたり、長期間の入院暮らしを強いられた。そんな中、何度も何度も、自身の文学的生涯を賭けた作品を残したいとの希望を記した。

安定した職にあり、親分肌だった及川英雄は、創作よりも神戸文化界での貢献において名を残した。しかしそれは文学的な影響とはいいがたい。残念ながら、及川英雄は作家として一家をなすには至らず、神戸文壇の世話役といった格好でその文学的生涯を終えた。

及川は神戸での生活を選択したが、一方で青雲の志を抱いて神戸を出る決断を下す文学青年もいた。及川より三歳年下で、神戸で放浪生活を送っていた竹森一男（一九一〇―七九）は、一九三三年末、『文藝』の懸賞小説に『少年の果実』が入選する。青木重雄が竹森の文学仲間石丸純に理髪店で調髪してもらっていると、当選通知の電報を受けた竹森が駆け込んできた。

思いがけない祝報に石丸も竹森もその場にいた石丸の兄さんや客の顔までが喜びでくちゃくちゃになって、しばらく部屋の中は異常な興奮に包まれて仕事が中断された。（中略）日ごろの放浪生活の果てにつかんだ幸運の喜びでうれし涙にむせんでいた竹森の姿を今でも私自身（当時年下で、まだ関学英文科の学生だった）感激をもって思い出すことができる。このころの竹森はじめ多くの文学青年たちの貧しさを背負ってのほろ苦い青春の日々を、著者（＝林喜芳の『神戸文芸雑兵物語』）は克明に描いて今再び思い出させてくれたわけである。（中略）今でも昭和初期の文学を思い浮かべる時、私には第一回芥川賞の石川達三の「蒼氓《そうぼう》」以上に、当時の神戸の青春（私をも含めて）を、それこそ神戸弁でどん底生活の中から描き上げた「少年の果実」や「嘘の宿」を、限りなくいとおしい気持ちで思い返さずにはいられないのである。[25]

東京へ出た竹森は作家生活に入った。三十年後、竹森は神戸時代を振り返り、「この小さい港街に日本を代表するような鬼才天才が一挙に誕生し、忽然と芽を吹き花開いているかのように思われた。（中略）昭和初年の神戸は新鮮な生命の輝きに満ち、詩の発祥地となりうるような基盤があった」と回想する。しかし、竹森の眼に「麒麟児」と映った石丸純も九鬼一爾も、野心を抑えられず「一旗あげ」ようと何度か上京を試みたが、いずれも「志をえず夭折」した[26]。

晩年及川は、旧友の竹森としばしば会った。「年に十冊くらいの単行本」、「二〇〇冊を越す」という竹森の著書の大半は、「貸本屋向きのポピュラーストーリー」だったが、児童小説やサラリーマン小説を書きながら、戦争の意味を問う作品を書きつづけた。何十年の歳月を筆一本で生活した、その「きびしさ」に打たれた及川は、自身の志として、民生行政に長年努めた経験に取材したライフワーク、「部落解放をテーマにした物」の構想を語る[27]。しかし結局、その作品は形にならないまま、二年後、及川は世を去った。

【写真 3】 1973 年頃の及川英雄
（『センター』第 220 号、1973.3 より引用）

作家が世に出るには、いくつかの要件を満たさねばならない。音楽や美術などと比べ、文学は天分薄くしても修練次第で独り立ちできるだろうが、それでもいささかの才能と、文学への愛着、作家になるのだという野心、さらに機縁に恵まれることが必要だろう。及川より七歳年少の多木伸（一九一四―八九）は、『サンデー毎日』の懸賞小説に当選し、「勇躍一番続々と作品を世にとはんと手ぐすね引いて待機」していると、花形雑誌の『キング』から小説の注文が来た。ところがその翌日、赤紙が届いたという。[28]戦後の文学仲間の黒部亨《とおる》（一九二九―二〇一四）は、多木の「一生の痛恨事」は戦争で、「新進作家としてスタートした矢先の、もっとも張りきっていたとき兵隊にとられて、あたらムダな青春をすごしてしまった」と追悼する。[29]

残された作品を見る限り、小説というジャンルは及川に適していたし、その才能がさほど薄かったとは思えない。十代にして中央文壇の雑誌へ執筆の機会を与えられたことは、幸運な出発だった。原稿料目当てに読み物を書き飛ばしながらも、同人雑誌などに拠って腕を磨くことをやめず、文学への愛着は死の直前まで衰えなかった。しかし、安定した職を擲《なげう》ち泥水をすする覚悟で文学の道を歩む野心は、決定的に欠けていた。結果、日本近代文学史に名を残すことはなかった。

もちろんそれは及川一人の話ではない。日本近代文学の頂を極めた作家たちの一方で、裾野を徘徊して人生を終えた作家志望者は無数にいた。そんな中で及川に、神戸という港街と結びつく形で、他に求めがたい特色、中でも貴重な回想があることを見てきた。残念ながら及川の作品に、文学史に名を刻むにふさわしい傑作があるとは思えない。それは足立巻一が『鏡』で描いてみせた、九鬼次郎の場合も同じかもしれない。しかし彼らの作品が、今読んで胸打つものでない、読むに値しないかというと、少なくとも私はそう思わない。「文学」はそこにも確かに存在し、くり返し読み返される燦然たる古典とは異なる姿で、「文学」の世界が現れる。そしてそこには、彼らが暮らした昭和初期の神戸という街が、閉じ込められているのである。

＊引用に際し旧漢字を新漢字に改め、ルビは省略した。

＊本稿は日本近代文学会関西支部二〇一五年度秋季大会・連続企画第一回「《異》なる関西一九二〇・三〇年代を中心として」（日本近代文学会関西支部、大阪大学）での口頭発表に加筆・修正したものである。発表後、及川英雄ご遺族の高見秀史氏から、掲載誌・写真など貴重な資料の提供を受けた、記して感謝申し上げたい。

＊本稿は平成27―29年度科学研究費補助金基盤研究（C）「一九二〇年代における海港都市神戸の文化的通路をめぐる多角的研究」（課題番号15K02281、代表者：箕野聡子）による研究成果の一部である。

（註1）足立巻一『親友記』（新潮社、一九八四・二）一一二頁。

（註2）青木重雄『青春と冒険　神戸の生んだモダニストたち』（中外書房、一九五九・四）二一九―二三一頁。

（註3）及川の年譜は、「故及川英雄（本名森英雄）年表」（『半どん』第六十五号、一九八五・十）を参照。

（註4）及川「処女作の思い出」（『俗談義』みるめ書房、一九五九・十一）六四頁。

（註5）及川「鈴蘭灯回想」（池本貞雄編『聞き書き「神戸と文学」』神戸「人とまち」編集室、一九七九・三）一六四頁。

（註6）『大阪朝日新聞』の「神戸附録」については、神戸近代文化研究会による調査、山本欣司・大橋毅彦・永井敦子「〔調査報告〕一九二三年の『大阪朝日新聞　神戸附録』その1」（『武庫川女子大学紀要　人文・社会科学編』第六十一号、二〇一四・三）、箕野聡子・杣谷英紀・島村健司「〔調査報告〕一九二三年の『大阪朝日新聞　神戸附録』その二」（『神戸海星女子学院大学研究紀要』第五十二号、二〇一三）を参照。

（註7）及川「鈴蘭灯回想」（池本貞雄編『聞き書き「神戸と文学」』前掲）一六一―六頁。

（註8）及川「酒のみの話　酒友悠遠」（『半どん』第十一号、一九五九・一）。ただし引用は『俗談義』（前掲）二一七頁。

（註9）青木重雄『青春と冒険　神戸の生んだモダニストたち』（前掲）二六一―三頁。

（註10）青木重雄『青春と冒険　神戸の生んだモダニストたち』（前掲）二六一―四頁。

（註11）及川「中毒」（『俗談義』前掲）六九―七〇頁。

（註12）及川「処女作の思い出」（『俗談義』前掲）六六頁。

（註13）及川「環覧車」（『環覧車』みるめ書房、一九七三・二）二一一―三頁。

（註14）田村さえ『火の車』（朱雀社、一九五八・十二）五五頁。

（註15）及川「ああ、長崎謙二郎」（『碑』第十八号「長崎謙二郎追悼」、一九六八・九）。

（註16）及川「私と作品「環覧車」を出版した及川英雄さん」（『センター』第二百二十号、一九七三・三）。

（註17）及川「青春回想　そのころの神戸文学界について」（『俗談義』前掲）九三頁。

（註18）詩村映二『風と雑草　詩村映二遺稿集』（「半どん」の会、一九六一・七）六六頁。

（註19）及川「合掌」（詩村映二『風と雑草』前掲）一三六頁。

（註20）及川「失われた独特のもの」（池本貞雄編『聞き書き「神戸と文学」』前掲）七〇頁。

（註21）田村泰次郎『わが文壇青春記』（新潮社、一九六三・三）五五―六頁。十返肇『文壇放浪記』（角川書店、一九六二・十）一四―六頁。

（註22）及川「酒のみの話」（『半どん』第十一号、一九五九年一月）。のち『俗談義』（前掲）二九頁。

（註23）及川「酒の話」（『俗談義』前掲）五四頁。

（註24）及川「失われた独特のもの」（池本貞雄編『聞き書き「神戸と文学」』前掲）七一―二頁。

（註25）青木重雄「夾竹桃の神戸」（『苺狩りの手毬唄』青木重雄発行、二〇〇〇・五）随想二五―七頁。

（註26）竹森一男「若き日の神戸の詩人たち」（『半どん』第三十一号、一九六六・四）。

（註27）及川「環覧車」（『環覧車』前掲）二〇五―一一頁。

（註28）津川茂「弔辞」（『碧空　多木伸遺作集』みるめ書房、一九九〇・十）一二頁。

（註29）黒部亨「酒と文学と悔恨の人」（『碧空』前掲）六頁。

【コラム】

『山上の蜘蛛』を書き始めた頃

季村敏夫

日本の近代とは何であったのか。反近代とは。二つの問いを抱えていた。二十歳を少し過ぎた頃、政治闘争から離脱した後だった。柄谷行人の「漱石試論」や桶谷秀昭の『近代の奈落』、『伊東静雄詩集』などが枕頭の書であった。

モダニズム、カタカナ表記を前にすると、改めて浮ぶ想念がある。想い起こすことはつらい。想念には、記憶のうずきと屈折、鬱屈が埋めこまれている。累卵の日々だった。社稷ということに関し、京都大学農学部の友人らと語りあった。居合に励む背姿の美しいひとだったが、三島由紀夫の自決以降、大学院を中退、郷里で百姓をすると消息を絶った。その数年後、わたしは強いられて神戸へ戻ることになるが、当時、三畳一間の京都の下宿を独房と見立て自分を罰していた。一九六八年以降、一切の政治行為を拒絶していたので、わたしは孤独であった。

闘争離脱、背信の負い目は長く残った。そのことと、父祖の地である東北岩手の気風が、京都や大阪と違って歴史の稀薄、それ故といえばよいのか、にもかかわらずといえばよいのか、はなやぐ神戸は内面の喪失、内発性の欠如として遠ざけられ、受けつけなかった。戻ってきた街でも、孤独であった。

『山上の蜘蛛—神戸モダニズムと海港都市ノート』（二〇〇九年、みずのわ出版）の執筆動機ははっきりしている。十年前、若松孝二監督の『実録・連合赤軍　あさま山荘への道程』に出会ったのがきっかけである。

映画に望月上史。同志社での彼との記憶が重なる。中央大学で拉致監禁リンチを受け、両手の指十本砕かれた状態で逃亡、梯子から転落、その後死亡。字幕「一九六九年七月二四日、享年二二」、闇の咆哮が記憶をゆさぶってきた。

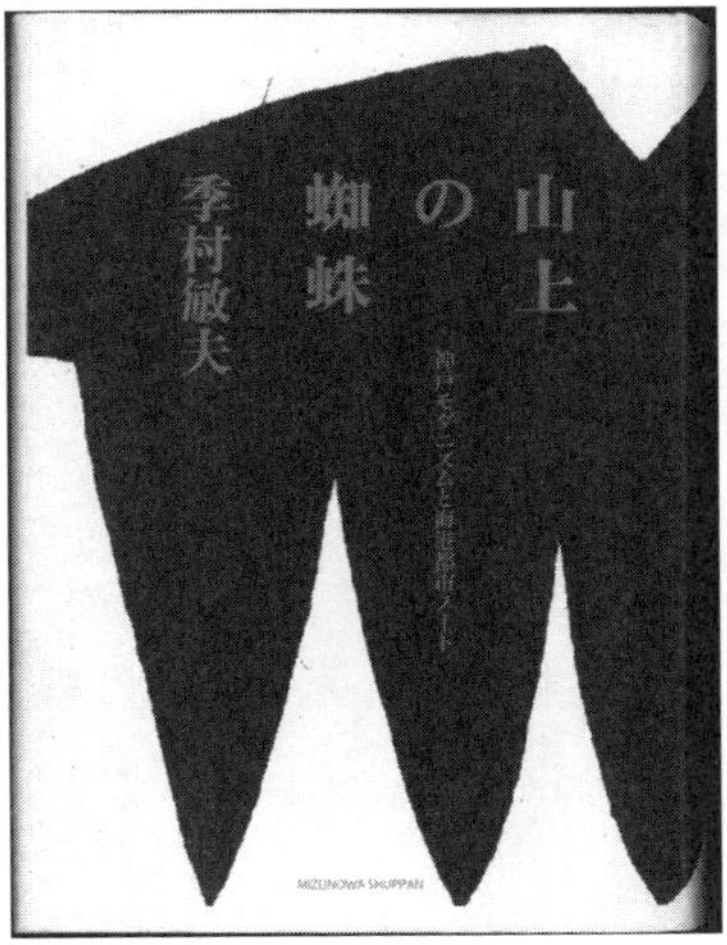

数日後、部屋を整理していたときである。脳天に雑誌が落下、拾いあげると連合赤軍に関する鼎談が載っていた。雑誌の編集者は君本昌久。二年ほどのつきあいの後、絶交したひとだった。何という偶然、啓示と受けとめ直した。

君本昌久、幾重にも屈折した人物、外部へ開こうとしない屈折は痛々しく、やりきれなかった。ある日互いの屈折が衝突した。とここまで書いてきたが、記憶の切開は過去との対話、隠蔽或いは忘却したいうずきが頭をもたげる。こんなことはモダニズム論とは関わりのないことだが、わたしの場合、記憶の切開作業を抜きにモダニズムに触れることは出来ない。

山上の蜘蛛、いかにも奇をてらうタイトルである。蜘蛛は君本が主宰するプライベートプレスの蜘蛛出版社。カバーをはずすと、オディロン・ルドンの蜘蛛、装幀の林哲夫にリクエストしたものだ。

絶交は十数年後、氷解した。阪神大震災直後、何をおもったのか、非常食とペットボトル数本リュックに入れ、異様な静けさのなかを歩き始めた。空襲の後も、静けさは地上を覆っていたのか。不通になった線路を歩き約二時間、君本昌久をたずねた。予想を超えた訪問だったのだろう、玄関口で涙ぐんでいたご夫妻、忘れられない。だがなぜそのような行為に及んだのか、今もってわからない。癌に蝕まれ痩身、ほどなく世を去った。小林秀雄ではないが、生者は仕方のない代物、ひきかえ死者は、生前の屈折すら人間の形をしている。

雑誌の落下だが、おれのこと忘れないで欲しい、哀悼的な想起の促しと受けとめ、彼の初期の仕事、戦前及び敗戦後の神戸の詩の同人誌の歴史を調べはじめた。古本市の百円均一コーナー、古書店の倉庫に眠るダンボール箱、一九二〇年、三〇年代の雑誌をことあるごとに探索した。

望月上史と君本昌久、異なった場所と時間の二人の死者の促し、モダニズムに関わることになった動機である。たとえば、古い同人誌のあとがき、同人間の連絡事項も死者の棲息地である。すり減って判読し難い活字、組版のミスでひっくり返った形態はいとおしい。同人誌をひもとく現在の時間に、死者は容赦なく割りこんで来る、お前は何をしているのだと。

連合赤軍の映画製作に関して若松孝二は語っている。「あれが理由で日本の新左翼の運動はあっというまに失速してしまったとか、あのせいで学生運動はみんなつぶれた、と言われているけれど、では、あそこまで至ってしまったのはなぜかということを、きちんと検証しなくちゃ、それこそ、闘って死んでいった彼らは浮かばれない」と。浮かばれない、まさにこの哀悼的な想起で高木彬と『一九二〇年代モダニズム詩集—稲垣足穂と竹中郁その周辺』(思潮社)を編集、このほど入稿した。姿を消すという事態はどういうことか。稲垣足穂と竹中郁の周縁にあって、一冊の詩集もだすことなく自殺或いは突如行方不明になった詩人、一九二〇年代のダダなどの思潮を浴びた詩人のアンソロジーである。

あとがき

わたくしごとで恐縮だが、三十年前に東京から京都にやってきた。最初に住んだ車折《くるまざき》も含めて五回転居した。そのたびに京都の町は違う貌を見せる。もちろん三十年の間に変化していることも間違いあるまい。今住んでいるところは、東山の弓矢町である。検索すると、かつて弦召《つるめそ》が集住した所と出てくる。『小右記』に「六波羅蜜坂下之者」とある（『京都の歴史を歩く』岩波新書）のがそのあたりに住む者のことと思われ、祇園社に深いかかわりを持つ。たんに「坂の者」と呼ばれることもあり、彼らはいわゆる碁盤の目のほうへ向かうのを「町へ行く」と言ったそうである。鴨川の東は「町」ではなかった。六波羅蜜寺、六道珍皇寺があり、現在の東大路を越えると清水寺がある。「藪の中」の真砂が辿りつく寺である。そう考えると、なぜ真砂を清水寺に行かせたのか、漠然とであるがわかるような気がする。白河法皇の思いどおりにならない鴨川は、現在の寺町通りから大和大路までの川幅を持っていた。そのため中洲もあり、五条にかかる橋はふたつつながるようにしてあった。このようなことも京都に来た頃にはまったくわかっていなかった。京都といえばＪＲなどで宣伝する京都イメージに染められていたのである。

京都だけでこの有様なのだから、関西については知るところもないまま、ひとしなみに捉えていた。それをここに記して反省しようというわけではない。「関西」とひとくくりにした途端にひとつひとつの差異が消え去ってしまうのである。そういうことにようやく気づいたところに今回の企画が立てられた。二年間に亘った議論は具体的である。

支部大会の結果なので、四回の発表の日程と発表題目を記しておきたい。

■連続企画「《異《い》》なる関西―1920・30年代を中心として」

第一回「《異《い》》なる関西―1920・30年代を中心として」二〇一五年十一月七日（土）於・大阪大学

○一九二〇年代～三〇年代の大阪文化・文学研究―『大阪時事新報〈文芸欄〉』を視座として　増田周子

○昭和初期・神戸の文学青年、及川英雄―文学における中央と地方　大東和重

○熊野新宮―「大逆事件」―春夫から健次へ　辻本雄一

○ディスカッサント　山口直孝

第二回「〈根《ルーツ》〉を問う」二〇一六年六月四日（土）於・花園大学

○金達寿における関西―〈神功皇后の三韓征伐〉と「行基の時代」　廣瀬陽一

○織田作之助と川島雄三　酒井隆史
○講演　『京都』について　黒川　創

第三回「光源としての『大阪朝日新聞神戸附録』―神戸モダニズムを問い直す」二〇一六年十月二十九日（土）　於・甲南女子大学
○結節点としての労働学校・関西学院　杣谷英紀
○一九二〇年代半ばの『神戸附録』映画情報―新聞連載小説の映画化を中心に　永井敦子
○「理想住宅」と「煌ける城」―一九二〇年代・神戸の建築空間をめぐって　高木　彬
○前衛芸術と郷土芸術―神戸一九二〇年代文学の後景　島村健司

第四回「視差から立ち上がるもの」二〇一七年六月三日（土）　於・同志社大学
○大阪朝日新聞神戸支局員と鯉川筋神戸画廊の活動から見えてくる神戸の文化空間　大橋毅彦
○二人の五代友厚―直木三十五の「大阪回帰」をめぐって　尾崎名津子
○宣言としての言葉をどう再読するか―関西沖縄県人会機関紙『同胞』を読む　冨山一郎

当然のこと発表のあとの討議を経て、発表者には原稿に起こしていただいた。さらに幾度となる編集会議で論議したうえで、本書の配列となった。口頭発表と異なる順番になったのはそのためである。本書を刊行するにいたったのは、ねばりづよく議論を重ねた登壇者、執筆者、編集委員、企画委員の方々のおかげである。日本近代文学会の会員でない方、あるいは支部の会員でない方にも発表をお引き受けいただき、原稿を執筆していただくことにもご快諾いただだいた。なんともありがたい限りである。また大会に出席し、シンポジウムに参加した方々にもお礼申しあげなければならない。末尾ながらこの出版企画を実現させてくださった田畑書店社主・大槻慎二氏にもお礼申しあげます。

これからのみなさまの研究の進展を祈念して。

浅子逸男（日本近代文学会関西支部支部長）

【執筆者紹介】

酒井隆史（さかい・たかし）　1965年、熊本県生まれ。早稲田大学文学研究科卒業。大阪府立大学人間社会システム科学研究科教授。専攻は社会思想史。2012年、『通天閣　新・日本資本主義発達史』（2011年、青土社）で第34回サントリー学芸賞受賞。ほか著書として『自由論』（2001年、青土社）、『暴力の哲学』（2016年、河出文庫）がある。

尾崎名津子（おざき・なつこ）1981年、神奈川県生まれ。慶應義塾大学大学院文学研究科国文学専攻後期博士課程修了。弘前大学人文社会科学部講師。専攻は日本近現代文学、検閲研究。2014年、第十六回松本清張研究奨励賞受賞。著書として『織田作之助論〈大阪〉表象という戦略』（2016年、和泉書院）がある。

廣瀬陽一（ひろせ・よういち）1974年、兵庫県生まれ。大阪府立大学大学院博士後期課程修了。大阪府立大学非常勤講師・同大学客員研究員。専攻は日本近代文学・在日朝鮮人文学。編著書として『金達寿小説集』（編著）（2014年、講談社文芸文庫）、『金達寿とその時代――文学・古代史・国家』（2016年、クレイン）、『戦後日本を読みかえる　第5巻　東アジアの中の戦後日本』（共著）（2018年、臨川書店）がある。

黒川　創（くろかわ・そう）　1961年、京都市生まれ。同志社大学文学部卒業。作家。2009年、『かもめの日』（新潮社）で第60回読売文学賞を、2014年、『国境　完全版』（河出書房新社）で第25回伊藤整文学賞を、2015年、『京都』（新潮社）で第69回毎日出版文化賞をそれぞれ受賞する。ほか著書に『いつか、この世界で起っていたこと』（2012年、新潮社）、『鷗外と漱石のあいだで　日本語の文学が生まれる場所』（2015年、河出書房新社）、『岩場の上から』（2017年、新潮社）などがある。

福岡弘彬（ふくおか・ひろあき）1984年、愛知県生まれ。同志社大学大学院博士課程後期課程修了。関西学院大学文学部助教。専攻は日本近現代文学。著作として「焼跡を読み替える方法――石川淳「焼跡のイエス」とユートピア――」（「昭和文学研究」第73号、2016年）「「堕落」と「運命」――坂口安吾「堕落論」と保田與重郎的「デカダンス」の関係をめぐって――」（「日本近代文学」第98号、2018年）がある。

冨山一郎（とみやま・いちろう）1957年、京都市生まれ。京都大学大学院農学研究科卒業。同志社大学グローバル・スタディーズ研究科教授。専攻は沖縄近現代史。著書として『始まりの知』（2018年、法政大学出版局）、『流着の思想』（2013年、インパクト出版会）、『暴力の予感』（2002年、岩波書店）などがある。

辻本雄一（つじもと・ゆういち）1945年、新宮市生まれ。早稲田大学第一文学部国文科卒業。佐藤春夫記念館館長。著書として『熊野・新宮の「大逆事件」前後』（2014年、論創社）、『佐藤春夫読本』（監修・著）（2015年、勉誠出版）、『「改造」直筆原稿の研究』（共著）（2007年、雄松堂）がある。

杣谷英紀（そまたに・ひでのり）1965年、大阪府生まれ。関西学院大学大学院卒業。関西学院大学非常勤講師・甲南女子大学非常勤講師ほか。専攻は日本近代文学。著書として『横光利一と関西文化圏』（共著）（2008年、松籟社）、『日本文学研究論文集成38　横光利一』（共著）（1999年、若草書房）がある。

磯部　敦（いそべ・あつし）　1974年、新潟県生まれ。中央大学大学院文学研究科博士後期課程修了。奈良女子大学研究院人文科学系准教授。専攻は近代日本出版史。著書として『出版文化の明治前期―東京稗史出版社とその周辺―』（2012年、ぺりかん社）、『明治前期の本屋覚書き　附．東京出版業者名寄せ』（2012年、金沢文圃閣）、『円朝全集』別巻2（共著）（2016年、岩波書店）がある。

大橋毅彦（おおはし・たけひこ）1955年、東京都生まれ。早稲田大学大学院文学研究科日本文学専攻博士後期課程修了。関西学院大学文学部教授。専攻は日本近代文学。2000年、第七回室生犀星顕彰大野茂男賞を、2018年、第26回やまなし文学賞をそれぞれ受賞する。著書に『室生犀星への／からの地平』（2000年、若草書房）、『上海1944－1945武田泰淳『上海の螢』注釈』（2008年、双文社出版）、『昭和文学の上海体験』（2017年、勉誠出版）がある。

永井敦子（ながい・あつこ）　1972年、兵庫県生まれ。関西学院大学大学院博士課程後期課程修了。芦屋市谷崎潤一郎記念館学芸員、関西学院大学非常勤講師。専攻は日本近代文学。著作として「〈変態〉言説と探偵小説―谷崎潤一郎「青塚氏の話」論」（「日本近代文学」第77集）、『谷崎潤一郎―人と文学』（2013年、武庫川女子大学出版部）がある

島村健司（しまむら・けんじ）1970年、和歌山県生まれ。龍谷大学大学院文学研究科日本語日本文学専攻博士後期課程修了。龍谷大学ライティングサポートセンター・ライティングスーパーバイザー。専攻は日本近代文学。著書として『横光利一と関西文化圏』（共著）（2008年、松籟社）がある。

荒井真理亜（あらい・まりあ）1975年、大分県生まれ。関西大学大学院文学研究科卒業。相愛大学人文学部准教授。専攻は日本近代文学。著書として『上司小剣文学研究』（2005年、和泉書院）、『上司小剣コラム集』（2008年、亀鳴屋）、『大阪文藝雑誌総覧』（共著）（2013年、和泉書院）がある。

高木　彬（たかぎ・あきら）　1983年、大阪市生まれ。京都工芸繊維大学大学院工芸科学研究科造形科学専攻博士後期課程修了。龍谷大学文学部特任講師。専攻は日本近現代文学、都市・建築表象。2012年度全国大学国語国文学会「文学・語学賞」受賞。著作として『村上春樹と小説の現在』（共著）、(2011年、和泉書院)、「目的なき機械の射程——稲垣足穂「うすい街」と未来派建築」（『文学・語学』第202号、2012年3月）、「ビルディングと新感覚派——震災復興期の建築空間を読む」（『横光利一研究』第13号、2015年3月）がある。

山口直孝（やまぐち・なおたか）1962年、兵庫県生まれ。関西学院大学大学院文学研究科博士課程後期課程修了。二松学舎大学教授。著書として『「私」を語る小説の誕生——近松秋江・志賀直哉の出発期』（2011年、翰林書房）、『横溝正史研究』1～6（共編著）（2009～17年、戎光祥出版）、『大西巨人——文学と革命』（編著）（2018年、翰林書房）がある。

大東和重（おおひがし・かずしげ）1973年、兵庫県生まれ。東京大学大学院博士課程修了。関西学院大学法学部教授教授。専攻は日中比較文学、台湾文学。2014年、第19回日本比較文学会賞を、2015年、第15回島田謹二記念学藝賞をそれぞれ受賞する。著書として『文学の誕生——藤村から漱石へ』(2006年、講談社選書メチエ)、『郁達夫と大正文学——〈自己表現〉から〈自己実現〉の時代へ』(2012年、東京大学出版会)、『台南文学——日本統治期台湾・台南の日本人作家群像』（2015年、関西学院大学出版会）などがある。

季村敏夫（きむら・としお）　1948年、京都市生まれ。詩人。古物古書籍商を経て現在商社経営。2005年、山本健吉文学賞を、2010年、小野十三郎特別賞を、2012年、現代詩花椿賞をそれぞれ受賞する。著書に『木端微塵』『ノミトビヒヨシマルの独言』（共に書肆山田）、『山上の蜘蛛ー神戸モダニズムと海港都市ノート』（みずのわ出版）などがある。

【人名索引】

＊凡例
①この索引は本文のみを対象とし、「註」は対象外としました。
②「地名・施設名索引」では、関西地方の広範な地域を示す地名（大阪・京都・神戸・奈良など）は省きました。

あ

い

う

え

お

か

き

く

け

こ

さ

し

す

せ

そ

た

ひ

ふ

へ

ほ

ま

み

む

も

や

【団体・組織名索引】

す

せ

そ

た

ち

つ

て

と

な

に

の

は

ひ

ふ

ま

み

む

め

や

ゆ

よ

り

れ

ろ

わ

D

K

【文献・資料名索引】

あ

い

う

え

お

か

さ

し

す

せ

そ

た

ち

わ

D

G

H

K

O

V

【地名・施設名索引】

あ

い

う

え

お

か

き

く

け

こ

さ

し

す

せ

た

ち

つ

て

と

な

に

ぬ

の

は

ひ

ふ

へ

ほ

ま

み

む

も

や

ゆ

よ

り

れ

ろ

わ

『〈異《い》〉なる関西』編集委員会（五十音順）

浅子逸男（あさこ・いつお）
（日本近代文学会関西支部支部長）
天野知幸（あまの・ちさ）
大橋毅彦（おおはし・たけひこ）
木田隆文（きだ・たかふみ）
木谷真紀子（きたに・まきこ）
斎藤理生（さいとう・まさお）
高木　彬（たかぎ・あきら）
田口律男（たぐち・りつお）
中谷いずみ（なかや・いずみ）
三品理絵（みしな・りえ）
山本欣司（やまもと・きんじ）

田畑書店

〈異《い》〉なる関西

2018 年 10 月 30 日　印刷

2018 年 11 月 5 日　発行

編　者　日本近代文学会関西支部編集委員会

発行人　大槻慎二

発行所　株式会社 田畑書店

〒 102-0074　東京都千代田区九段南 3-2-2　森ビル 5 階

tel 03-6272-5718　fax 03-3261-2263

装幀・本文組版　田畑書店デザイン室

印刷・製本　シナノ書籍印刷株式会社

© Nihonkindaibungakukai Kansai-shibu 2018

Printed in Japan

ISBN978-4-8038-0356-3 C0095

定価はカバーに表示してあります

落丁・乱丁本はお取り替えいたします